John MacArthur, JR

Traduzido por Degmar Ribas

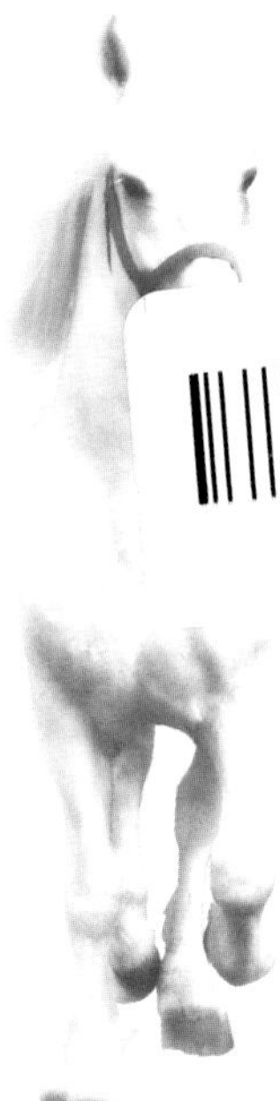

CPAD
Rio de Janeiro
5ª Impressão
2016

A Segunda Vinda

Título do original em inglês: *The Second Coming*
Crossway Books
Wheaton, Illinois 60187
Primeira edição em inglês: 1999
Tradução: Degmar Ribas

Preparação dos originais: César Moisés Carvalho
Revisão: Daniele Pereira
Capa e Projeto gráfico: Alexander Diniz
Editoração: Lidiane Arsenio

CDD: 236 - Escatologia
ISBN: 978 - 85 - 263 - 0916 - 6

As citações bíblicas foram extraídas da versão Almeida Revista e Corrigida, edição de 1995, da Sociedade Bíblica do Brasil, salvo indicação em contrário.

Para maiores informações sobre livros, revistas, periódicos e os últimos lançamentos da CPAD, visite nosso site: http://www.cpad.com.br

SAC - Serviço de Atendimento ao Cliente: 0800-21-7373

Casa Publicadora das Assembléias de Deus
Caixa Postal 331
20001-970, Rio de Janeiro, RJ, Brasil

5ª Impressão: 2016 - Tiragem 500

Para Clarrie e Edna Pearson,

amigos queridos e parceiros fiéis em meu ministério há muitos anos. Embora estejamos separados geograficamente pela metade do mundo, estamos juntos aguardando a bem-aventurada esperança e o glorioso aparecimento do nosso grande Deus e Salvador Jesus Cristo.

SUMÁRIO

Introdução

Creio que um dia Cristo voltará (literal e vitoriosamente) à Terra em forma física e visível. As minhas convicções neste ponto são tão enfáticas quanto a crença no próprio Cristo. Minha fé na futura volta de Cristo é tão firme quanto a certeza na história redentora do passado. Além disso, argumentaria que o *fato* da Segunda Vinda é uma doutrina fundamental do cristianismo. É o fim e o objetivo do propósito de Deus para a Terra, e o clímax divino será tão preciso e intencional quanto qualquer outra revelação de Deus. Aqueles que abandonam a esperança da volta física de Cristo, na verdade, abandonaram o verdadeiro cristianismo.

O Perigo de Negar a Segunda Vinda

Esta é uma questão vital hoje. Cada vez mais as pessoas que querem chamar a si mesmas de cristãs estão desabonando qualquer expectativa da Segunda Vinda. Por exemplo, os teólogos liberais há muito tempo abandonaram a sua crença no retorno literal de Cristo. Alguns deles simplesmente espiritualizam todas as Escrituras proféticas, afirmando que a única "Segunda Vinda" de Cristo ocorre quando Ele é recebido no coração das pessoas. Outros vão mais além, tratando a esperança que os apóstolos tinham na volta de Cristo como um mito e uma falsa expectativa – essencialmente rejeitando a promessa bíblica da Segunda Vinda e tomando o seu lugar com os escarnecedores (cf. 2 Pe 3.3,4). E esse tipo de erro é precisamente o que poderíamos esperar daqueles que começam com uma baixa opinião a respeito da Escritura, como fazem os teólogos liberais.

Mas ultimamente, mesmo alguns cristãos tradicionalmente conservadores e declaradamente "crentes na Bíblia" têm atacado a doutrina da volta literal e corpórea de Cristo. Uma opinião que vem ganhando rápida notoriedade é o *hiperpreterismo* (às vezes chamado de *preterismo total* ou "escatologia percebida" por seus defensores).[1] Os hiperpreteristas fundamentam toda a sua teologia sobre um mal-entendido das palavras de Cristo em Mateus 24.34: "Em verdade vos digo que não passará esta geração sem que todas essas coisas aconteçam". Eles insistem que isso significa que cada detalhe da profecia bíblica deveria ter se cumprido antes da morte das pessoas que viviam na época em que Ele falou, e que na verdade *foi* cumprido em 70 d.C., durante a revolta e convulsão política que se seguiu quando Jerusalém foi atacada por Roma e a maioria dos seus habitantes foi morta.

Em outras palavras, de acordo com os hiperpreteristas, o Segundo Advento de Cristo, a ressurreição dos mortos e o julgamento do Grande Trono Branco são todos eventos passados – de forma que não resta absolutamente nenhuma profecia da Escritura para ser cumprida. Não há nenhuma esperança futura da volta de Cristo, dizem eles. Os hiperpreteristas até mesmo afirmam que o universo no qual vivemos agora *é* o novo céu e a nova terra prometidos em passagens como 2 Pedro 3.13 e Apocalipse 21. Isso significa que esta terra em que vivemos agora é permanente. O pecado e o mal jamais serão finalmente erradicados da criação de Deus. Satanás já experimentou a maior derrota que poderia experimentar. Não há realidade tangível ou existência física depois da morte. Na morte o crente apenas se torna um espírito eternamente desincorporado, entrando na presença de Deus em um plano puramente espiritual, sem nenhuma esperança de qualquer ressurreição física futura. As almas dos ímpios são simplesmente expulsas da presença de Deus em um estado desincorporado.

Então o que os hiperpreteristas fazem com a multidão de afirmações na Escritura que parecem contradizer seu ponto de vista? Por exemplo, e quanto à promessa de I Tessalonicenses 4.16,17? "Porque o mesmo Senhor descerá do céu com alarido, e com voz de arcanjo, e com a trombeta de Deus; e os que morreram em Cristo ressuscitarão primeiro; depois, nós, os que ficarmos vivos, seremos arrebatados juntamente com eles nas nuvens, a encontrar o Senhor nos ares, e assim estaremos sempre com o Senhor". E quanto a I Coríntios 15.22-24? "(...) todos serão vivificados em Cristo. Mas cada um por sua ordem: Cristo, as primícias; depois, os que são de Cristo, na sua vinda. Depois, virá o fim, quando tiver entregado o Reino a Deus, ao Pai, e quando houver aniquilado todo império e toda potestade e força". E quanto aos versículos 53 e 54? "Porque convém que isto que é corruptível se revista da incorruptibilidade e que isto que é mortal se revista da imortalidade. E, quando isto que é corruptível se revestir da incorruptibilidade, e isto que é mortal se revestir da imortalidade, então, cumprir-se-á a palavra que está escrita: Tragada foi a morte na vitória". E quanto ao terrível juízo descrito em 2 Pedro 3.10? "Mas o Dia do Senhor virá como o ladrão de noite, no qual os céus passarão com grande estrondo, e os elementos, ardendo, se desfarão, e a terra e as obras que nela há se queimarão".

Tomando uma página do manual dos liberais, os hiperpreteristas ilustram o significado dessas e de todas as outras passagens proféticas, afirmando que elas descrevem realidades espirituais, e não literais. Em outras palavras, a fim de interpretarem Mateus 23.36 com um literalismo inexpressivo e injustificado, eles sacrificam o sentido claro de toda profecia sobre a volta de Cristo e os acontecimentos do tempo do fim.

Em última análise, essa abordagem à Escritura tem conseqüências desastrosas para quase toda doutrina fundamental do cristianismo. Por exemplo, isso obviamente destrói a esperança de qualquer futura ressurreição dos mortos. Os hiperpreteristas afirmam que o cumprimento completo da ressurreição dos mortos, descrita em Apocalipse 20.4-15 e I Coríntios 15.51,52, já ocorreu por volta do ano 70 d.C.

De acordo com eles, foi uma ressurreição espiritual, e não física – a única ressurreição que ocorrerá. Assim, os hiperpreteristas abandonaram qualquer esperança de uma ressurreição literal e física dos santos.[2]

E quanto à Segunda Vinda de Cristo? Esse também foi um evento espiritual que ocorreu na primeira geração da Igreja, dizem eles, e não há nenhum motivo para esperar um futuro cumprimento literal. Desse modo, renunciando não só ao claro significado da Escritura, mas também a todo credo e padrão doutrinário já afirmado por qualquer concílio eclesiástico significativo, denominação ou teólogo em toda a história da igreja, eles negam que Cristo algum dia voltará à Terra em forma corpórea.

A posição soa tão bizarra, que alguns podem perguntar a si mesmos se isso merece ser refutado seriamente. Como alguém poderia afirmar crer na Bíblia enquanto nega que Cristo voltará fisicamente à Terra? Mas essa posição tem gerado um resultado direto e influente, em especial entre os jovens crentes com mais zelo do que conhecimento. Julgando pela alta visibilidade e o crescente número de pessoas que procuram obter informações sobre esses pontos de vista na Internet e em outras fontes,[3] parece que eles estão tendo um sucesso fenomenal convertendo muitas almas desatentas à sua opinião.

O retorno físico de Cristo não é um ponto no qual as Escrituras são ambíguas e confusas. Enquanto os discípulos observavam o Cristo ressuscitado subir ao céu, a Bíblia nos diz que, "junto deles se puseram dois varões vestidos de branco, os quais lhes disseram: Varões galileus, por que estais olhando para o céu? Esse Jesus, que dentre vós foi recebido em cima no céu, *há de vir assim como* para o céu o vistes ir" (At 1.10,11, ênfase do autor). Ele subiu em uma forma visível e corpórea; e voltará do céu "assim como", ou seja, da mesma forma. Nada poderia ser mais claro.

Os hiperpreteristas, porém, têm uma resposta pronta para esse argumento: eles negam que Cristo tenha verdadeiramente subido ao céu em forma corpórea.[4] Eles *precisam* tomar essa posição a fim de preservar o paralelo "assim como" entre a ascensão de Cristo e o seu retorno à Terra.

Levando a mesma hipótese venenosa ainda mais além, alguns hiperpreteristas extremistas negam até mesmo que Cristo tenha ressuscitado fisicamente dos mortos. Afinal, I Coríntios 15.20-23 sugere que Cristo foi as "primícias" de todos quantos ressuscitarão dos mortos. A sua ressurreição é, portanto, o padrão e o protótipo para todos os demais que deverão ressuscitar dos mortos. Mas tendo já absorvido a noção de que os crentes ressuscitarão apenas em um sentido espiritual, muitos hiperpreteristas parecem não ter nenhum receio em também concluir que o próprio Cristo ressurgiu da sepultura apenas em um sentido espiritual. E assim negam até a ressurreição física de Cristo. Isso destrói o próprio centro de toda a doutrina cristã. "Porque, se os mortos não ressuscitam, também Cristo não ressuscitou. E, se Cristo não ressuscitou, é vã a vossa fé, e ainda permaneceis nos vossos pecados" (I Co 15.16,17). O apóstolo Paulo parecia ter em mente uma teologia muito parecida com o hiperpreterismo moderno quando escreveu esse versículo reprovando esse tipo de pensamento.

Visto que eles já negam tantas doutrinas fundamentais do cristianismo, não é de admirar que os hiperpreteristas sejam freqüentemente vistos penetrando ainda mais em idéias não ortodoxas. Para dar um exemplo, Ward Fenley (indiscutivelmente o autor mais influente dos hiperpreteristas) afirma que Cristo na verdade *tornou-se* um pecador na cruz:

> Ele não foi feito pecado enquanto viveu a sua vida. No entanto, na cruz, tornou-se tudo de mais terrível e pecaminoso que já cometemos... A minha alegação é que no amor incomensurável de Cristo por seus filhos, Ele, na verdade, mesmo sem jamais pecar, tornou-se tudo o que éramos de uma forma tão real, chegando até mesmo a orar ao Pai: "Bem conheces a minha insipiência; e os meus pecados não te são encobertos".[5]

O erro dos hiperpreteristas é exatamente como o de Himeneu e Fileto, que "se desviaram da verdade, dizendo que a ressurreição era já feita, e perverteram a fé de alguns" (2 Tm 2.18). O apóstolo Paulo não relutou em falar claramente sobre a seriedade desse erro destruidor de almas. Nem nós devemos hesitar em apontar os perigos propostos por um desvio tão sério da verdade bíblica. Afinal, negar o retorno físico de Cristo é uma *heresia* da pior espécie, e esse sinal específico da ignomínia dessa heresia está atualmente destruindo a fé de muitos.

A Loucura de Fazer Sensacionalismo com a Segunda Vinda

Creio que o *fato* da Segunda Vinda seja uma doutrina fundamental. No entanto, devo rapidamente acrescentar que muitos dos *detalhes* da profecia bíblica estão cercados de mistério, e é um sério erro falar com certeza dogmática sobre questões que realmente são nada mais do que pura conjetura. O próprio Jesus disse: "Daquele Dia e hora, ninguém sabe, nem os anjos que estão no céu, nem o Filho, senão o Pai. Olhai, vigiai e orai, porque não sabeis quando chegará o tempo" (Mc 13.32,33). Como algo poderia ser *mais* misterioso?

No entanto, na extremidade oposta do espectro dos hiperpreteristas há pessoas que parecem querer sensacionalizar tudo o que a Escritura diz sobre os eventos futuros. Eles tipicamente fazem isso impondo manchetes modernas como grades explicativas nas Escrituras. Esta tem sido uma abordagem – da profecia bíblica – crescentemente popular, mas completamente desastrosa por mais de cem anos. Em minha biblioteca tenho vários livros de diversos autores que remontam ao início do século XX, todos eles entregues à especulação sobre como certas pessoas e eventos atuais supostamente cumprem esta ou aquela profecia. Um livro publicado por volta de 1917 sugeria que os eventos que prepararam o caminho para a Primeira Guerra Mundial poderiam apenas predizer o Apocalipse. Esse livro sugeria que, sem dúvida alguma, a geração que vivia na época seria a geração a ser levada no Arrebatamento.

Vinte e cinco anos depois, um outro grupo de autores observou o surgimento de Hitler e sugeriu que Führer se encaixava perfeitamente na descrição do Anticristo. Alguns desses livros predíziam que o Arrebatamento ocorreria brevemente, após o qual Hitler ganharia o domínio do mundo e que a Tribulação começaria. Outros afirmavam que o Anticristo era Benito Mussolini ou Josef Stalin. Porém, posteriormente provou-se que todos eles estavam errados.

Depois da Segunda Guerra Mundial, foram publicados muitos livros que afirmavam que a fundação da Israel moderna já tinha dado início à contagem regressiva para o Armagedom, que não poderia demorar mais de quarenta anos para acontecer. Todas essas predições foram feitas com grande alarde e gravidade solene. E houve uma proliferação desses livros por toda a década de 80. Provou-se que todos eles estavam errados.

E agora, quando entramos em um novo milênio, há, mais do que nunca, especulações desse tipo. Redes de televisão religiosas estão cheias de noticiários zombadores, onde supostos especialistas em profecia bíblica continuam a explicar as manchetes semanais como se cada grande acontecimento do noticiário fosse um cumprimento direto de alguma profecia bíblica específica. As livrarias cristãs estão repletas de livros especulativos sobre as profecias bíblicas, incluindo a última "coqueluche" – romances que fundem eventos atuais com profecias extraídas das Escrituras em um formato ficcional. Tudo isso estimula mais as pessoas a interpretarem as Escrituras à luz das manchetes modernas em vez de fazerem exatamente o oposto.

E o pior de tudo (apesar da clara afirmação de Jesus, "não sabeis quando será a hora"), é que não há falta de especulação sobre datas (e até mesmo algumas que a fixam de forma dogmática) no mundo evangélico. Em seu *megabestseller* de 1970, *The Late Great Planet Earth* (O Grande Planeta Terra perto do Fim), Hal Lindsey sugeriu abertamente que acreditava que Cristo voltaria até 1988:

> O sinal mais importante em Mateus tem que ser a restituição da terra aos judeus no renascimento de Israel. Até mesmo a figura de linguagem – "figueira" – tem sido um

> símbolo histórico de Israel como nação. Quando o povo judeu, depois de aproximadamente 2.000 anos de exílio, debaixo de uma perseguição implacável, tornou-se uma nação novamente no dia 14 de maio de 1948, a "figueira" fez brotar as suas primeiras folhas.
>
> Jesus disse que isso indicaria que Ele estava "às portas", pronto para voltar. O Mestre falou assim: "Em verdade vos digo que não passará esta geração sem que todas essas coisas aconteçam" (Mt 24.34).
>
> Que geração? Obviamente, no contexto, a geração que veria os sinais – sendo o principal deles o renascimento de Israel. Uma geração, na Bíblia, é algo em torno de quarenta anos. Se esta for uma dedução correta, então dentro de mais ou menos quarenta anos após 1948, todas essas coisas poderiam ocorrer. Muitos estudiosos que têm estudado as profecias bíblicas durante toda a vida acreditam nesse tipo de conjetura.[6]

A linguagem de Lindsey em 1970 soa limitada comparada com as declarações mais confiantes que fez enquanto o alvo de quarenta anos se aproximava. Em seu livro de 1980, *The 1980s: Countdown to Armageddon* (Anos 80: Contagem Regressiva para o Armagedom), Lindsey escreveu: "Os profetas nos disseram que o renascimento de Israel – não outro evento – seria o sinal de que a contagem regressiva começou. Desde esse renascimento, as demais profecias começaram a ser cumpridas rapidamente. Por esse motivo, estou convencido de que estamos agora no momento único, tão claro e precisamente predito pelos profetas hebreus".[7] Lindsey posteriormente afirmou que acreditava que o Arrebatamento e o início da Tribulação ocorreria nos anos 80.[8]

A estrutura de tempo de quarenta anos, começando em 1948, foi aproveitada por outros que a transformaram em um dogma ainda mais explícito. Quando o ano de 1988 começou, Edgar Whisenant publicou um livro que rapidamente se tornou um *best-seller* imediato, *88 Reasons Why the Rapture Will Be in 1988* (88 Razões por que o Arrebatamento Ocorrerá em 1988). Whisenant ousadamente assegurou aos leitores que ele tinha desvendado um mistério do cronograma profético, e que o Arrebatamento ocorreria durante o período de 11 a 13 de setembro de 1988, durante o Rosh Hashanah, o ano novo judeu, também conhecido como *Yom Teru'ah* ou o Dia da Festa das Trombetas (descrito em Números 29.1).[9] Inabalado quando seu prazo passou, Whisenant mudou a data de sua previsão para 1989 e escreveu um novo livro, *89 Reasons Why the Rapture Will Be in 1989* (89 Razões por que o Arrebatamento Ocorrerá em 1989). Mas tendo desacreditado a si mesmo com a falsa previsão anterior, ele teve dificuldade em provocar muita empolgação sobre a subseqüente previsão (que, naturalmente, também provou estar errada).

Os especuladores de datas, no entanto, não se deram por satisfeitos. Alguns anos depois, Harold Camping, diretor geral da Rádio Family, publicou um livro intitulado *1994*, no qual previu a volta do Senhor para o dia 7 de setembro de 1994.[10] Camping baseou a sua previsão na numerologia, na fundação da Israel moderna e em outros sinais dos tempos. Em seus programas de rádio, ele repetidamente afirmava ter "mais de 99% de certeza" de que a sua previsão era exata. Não era.

Tem havido muitos especuladores de datas menos conhecidos nos últimos anos, e naturalmente cada um deles tem estado errado. Toda vez que isso acontece, a credibilidade do Evangelho diminui na mente dos descrentes que ouvem tais previsões e confundem-nas com a verdadeira mensagem cristã. Tantas previsões fracassadas também diminuem a confiança dos cristãos em seus professores. E temo que isso subverta a expectativa de muitas pessoas de que o Senhor *pode* voltar a qualquer momento. Há pouca dúvida de que o hiperpreterismo reflete uma reação ao escandaloso engodo e às previsões não cumpridas de "especialistas" evangélicos sobre o fim dos tempos, depois de tantas décadas de previsões erradas.

Não ajuda o fato de que os mesmos supostos especialistas mudem com o passar do tempo, ajustando suas interpretações de profecias específicas para combinarem com os eventos que mudam rapidamente. Cerca de trinta anos atrás, gurus de profecias bíblicas estavam declarando, confiantemente, que a ascensão da União Soviética ao *status* de superpotência estava repleta de significado bíblico. Muitos acreditavam que a Bíblia continha pistas sugerindo que a Rússia atacaria Jerusalém, e que esse conflito indicaria o lugar do Armagedom. E quando os anos 80 demonstraram *não* ser a contagem regressiva para o Armagedom, mas em vez disso ocasionou o desaparecimento do comunismo, a queda da Cortina de Ferro e o rompimento do império soviético, as mesmas autoridades autoproclamadas sobre a profecia bíblica simplesmente ajustaram suas previsões como lhes convinha, e começaram a afirmar que até mesmo a queda do comunismo fora predita na Escritura.

Acontecimentos atuais não são diretrizes para a interpretação da Escritura. Aqueles que continuamente ajustam seu entendimento da Palavra de Deus para acomodar as manchetes mais recentes estão tratando-a como uma figura de cera que pode ser moldada em qualquer forma que sirva para os seus propósitos. Essa forma de tratar a Palavra de Deus não é íntegra.

Além disso, a nossa preparação para a volta de Cristo não deve ser afetada de um modo ou de outro pelos acontecimentos do mundo. Como veremos ao longo de todo o nosso estudo neste livro, Cristo ensinou que devemos ter expectativas e estarmos prontos para o seu retorno a *qualquer momento*; o Senhor também nos ensinou a estarmos preparados e permanecermos fiéis, mesmo se Ele demorar mais tempo do que supomos. Assim, a verdadeira preparação para a volta de Cristo envolve tanto a expectativa quanto perseverança e paciência. Infelizmente, todo o engodo e sensacionalismo que caracterizam o ensino mais moderno sobre as profecias bíblicas, na verdade, enfraquecem ambos os lados da balança.

O Mistério da Segunda Vinda

Talvez valha a pena enfatizar outra vez que a *escatologia* – o ramo da teologia que lida com as coisas futuras – está mais envolta em mistério do que qualquer outra disciplina teológica. Isso é verdadeiro, e faz parte do próprio plano de Deus. Lembre-se de que o próprio

Jesus, enquanto na Terra, antes da ressurreição, disse que nem Ele mesmo, nem os anjos no céu, sabiam o dia e a hora da Segunda Vinda: "Daquele Dia e hora, ninguém sabe, nem os anjos que estão no céu, nem o Filho, senão o Pai. Olhai, vigiai e orai, porque não sabeis quando chegará o tempo" (Mc 13.32,33).

Como Cristo poderia, sendo plenamente Deus (mesmo enquanto estava encarnado), *não saber* algo tão importante quanto o Dia e a hora do seu próprio retorno? Isso certamente não pode significar que Ele, de modo literal, desistiu da sua onisciência, porque se, na verdade, tivesse se despido de quaisquer de seus atributos, na prática teria desistido de ser Deus (Ml 3.6; Hb 13.8). Além disso, a onisciência de Cristo é afirmada em muitos momentos importantes nos relatos do Evangelho (por exemplo, Jo 16.30; 18.4; 21.17). Mas a Escritura ensina que Ele era verdadeiramente humano em todos os sentidos (Hb 2.14-18). Parece que Ele era capaz de privar-se de chamar o seu conhecimento onisciente para a sua mente humana consciente, quando era a vontade do Pai que Ele fizesse assim (Jo 5.30); no entanto, Ele fazia isso sem nunca na verdade se despir da onisciência ou de qualquer outro aspecto da sua divindade. Por exemplo, Ele também nunca desistiu de sua onipotência (cf. Jo 10.18). No entanto, enquanto esteve na Terra, pelo fato de isso estar de acordo com o plano do Pai, Cristo voluntariamente restringiu a operação do seu poder divino e ilimitado, de forma que o seu corpo humano estava sujeito às limitações normais da carne humana (Jo 4.6). Ele sujeitou, voluntariamente, o uso de *todos* os seus atributos divinos à vontade perfeita do Pai (Jo 5.19; 8.28). Certamente, só essa verdade já é um mistério supremo e impenetrável!

Mas nenhum assunto em toda a Escritura é considerado *mais* misterioso do que o dia e a hora da volta de Cristo. *Ninguém* além do Pai sabe a hora; nem Jesus durante o seu ministério terreno, nem os anjos no céu, nem qualquer outra pessoa na Terra – muito menos aqueles que alegam, com ousadia, que conhecem os detalhes secretos da agenda profética de Deus!

Visto que *o próprio Cristo* disse que não sabia o dia nem a hora da sua volta, esta não seria uma questão sobre a qual todos nós deveríamos demonstrar a máxima humildade?

Também é instrutivo lembrar que nem mesmo os profetas, escrevendo sob inspiração divina, receberam alguma revelação a respeito do significado preciso daquilo que escreveram - especialmente quando se tratava de detalhes das profecias sobre as coisas futuras como "quem", "o que" e "onde". O apóstolo Paulo escreveu: "Da qual salvação inquiriram e trataram diligentemente os profetas que profetizaram da graça que vos foi dada, indagando que tempo ou que ocasião de tempo o Espírito de Cristo, que estava neles, indicava, anteriormente testificando os sofrimentos que a Cristo haviam de vir e a glória que se lhes havia de seguir" (1 Pe 1.10,11). Eles não entenderam, por exemplo, como as profecias de sofrimento e glória poderiam ser conciliadas. Muitas dessas coisas eram misteriosas a *todos*, até que o próprio Cristo as explicou em particular aos discípulos após a sua ressurreição (Lc 24.25-27).

É por isso que é adequado que bem no início deste estudo reconheçamos a profundidade do mistério restante que envolve os detalhes da volta de Cristo. Embora o *fato* da Segunda Vinda ser certamente uma doutrina fundamental do cristianismo, muitas das coisas *específicas* a respeito de como e quando isso ocorrerá estão, pelo testemunho da própria Escritura, colocadas em meio a um mistério incompreensível. E jamais devemos perder isso de vista. Esquemas proféticos detalhados e cronogramas escatológicos especulativos jamais devem ser tratados como um dogma indiscutível e fundamental, nem transformados em um teste principal de ortodoxia e comunhão.

Infelizmente, isso acontece o tempo todo. Conheço pessoas que querem fazer da escatologia o principal "teste de tornassol" de toda a teologia. Muitos deles são noviços à fé e não estão preparados para dar um relato coerente da doutrina de justificação pela fé. Eles podem estar mal equipados para defender quaisquer das doutrinas fundamentais do cristianismo. Mas se consideram especialistas a respeito de quando se dará o Arrebatamento ou do significado dos sete selos descritos em Apocalipse 5—7. Ou eles estão convencidos de que não haverá Arrebatamento ou Reino terreno literal, e consideram como um adversário qualquer pessoa que não veja as coisas da maneira como eles vêem. Parece que tais pessoas estão constantemente morrendo de vontade de debater sobre bons pontos escatológicos.[11]

Outros que caem nessa armadilha não são de forma alguma noviços. Eles podem ser líderes cristãos ou professores de teologia, mas tornam-se desequilibrados em sua paixão por uma perspectiva escatológica específica, e permitem que seu zelo por essas doutrinas se torne uma barreira à comunhão com os irmãos que discordam deles.

Conheço um homem que insiste que a escatologia deveria ser o ponto inicial para a visão cristã em relação ao mundo. Deste modo, tudo o mais em que cremos deveria estar sujeito ao entendimento que temos do cronograma profético de Deus. Não consigo imaginar uma abordagem mais retrógrada, quer para a escatologia, quer para a formulação de uma visão cristã em relação ao mundo. A nossa visão de mundo deve começar com uma das doutrinas mais vitais e mais indiscutíveis do cristianismo – as questões sobre as quais a Escritura fala com mais clareza e menor quantidade de mistério. A escatologia é criticamente importante na medida em que nos fala do fim da obra redentora e da culminação do seu propósito salvador. Decerto a esperança da volta de Cristo é essencial para a visão cristã em relação ao mundo. Mas os detalhes especulativos do cronograma escatológico de alguém não são o foco apropriado, ou o ponto de partida. E não há motivo para isolar a escatologia acima das outras categorias teológicas como se os detalhes proféticos sobre o futuro fossem as características mais importantes.

O meu conselho para os teólogos sistemáticos que estão surgindo é este: Domine as questões fundamentais de *soteriologia, hamartiologia, pneumatologia, cristologia, bibliologia, teologia própria* e outros pontos essenciais da doutrina cristã antes de assumir uma postura tão dogmática sobre os pontos escatológicos de difícil compreensão.

É bom ter opiniões fortes sobre essas questões. Até onde a Escritura permite, as minhas próprias convicções escatológicas são firmes e definidas, como você notará por todo este livro. Mas dado o mistério que tanto cerca a revelação profética sobre o futuro, estas não são questões nas quais devamos ser rixosos e rapidamente contenciosos. Os nossos diagramas proféticos detalhados não devem se tornar testes de ortodoxia ou bases para a separação de outros crentes. Exceto os aspectos da profecia bíblica que são essenciais para a mensagem cristã (tais como o *fato* do retorno corpóreo de Cristo, a ressurreição dos mortos e o triunfo final de Cristo sobre todos os seus inimigos) estas não são questões que deveriam nos separar de outros cristãos com quem discordamos.

Há um grande número de pessoas que brigam por causa de seus pontos de vista a respeito dos mistérios da escatologia bíblica. Calendários proféticos detalhados, quadros das dispensações, e debates sobre a ordem e o posicionamento de todos os acontecimentos proféticos, simplesmente não garantem a quantidade de atenção, a profundidade da discussão, ou o nível de rancor que eles freqüentemente geram entre os irmãos cristãos.

O pior é que muitíssimos cristãos na verdade rompem a comunhão com outros que divergem deles sobre questões especulativas e secundárias. Mas a nossa humildade ao nos aproximarmos de tais questões misteriosas deve ser acompanhada de caridade a outros cujas perspectivas são diferentes.

Lembre-se de que apesar da riqueza de detalhes das profecias do Antigo Testamento com relação à Primeira Vinda de Cristo, apenas algumas pessoas reconheceram o evento quando ele ocorreu. Entre estes estavam os magos – astrólogos e praticantes do ocultismo – que provavelmente tinham pouco entendimento do Antigo Testamento e muito provavelmente consideravam Jeová uma divindade estrangeira. Eles foram conduzidos até Cristo por uma estrela (Mt 2.1-12). Houve os pastores a quem o nascimento de Cristo foi anunciado pelos anjos (Lc 2.8-18). Teve também Simeão, um israelita temente a Deus que havia recebido uma revelação particular, assegurando-o de que não morreria até que visse o Messias (vv. 25-35). E houve Ana, uma viúva temente a Deus que reconheceu o menino Cristo – possivelmente também por uma revelação especial, pois a Escritura se refere a ela como uma "profetisa" (vv. 36-38).

Em outras palavras, apesar das muitas profecias do Antigo Testamento sobre a vinda do Messias – o fato de que Ele nasceria em Belém (Mq 5.2), que nasceria de uma virgem (Is 7.14) e seria precedido por um precursor profético vindo no espírito e no poder de Elias (Ml 4.5,6; Is 40.3,4) – aparentemente *ninguém* confiando apenas nas profecias do Antigo Testamento reconheceu-o em seu nascimento. A história registra que houve um alto nível de expectativa messiânica em Israel por volta da época da vinda de Cristo, mas quando Ele chegou, não atendeu às expectativas de ninguém.

Com certeza, cada um dos modernos "especialistas" das profecias bíblicas também demonstrará estar errado a respeito da data e dos detalhes da sua Segunda Vinda. O próprio Cristo pareceu sugerir isso quando disse: "Por isso, estai vós apercebidos também, porque o Filho do Homem há de vir à hora em que não penseis" (Mt 24.44; cf. Lc 12.40).

Estai Apercebidos!

Está claro, então, que um grande mistério envolve o nosso pleno entendimento de muitas das características da volta do nosso Senhor. Mas se você acha que isso é uma desculpa para a ignorância, o ceticismo, ou a apatia sobre todo o assunto da Segunda Vinda, pense outra vez. Diversas vezes na Escritura, somos exortados a discernir os sinais dos tempos, ser vigilantes e estar preparados. Sublinhando o mistério de sua volta aos seus discípulos, Cristo os lembrou diversas vezes: "O Filho do Homem há de vir à hora em que não penseis". Mas o resultado que Ele inevitavelmente enfatizava era: "Portanto, estai vós também apercebidos" (Lc 12.40). Ele censurava as pessoas por estarem desatentas aos sinais dos tempos: "Hipócritas, sabeis diferençar a face do céu e não conheceis os sinais dos tempos?" (Mt 16.3). O apóstolo João começou o registro de suas visões apocalípticas com esta promessa: "Bem-aventurado aquele que lê, e os que ouvem as palavras desta profecia, e guardam as coisas que nela estão escritas; porque o tempo está próximo" (Ap 1.3).

Assim, estas são questões sobre as quais devemos estudar e alcançar uma intensa consciência, enquanto procuramos aprofundar o nosso entendimento. Não podemos nos dar ao luxo de tirar a escatologia de circulação, só porque ela nos apresenta características inescrutáveis, ou de nos afastar só porque ela seja um terreno fértil para o desacordo. Recebemos ordens para reconhecer os sinais dos tempos, permanecer vigilantes, e estar preparados para a possibilidade de Cristo voltar imediatamente. Ele poderá voltar hoje, daqui a alguns anos, daqui a mil anos; não é possível saber com exatidão. A Escritura não dá ao estudante diligente nenhuma indicação da data da volta do precioso e bendito Salvador.

A Escritura está repleta de promessas proféticas, de forma que você não pode estudá-las sem se ver completamente envolvido na Escatologia. Os estudantes fiéis – percebendo que *toda* Escritura é proveitosa para ensinar, para redargüir, para corrigir, para instruir em justiça – estudarão as porções proféticas da Escritura com a mesma diligência e entusiasmo que dedicam ao restante da Palavra de Deus.

Creio que as passagens proféticas da Escritura deveriam ser tratadas como qualquer outra porção da Palavra de Deus. O claro significado de um texto deve ser a interpretação preferida. Não há motivo para espiritualizar ou planejar interpretações alegóricas da Escritura, se o sentido literal fizer bom sentido. Só devemos procurar um sentido figurado se o contexto de uma passagem der alguma razão motivadora para supormos que a linguagem seja simbólica. Onde o claro sentido da Escritura fizer bom sentido, não há motivo para procurar qualquer outro.

Por esta razão, creio que o *pré-milenismo* reflete melhor o entendimento correto da Escritura. O pré-milenismo é o ponto de vista de que Cristo voltará à Terra para julgar e estabelecer o seu Reino aqui por 1.000 anos, durante os quais Satanás ficará amarrado.[12] Somente Apocalipse 20 parece resolver essa questão definitivamente, e não conheço nenhuma outra passagem da Escritura que sugira qualquer cenário diferente. Ao contrário, todas as profecias do Antigo Testamento sobre o Reino se harmonizam melhor com o pré-milenismo.

Entretanto, há duas outras abordagens populares adequadas à Escatologia bíblica. Uma é o *amilenismo*, uma interpretação que considera o Reino de Cristo descrito em Apocalipse 20 como uma realidade invisível e espiritual de duração indeterminada, em vez de um Reino terreno literal de mil anos. Os amilenistas crêem que o Reino existe em um sentido espiritual neste momento, e que o próximo evento no calendário profético será a volta de Cristo, seguida imediatamente pelo Juízo Final.

Uma outra abordagem comum à Escatologia bíblica é o *pós-milenismo*. Esse ponto de vista sugere que a Igreja estabelecerá o Reino terreno de Cristo por meio da pregação (e, de acordo com alguns, por meios políticos). Diferente dos amilenistas, os pós-milenistas crêem em um Reino terreno literal, mas a maioria acredita que Cristo reinará sobre esse Reino no céu, depois do que Ele voltará à Terra e instituirá o Juízo Final.

Muitos comentaristas e teólogos, a quem respeito, defendem o amilenismo ou o pós-milenismo. Porém, tendo estudado cuidadosamente os argumentos para todos os pontos de vista, estou convencido de que somente o pré-milenismo possui um sólido apoio *exegético*. Os amilenistas e os pós-milenistas tendem a defender os seus pontos de vista em virtude de considerações teológicas em vez de textuais. Os dois pontos de vista requerem um tratamento extraordinário das passagens proféticas da Escritura, exigindo que o intérprete ilustre ou espiritualize o significado de tais textos, em vez de aplicar os mesmos princípios históricos e gramaticais de interpretação que aplicamos ao restante da Escritura. Mas se simplesmente interpretarmos as passagens proféticas pelo mesmo método hermenêutico que usamos para o restante da Palavra de Deus, o pré-milenismo emerge naturalmente do texto. Uma leitura simples de Apocalipse 20 revelará isso; está claro que o significado comum é simplesmente uma afirmação sucinta do pré-milenismo.

Este livro, portanto, não é um argumento em favor do pré-milenismo, mas uma exegese direta de alguns textos-chave, muito notavelmente a mais longa e a mais importante mensagem escatológica de Cristo, o Sermão do Monte. A minha esperança é que, ao ser exposto à Palavra de Deus sobre essas questões, você sinta em seu coração uma expectativa sincera e um desejo ardente pela volta de Cristo. E que isso possa, por sua vez, estimular você a fazer um estudo ainda mais profundo por conta própria.

Por que Cristo Precisa Voltar

A Escritura predisse uma época quando os céticos zombariam da noção da volta de Cristo: "(...) nos últimos dias virão escarnecedores, andando segundo as suas próprias concupiscências e dizendo: Onde está a promessa da sua vinda?" (2 Pe 3.3b,4a). Não há falta de vozes levantando esse refrão hoje.

Por exemplo, um grupo de supostas autoridades sobre a Escritura afirma ter descoberto (usando técnicas de crítica literária moderna) que na verdade Cristo não disse a maior parte das coisas atribuídas a Ele pelo Novo Testamento. O *Jesus Seminar* (Seminário Jesus), um grupo de 200 estudiosos bíblicos liberais, reúne-se para tentar chegar a um consenso sobre quais palavras de Cristo são "autênticas". Isso foi considerado necessário porque esses estudiosos em particular já haviam concluído que a maioria das palavras atribuídas a Cristo na Escritura são adições espúrias aos relatos do Evangelho. As decisões finais coletivas desse grupo sobre quais palavras são autênticas foram definidas por meio de uma eleição, onde prevalece o voto majoritário. O veredito do Seminário não foi surpresa a ninguém familiarizado com a abordagem da teologia liberal à Escritura. Esses "estudiosos" concluíram que dos mais de 700 pronunciamentos atribuídos a Jesus nos Evangelhos, apenas trinta e um são inquestionavelmente autênticos — e que mais da metade deles são na verdade afirmações duplicadas de passagens paralelas. Assim, de acordo com os estudiosos do Seminário Jesus, de tudo o que foi dito, dos pronunciamentos do Novo Testamento atribuídos a Jesus, apenas cerca de quinze representam palavras que Ele realmente disse.

Além das poucas afirmações que aceitaram como autênticas, os estudiosos do Seminário Jesus relacionaram diversos outros pronunciamentos que consideraram questionáveis, mas possivelmente autênticos. Eles abertamente rejeitaram mais de 80% das palavras de Cristo na Escritura — incluindo, naturalmente, todas as principais passagens em que o Senhor prometeu a sua Segunda Vinda.

"Onde está a promessa da sua vinda?" De acordo com os estudiosos do Seminário Jesus, em primeiro lugar, Cristo não fez tal promessa.

Esse tipo de ceticismo pesado, sob uma aparência erudita superficial, está sendo amplamente difundido hoje em dia. E a doutrina da Segunda Vinda é um alvo específico. Um autor escreve:

> Jesus disse: "Em verdade vos digo que não passará esta geração sem que todas essas coisas aconteçam".
>
> Como Jesus poderia estar errado acerca da sua volta? Um grupo de estudiosos bíblicos conhecidos como "Seminário Jesus" tem estudado as palavras de Jesus usando as cópias mais recentemente descobertas dos antigos manuscritos bíblicos, outros escritos históricos diretamente relacionados à época de Jesus e à Igreja Cristã Primitiva, além de análise de escrita de estilo científico, e outras ferramentas. Após anos de intenso estudo e debate, esse grupo chegou ao consenso geral de que 80% das palavras atribuídas a Jesus no Novo Testamento não eram palavras suas, mas interpretações e adições dos primeiros crentes.
>
> É muito importante lembrar que nada do que Jesus disse foi escrito antes de, no mínimo, uma geração inteira após a sua morte.

> As histórias de suas palavras e ministério eram circuladas unicamente de boca em boca. Esse fato histórico do Período Oral não é questionado por nenhum estudioso bíblico respeitado... Por mais difícil que possa ser para os crentes, na Bíblia, aceitarem, uma análise erudita objetiva mostrou que as palavras de Jesus foram altamente corrompidas pelas crenças e palavras dos primeiros cristãos.[1]

Em primeiro lugar, esse autor apresenta erros grosseiros e flagrantemente exagera a importância da obra do Seminário Jesus. As descobertas do Seminário não têm absolutamente nenhuma autoridade "científica". Elas constituem apenas o ajuntamento de opiniões liberais — pouco mais que pura conjetura baseada em incredulidade e ceticismo pecaminoso. E é extremamente enganoso sugerir que as conclusões liberais do Seminário Jesus "não sejam questionadas por nenhum estudioso bíblico respeitado". A afirmação em si trai o raciocínio e o pensamento fechado e cíclico que é tão típico do "estudo" liberal; qualquer estudioso que questionar as suas teorias é *automaticamente* considerado não "respeitado".

Entretanto, multidões têm comprado estas mentiras — e parece que isso tem acontecido, principalmente, com muitos clérigos. Há alguns anos, li a respeito de uma pesquisa entregue a um grupo de pastores protestantes em uma convenção da igreja em Evanston, Illinois. Noventa por cento disse não ter qualquer tipo de expectativa de que Cristo realmente voltará à Terra.

O resultado de todo esse ceticismo por parte de tantos estudiosos e do clero é que todo um segmento da sociedade considera a esperança da Segunda Vinda uma tolice ignorante e uma fantasia de fundamentalistas irracionais. A arrogância dos escarnecedores tem praticamente ganhado o *status* de sabedoria convencional.

Mas a Escritura não é vaga nem equívoca sobre a promessa da volta de Cristo. Uma grande proporção (de acordo com alguns cálculos, um quinto) da Escritura é profética, e talvez um terço ou mais das passagens proféticas se referem à Segunda Vinda de Cristo ou a eventos relacionados a ela. Este é um grande tema da profecia tanto do Antigo como do Novo Testamento.

Independentemente do que digam os escarnecedores, Jesus está voltando. A história do mundo está chegando a uma conclusão, e a conclusão já foi ordenada por Deus e predita na Escritura. Pode ser logo, ou poderá ser daqui a outros mil anos (ou mais). Seja quando for, Deus não retarda a sua promessa. Cristo voltará!

Uma coisa irônica é que vivemos em uma época em que os escarnecedores reconhecem que estão em um estado de expectativa bastante temerosa. O potencial assustador de destruição mundial existe em diversos níveis. Até mesmo os secularistas mais fervorosos devem se conscientizar do poder muito real que o mundo, como o conhecemos, pode acabar a qualquer momento — por uma guerra nuclear, um acidente nuclear, uma crise de energia, vários desastres ecológicos, novos vírus letais como a Aids (ou piores), ou até mesmo uma colisão cósmica de algum tipo. Na verdade, a maioria das pessoas reconhece que este mundo *não pode* existir para sempre. E enfrentamos constantes lembretes disso. Ao longo de quase todo o século XX, uma série ininterrupta de livros, artigos, estudos científicos e até produções de Hollywood atacaram a consciência pública, advertindo-nos de que se não mudarmos coletivamente a maneira como vivemos, deixaremos de existir juntamente com o nosso pequeno planeta. Na verdade, aqueles que mais eloqüentemente proclamam a destruição do mundo hoje não são as pessoas que esperam a volta de Cristo, mas os secularistas, que têm reconhecido que este mundo e toda a vida que nele há inevitavelmente *terminarão* um dia. E eles estão certos. O mundo vai acabar, mas não por causa de irresponsabilidade ecológica ou pelo poder de destruição do homem.

Como ele acabará? Podemos saber? Sim, podemos. A Bíblia fornece uma resposta muito clara e direta. O mundo, como o conhecemos, acabará por ocasião da volta de Jesus Cristo. A história do mundo terá o seu clímax em seu retorno literal e corpóreo à Terra.

Isso é algo tão certo quanto qualquer verdade contida na Escritura. Aqui estão nove razões, extraídas da Palavra, pelas quais sabemos que Cristo está voltando:

A Promessa de Deus Exige a Segunda Vinda

O Antigo Testamento estava repleto de promessas messiânicas. Na verdade, é justo dizer que a vinda do Messias foi o foco principal do Antigo Testamento. A primeira pista de um Redentor Messiânico veio em Gênesis

3, logo depois da queda de Adão, quando Deus prometeu que a Semente da mulher esmagaria a cabeça da serpente (v. 15). No capítulo de encerramento do livro final do Antigo Testamento, Deus prometeu que "nascerá o sol da justiça e salvação trará debaixo das suas asas" (Ml 4.2). E entre essas duas promessas, todo o Antigo Testamento está repleto de profecias da vinda do Libertador — calculado como pelo menos 333 promessas distintas.

Mais de cem dessas profecias foram literalmente cumpridas na Primeira Vinda de Cristo. Aqui estão algumas das principais:

- Isaías profetizou que Ele nasceria de uma virgem (Is 7.14; Mt 1.18, 22-25).
- Miquéias previu que Belém seria o local do seu nascimento (Mq 5.2; Mt 2.1).
- A experiência do Israel do Antigo Testamento prefigurou, nitidamente, que Ele seria chamado do Egito (Os 11.1;[2] Mt 2.13-15).
- Isaías predisse que Ele seria um descendente de Jessé (o pai do rei Davi) e que Ele seria excepcionalmente ungido com o Espírito de Deus (Is 11.1-5; Mt 3.16,17).
- Zacarias profetizou que Ele entraria em Jerusalém montado em um jumento, filho de jumenta (Zc 9.9; Lc 19.35-37).
- O Salmo 41.9 prediz que Ele seria traído por um amigo íntimo com quem Ele tinha compartilhado uma refeição (cf. Mt 10.4).
- Zacarias profetizou que Ele seria ferido e que suas ovelhas se espalhariam, antecipando que Ele seria abandonado pelos seus próprios discípulos mais chegados (Zc 13.7; Mc 14.50).
- Zacarias também predisse o preço exato da traição de Judas (trinta moedas de prata), bem como o que aconteceria com o dinheiro da traição (Zc 11.12,13; Mt 26.15; 27.6,7).
- Isaías predisse muitos detalhes da crucificação (Is 52.14; 53.12; Mt 26.67; 27.29,30, 57-60).
- Davi predisse muitos outros detalhes das torturas que Cristo suportaria na cruz, incluindo o seu último clamor ao Pai, o fato de suas mãos e pés serem traspassados, e a disputa de suas vestes, por aqueles que lançariam sortes (Sl 22; Mt 27.35, 42,43, 46; Jo 19.23,24).

• Davi também predisse profeticamente que nenhum dos ossos de Cristo seria quebrado (Sl 34.20; Jo 19.33).

• E em outra passagem Davi fez alusão à Ressurreição (Sl 16.10; cf. At 2.27; 13.35-37).

Todas as profecias que tratam da Primeira Vinda de Cristo foram precisa e literalmente cumpridas. Ele montar um jumentinho, a disputa por suas vestes, traspassarem suas mãos e pés, e as vívidas profecias de sua rejeição pelos homens em Isaías 53 — todas essas coisas *poderiam* ter sido interpretadas simbolicamente pelos estudiosos do Antigo Testamento antes de Cristo. Mas o Novo Testamento registra, diversas vezes, que tais coisas foram cumpridas no sentido mais literal, "para que se cumpram as Escrituras dos profetas" (Mt 26.56; cf. 2.15; 4.14-16; 8.17; 12.17-21; 13.35; 21.4,5; 27.35; Jo 12.38; 15.25; 19.24,28).

Em alguns casos, as profecias do Antigo Testamento foram cumpridas com um literalismo que não poderia ter sido antecipado nem mesmo pelos mais cuidadosos estudiosos do Antigo Testamento. Por exemplo, o Salmo 69 parece ser um lamento de Davi enquanto estava sob ataque dos seus inimigos e em grande aflição. Nada no Salmo em si nos dá uma pista de que quaisquer profecias estejam contidas nele. Na verdade, no versículo 5 Davi se refere à sua própria insipiência e pecados. Portanto, essas palavras vieram do coração de Davi para descrever a sua própria angústia por ser odiado sem causa. No entanto, há um significado profético mais profundo. Tipologicamente, Davi prefigurava o Redentor. E o Novo Testamento indica que certas frases neste salmo se referem a Cristo de um modo ainda maior do que se referiam a Davi. "O zelo da tua casa me devorou" (v. 9) mostra ser uma profecia que foi literalmente cumprida por Cristo em Marcos 11.15-17 (compare Jo 2.14-17). O versículo 21, "Deram-me fel por mantimento, e na minha sede me deram a beber vinagre", revela-se uma profecia que foi literalmente cumprida na cruz (Mt 27.34).

Fica evidente, então, que os dois terços restantes das profecias messiânicas do Antigo Testamento também serão cumpridos literalmente. E isso requer o retorno de Jesus Cristo a este mundo.

Quando Cristo tomou o pergaminho na sinagoga de Nazaré, e começou a ler, o tempo perfeito de Deus havia designado que a leitura para aquela semana fosse Isaías 61. Lucas 4.17-21 registra o episódio:

> *E foi-lhe dado o livro do profeta Isaías; e, quando abriu o livro, achou o lugar em que estava escrito: O Espírito do Senhor é sobre mim, pois que me ungiu para evangelizar os pobres, enviou-me a curar os quebrantados do coração, a apregoar liberdade aos cativos, a dar vista aos cegos, a pôr em liberdade os oprimidos, a anunciar o ano aceitável do Senhor. E, cerrando o livro e tornando a dá-lo ao ministro, assentou-se; e os olhos de todos na sinagoga estavam fitos nele. Então, começou a dizer-lhes: Hoje se cumpriu esta Escritura em vossos ouvidos.*

Se compararmos o texto com Isaías 61, veremos que Cristo parou a leitura abruptamente no meio de uma sentença. Aqui está o texto completo de Isaías 61.1-3:

> *O Espírito do Senhor Jeová está sobre mim, porque o* SENHOR *me ungiu para pregar boas-novas aos mansos; enviou-me a restaurar os contritos de coração, a proclamar liberdade aos cativos e a abertura de prisão aos presos; a apregoar o ano aceitável do* SENHOR e o dia da vingança do nosso Deus*; a consolar todos os tristes; a ordenar acerca dos tristes de Sião que se lhes dê ornamento por cinza, óleo de gozo por tristeza, veste de louvor por espírito angustiado, a fim de que se chamem árvores de justiça, plantação do* SENHOR, *para que ele seja glorificado. (ênfase do autor)*

O restante do capítulo de Isaías continua descrevendo as bênçãos do Reino milenial: "Porque, como a terra produz os seus renovos, e como o horto faz brotar o que nele se semeia, assim o Senhor Jeová fará brotar a justiça e o louvor para todas as nações" (v. 11).

Cristo deliberadamente interrompeu a leitura no meio de uma sentença porque "o dia da vingança do nosso Deus" diz respeito à sua Segunda Vinda, e não à Primeira. Muitas profecias do Antigo Testamento pareciam condensar os acontecimentos messiânicos dessa mesma maneira, de forma que não ficava sempre imediatamente óbvio quando uma parte de uma profecia se referia à Primeira Vinda de Cristo, enquanto uma outra parte se referia à sua Segunda Vinda. Empregando apenas o Antigo Testamento, teria sido muito difícil discernir qualquer diferença entre as duas classes de profecias messiânicas.

Salmo 2. Sabemos que esse salmo fala de Cristo. O versículo 7 é citado várias vezes no Novo Testamento e é aplicado a Ele: "Tu és meu Filho; eu hoje te gerei" (cf. At 13.33; Hb 1.5; 5.5). No entanto, muitos aspectos desse salmo aguardam um cumprimento futuro. O versículo 6 sugere um Reino terreno que ainda deve ser implantado: "Eu, porém, ungi o meu Rei sobre o meu santo monte Sião". O Reino e o juízo descritos nos versículos 8 e 9 também ainda têm que ser cumpridos literalmente: "(...) eu te darei as nações por herança e os confins da terra por tua possessão. Tu os esmigalharás com uma vara de ferro; tu os despedaçarás como a um vaso de oleiro".

Isaías 9.6,7. Esta passagem familiar também parece ter em vista tanto a Primeira quanto a Segunda Vinda de Cristo: "Porque um menino nos nasceu, um filho se nos deu..." Isso claramente se refere à sua Primeira Vinda, antecipando a promessa do anjo a Maria em Lucas 1.35. Mas o restante de Isaías 9.6,7 o descreve como um rei em glória sobre o trono de Davi:

> *e o principado está sobre os seus ombros; e o seu nome será Maravilhoso, Conselheiro, Deus Forte, Pai da Eternidade, Príncipe da Paz. Do incremento deste principado e da paz, não haverá fim, sobre o trono de Davi e no seu reino, para o firmar e o fortificar em juízo e em justiça, desde agora e para sempre.*

O próprio Cristo apontou para a sua Segunda Vinda como o tempo quando Ele assumiria este trono em um sentido literal: "E, quando o Filho do Homem vier em sua glória, e todos os santos anjos, com ele, *então*, se assentará no trono da sua glória" (Mt 25.31, ênfase adicionada).

Miquéias 4.3. Esta passagem ecoa a promessa de um Reino de paz sob o seu governo: "E julgará entre muitos povos e castigará poderosas nações até mui longe; e converterão as suas espadas em enxadas e as suas lanças em foices; uma nação não levantará a espada contra outra nação, nem aprenderão mais a guerra". Novamente o cumprimento literal dessa profecia aguarda a Segunda Vinda do Salvador.

Jeremias 23.5. Aqui a Palavra de Deus expressamente declara que o futuro Reino de Cristo deve ser terreno: "Eis que vêm dias, diz o Senhor, em que levantarei a Davi um Renovo justo; sendo rei, reinará, e prosperará, e praticará o juízo e a justiça *na terra*" (ênfase do autor). Ele deve voltar para estabelecer esse Reino na Terra.

Zacarias 14.4-9. Zacarias descreve a Segunda Vinda nitidamente:

> *E, naquele dia, estarão os seus pés sobre o monte das Oliveiras, que está defronte de Jerusalém para o oriente; e o monte das Oliveiras será fendido pelo meio, para o oriente e para o ocidente, e haverá um vale muito grande; e metade do monte se apartará para o norte, e a outra metade dele, para o sul. E fugireis pelo vale dos meus montes (porque o vale dos montes chegará até Azel) e fugireis assim como fugistes do terremoto nos dias de Uzias, rei de Judá; então, virá o Senhor, meu Deus, e todos os santos contigo, ó Senhor.*
>
> *E acontecerá, naquele dia, que não haverá preciosa luz, nem espessa escuridão. Mas será um dia conhecido do Senhor; nem dia nem noite será; e acontecerá que, no tempo da tarde, haverá luz.*
>
> *Naquele dia, também acontecerá que correrão de Jerusalém águas vivas, metade delas para o mar oriental, e metade delas até ao mar ocidental; no estio e no inverno, sucederá isso. E o Senhor será rei sobre toda a terra; naquele dia, um será o Senhor, e um será o seu nome.*

Isso descreve o glorioso aparecimento de Cristo, que ainda está por acontecer, quando Ele voltar para endireitar todas as coisas. Nada desse tipo ocorreu em sua Primeira Vinda. Como boa parte do que diz respeito à profecia messiânica no Antigo Testamento, isso aguarda um cumprimento futuro, na Segunda Vinda de Cristo.

A Escritura diz que Deus "não pode mentir" e que Ele não mudará de idéia (Tt 1.2; Nm 23.19). O que Ele prometeu com certeza o fará. E o cumprimento de muitas coisas que Deus prometeu a respeito de Cristo requer que o Salvador volte à Terra em triunfo. A veracidade da Bíblia é que está em jogo.

O Ensino de Cristo Exige a Segunda Vinda

As próprias palavras de Cristo também deixam claro que Ele voltará. O seu ensino terreno estava repleto de referências à sua Segunda Vinda. Muitas de suas parábolas falavam dela. Na verdade, os Evangelhos incluem capítulos inteiros que tratam de acontecimentos relacionados à Segunda Vinda (Mt 24—25; Lc 21).

Na noite de sua traição, Cristo disse aos seus discípulos: "Vou preparar-vos lugar. E, se eu for e vos preparar lugar, virei outra vez e vos levarei para mim mesmo" (Jo 14.2,3). Não só a credibilidade de Deus está em jogo na Segunda Vinda, mas também a credibilidade de seu Filho. *Se Jesus não voltar, Ele poderá ser chamado de mentiroso.*

Mas as suas próprias palavras são uma garantia divina de que Ele *voltará*. "Sempre seja Deus verdadeiro, e todo homem mentiroso" (Rm 3.4).

Cristo, no tribunal que estava julgando a sua vida, defendeu a própria divindade com uma ousada declaração da Segunda Vinda nos termos mais triunfantes. Ele disse ao sumo sacerdote: "(...) e vereis o Filho do Homem assentado à direita do Todo-Poderoso e vindo sobre as nuvens do céu" (Mc 14.62b).

Pouco tempo antes disso, quando Cristo havia revelado o panorama dos eventos futuros aos seus discípulos no monte das Oliveiras, Ele lhes disse: "Porque, assim como o relâmpago sai do oriente e se mostra até ao ocidente, assim será também a vinda do Filho do Homem" (Mt 24.27). O Mestre ainda acrescentou esta vívida descrição:

> *Então, aparecerá no céu o sinal do Filho do Homem; e todas as tribos da terra se lamentarão e verão o Filho do Homem vindo sobre as nuvens do céu, com poder e grande glória. E ele enviará os seus anjos com rijo clamor de trombeta, os quais ajuntarão os seus escolhidos desde os quatro ventos, de uma à outra extremidade dos céus.*
>
> – Mateus 24.30,31

Várias das parábolas que Cristo contou para ilustrar o seu Reino enfatizavam a verdade da Segunda Vinda. Ele fez isso porque os discípulos "cuidavam que logo se havia de manifestar o Reino de Deus" (Lc

19.11). Assim, o Mestre enfatizou, por diversas vezes, um aspecto de seu Reino que está em operação desde a sua Primeira Vinda até sua existência atual que é invisível e espiritual (Lc 17.20,21), enquanto o aspecto visível e terreno de seu Reino dizia respeito à sua Segunda Vinda. Deste modo, as suas parábolas freqüentemente retratavam um governante que, tendo ido para um país distante, retorna para governar em pessoa. A parábola em Lucas 19.12-27 expressamente retrata "certo homem nobre [que] partiu para uma terra remota, a fim de tomar para si um reino e voltar depois" (v. 12). E ao voltar, "depois de ter tomado o reino" (v. 15), Ele executa juízos e estabelece um governo conjunto em seu Reino com a participação dos seus servos que foram fiéis em sua ausência (vv. 15-19).

Semelhantemente, três parábolas no Sermão do Monte — a parábola dos dois servos (Mt 24.45-51), a parábola das dez virgens (Mt 25.1-13) e a parábola dos talentos (Mt 25.14-30) — sublinhavam a certeza da volta de Cristo.

Isso não é tudo. No livro de Apocalipse, Cristo por diversas vezes disse: "Certamente, cedo venho" (Ap 22.20; cf. 2.5, 16; 3.11; 22.7,12). O Apocalipse revela "as (coisas) que depois destas hão de acontecer" (1.19; 4.1). E a coroa e a culminação de tudo isso é a volta triunfante de Cristo, descrita no capítulo 19.

Assim, Cristo repetidamente nos deu a certeza de sua volta. Ele fez essas promessas durante o seu ministério terreno, antes de sua ascensão ao céu, e até mesmo em uma visão, que deu a João, de seu trono no céu. Ele queria que tanto os seus amigos como os seus inimigos soubessem que Ele voltaria. A sua própria credibilidade depende da sua Segunda Vinda.

O Testemunho do Espírito Santo Exige a Segunda Vinda

Uma vez que "Deus (...) não pode mentir" (Tt 1.2), a sua promessa garante a volta de Cristo. Jesus é a verdade encarnada (Jo 14.6); assim, o seu ensino também confirma infalivelmente o fato da Segunda Vinda. O Espírito Santo, que é chamado de "o Espírito de verdade" (Jo 14.17; 15.26), também testifica sobre a Segunda Vinda de Cristo.

O apóstolo Paulo escreveu estas palavras sob a inspiração do Espírito Santo em I Coríntios 1.4-7: "Sempre dou graças ao meu Deus por vós pela graça de Deus que vos foi dada em Jesus Cristo. Porque em tudo fostes enriquecidos nele, em toda a palavra e em todo o conhecimento (como foi mesmo o testemunho de Cristo confirmado entre vós). De maneira que nenhum dom vos falta, esperando a manifestação de nosso Senhor Jesus Cristo".

Foi o Espírito Santo que confirmou o testemunho de Cristo neles, e lhes deu a expectativa da vinda de Cristo. Além disso, o Espírito Santo, como o autor divino da Escritura, assim confirma a promessa da vinda de Cristo (2 Pe 1.20,21).

Em outra passagem Paulo escreveu: "A nossa cidade está nos céus, donde também esperamos o Salvador, o Senhor Jesus Cristo" (Fp 3.20). Ele encorajou os colossenses dizendo: "Quando Cristo, que é a nossa vida, se manifestar, então, também vós vos manifestareis com ele em glória" (Cl 3.4). E ele tinha muito a dizer sobre a volta do Senhor em suas epístolas aos tessalonicenses. Aqui está uma amostra:

> *Porque o mesmo Senhor descerá do céu com alarido, e com voz de arcanjo, e com a trombeta de Deus; e os que morreram em Cristo ressuscitarão primeiro; depois, nós, os que ficarmos vivos, seremos arrebatados juntamente com eles nas nuvens, a encontrar o Senhor nos ares, e assim estaremos sempre com o Senhor.*
>
> – 1 Tessalonicenses 4.16,17

O Espírito Santo posteriormente confirmou a promessa da volta de Cristo por intermédio do escritor de Hebreus: "assim também Cristo, oferecendo-se uma vez, para tirar os pecados de muitos, aparecerá segunda vez" (Hb 9.28).

Você encontrará essa promessa reiterada na Epístola de Tiago: "Sede, pois, irmãos, pacientes até a vinda do Senhor. Eis que o lavrador espera o precioso fruto da terra, aguardando-o com paciência, até que receba a chuva temporã e serôdia. Sede vós também pacientes, fortalecei o vosso coração, porque já a vinda do Senhor está próxima" (Tg 5.7,8).

Pedro escreveu promessas similares inspiradas pelo Espírito. Aqui está uma: "Portanto, cingindo os lombos do vosso entendimento, sede sóbrios e esperai inteiramente na graça que se vos ofereceu na revelação de Jesus Cristo" (I Pe 1.13) e outra: "E, quando aparecer o Sumo Pastor, alcançareis a incorruptível coroa de glória" (5.4).

O Espírito também confirmou essa verdade por intermédio do apóstolo João. Em I João 3.2 encontra-se registrada uma das promessas mais abençoadas na Escritura: "Amados, agora somos filhos de Deus, e ainda não é manifesto o que havemos de ser. Mas sabemos que, quando ele se manifestar, seremos semelhantes a ele; porque assim como é o veremos".

Diversas vezes o Espírito Santo testifica por meio dos escritores do Novo Testamento que Cristo está vindo uma segunda vez. Seu testemunho, pelas penas dos homens a quem ele empregou como instrumentos para escrever a inspirada Palavra de Deus, acrescenta, além do Pai e do Filho, uma terceira testemunha infalível. Através das Escrituras, que são isentas de erros, o Espírito Santo ainda está testificando que Jesus voltará.

O Plano para a Igreja Exige a Segunda Vinda

O plano de Deus para a Igreja também exige a volta de Cristo. Ele está atualmente "[visitando] os gentios, para tomar deles um povo para o seu nome" (At 15.14). O Senhor está reunindo o seu povo em um único grande corpo, a Igreja. E o papel da Igreja é ser como uma virgem pura para o próprio Filho de Deus, pronta para ser apresentada a Ele na sua Segunda Vinda.

E isso é exatamente a ilustração que o apóstolo Paulo usa em 2 Coríntios 11.2: "Porque estou zeloso de vós com zelo de Deus; porque vos tenho preparado para vos apresentar como uma virgem pura a um marido, a saber, a Cristo".

A Escritura diversas vezes retrata a Cristo em sua Segunda Vinda como um esposo vindo buscar a sua noiva. A visão celestial do apóstolo João incluiu uma vívida descrição da ceia das bodas:

> *E ouvi como que a voz de uma grande multidão, e como que a voz de muitas águas, e como que a voz de grandes trovões, que dizia: Aleluia! Pois já o Senhor, Deus Todo-poderoso, reina. Regozijemo-nos, e alegremo-nos, e demos-lhe glória, porque vindas são as bodas do Cordeiro, e já a sua esposa se aprontou. E foi-lhe dado que*

se vestisse de linho fino, puro e resplandecente; porque o linho fino são as justiças dos santos. E disse-me: Escreve: Bem-aventurados aqueles que são chamados à ceia das bodas do Cordeiro. E disse-me: Estas são as verdadeiras palavras de Deus.

– Apocalipse 19.6-9

Esse simbolismo é baseado em um padrão que estava em moda nos casamentos orientais durante a época do Novo Testamento. Na verdade, esse padrão era baseado em tradições antigas que remontavam à história do Antigo Testamento. Todos os casamentos tinham três elementos vitais, e cada um é simbolizado no relacionamento de Cristo com a sua Igreja.

O preço do noivado. Na época do Novo Testamento, os casamentos eram arranjados pelos pais. Os pais se reuniam e, por contrato, concordavam em fazer os seus filhos se casar — às vezes antes mesmo de os noivos se conhecerem. Esses contratos de casamento eram firmados, e para selar o contrato, o futuro esposo ou o seu pai tinha que pagar o preço do noivado, ou seja, o dote.[3] Isto garantia a segurança financeira da noiva. O dinheiro, embora entregue ao pai da noiva, deveria ser guardado para ela caso seu marido morresse ou a deixasse (cf. Gn 31.15). O preço do noivado também incluía presentes para a noiva (cf. Gn 24.53; Jz 1.15). Assim que o dote era pago, o contrato de união era reconhecido por lei e só poderia ser suspenso pelo divórcio — até mesmo antes que os votos de casamento fossem trocados e a união física fosse consumada (cf. Mt 1.18,19).

O Novo Testamento emprega essa ilustração para descrever o relacionamento entre Cristo e a Igreja. Quando Ele morreu na cruz, o preço que pagou com o seu próprio sangue foi como um pagamento legal por seu casamento com a Igreja — o dote. Paulo diversas vezes referiu-se à Igreja como uma propriedade comprada pelo Esposo celestial. Esse simbolismo era tão vital que Paulo até o empregou para ensinar como um casamento cristão deveria ser. Ele instruiu aos maridos: "Vós, maridos, amai vossa mulher, como também Cristo amou a igreja e a si mesmo se entregou por ela, para a santificar, purificando-a com a lavagem da água, pela palavra, para a apresentar a si mesmo igreja gloriosa, sem mácula, nem ruga, nem coisa semelhante, mas santa e irrepreensível" (Ef 5.25-27). O discurso de despedida aos anciãos efésios incluiu esta exortação: "Olhai, pois, por vós (...), para apascentardes a igreja de Deus, que ele resgatou com seu próprio sangue" (At 20.28). Este foi, a propósito, o dote mais caro já pago. E embora o casamento ainda não tenha sido consumado, ele é válido na prática e será firmado para sempre. É isso que garante a nossa segurança. Nada pode nos separar do amor de Cristo.

O noivado. O noivado em um casamento antigo era oficialmente marcado por uma cerimônia, na qual a noiva e o noivo se encontravam na presença de testemunhas e davam presentes um ao outro. Essa cerimônia era muito similar à do casamento moderno, exceto que ela ocorria muito tempo antes de o casamento poder ser consumado — às vezes com um ano ou mais de antecedência. Então a noiva e o seu futuro marido voltavam cada um para as suas respectivas casas. Durante o período compreendido entre o noivado e a consumação do casamento, o homem ficava ocupado com a preparação de um lugar para a sua noiva. Isso geralmente significava construir um outro cômodo ou anexo na casa de seu pai, para que o novo casal tivesse um lugar seguro para começar suas vidas juntos. José e Maria tinham entrado nesse noivado antes de Gabriel trazer a ela a mensagem celestial sobre a concepção e o nascimento virginais (Lc 1.26-38; Mt 1.18-25).

Novamente isso retrata lindamente Cristo e sua Igreja. Ele lhe deu presentes (Ef 4.8), e foi preparar um lugar na casa de seu Pai (Jo 14.2). Toda essa era entre a sua Primeira e a Segunda Vinda é, portanto, como o período de noivado. A Igreja está desposada com Cristo. O preço do noivado já foi pago; os presentes já foram dados. A união está firmada para sempre. Mas ela aguarda a consumação final.

A festa de casamento. A fase final de um casamento ocorria quando o noivo e seus amigos iam até a casa da noiva para a cerimônia nupcial e uma grande festa. Esse evento é retratado na história do casamento de Caná (Jo 2.1-11) e a parábola das virgens em Mateus 25.1-13.

Igualmente, a ceia das Bodas do Cordeiro com a sua noiva sinalizará a consumação do plano de Deus para a Igreja. Essa festa não pode ocorrer até que Cristo volte para a sua noiva (Ap 19.6-16). E isso é exatamente o plano de Deus para a Igreja. Portanto, Cristo *precisa* voltar.

A instituição do casamento em si é uma linda metáfora que retrata o amor de Cristo pela sua Igreja. E se Ele não voltasse para recebê-la, isso destruiria todo o plano. Assim, o programa de Deus para a Igreja exige o retorno de Jesus Cristo.

A Corrupção do Mundo Exige a Segunda Vinda

Aqui está outro motivo por que Cristo precisa voltar: Ele julgará o mundo. Mateus 16.27 registra as palavras de Jesus: "Porque o Filho do Homem virá na glória de seu Pai, com os seus anjos; e, então, dará a cada um segundo as suas obras". A Escritura retrata a volta de Cristo como a "bem-aventurada esperança" da Igreja (Tt 2.13). Mas para o mundo de incrédulos, a volta de Cristo é uma perspectiva terrível, porque significa o juízo imediato sobre eles. Em João 5.25-29 Ele prometeu este juízo futuro:

> *Em verdade, em verdade vos digo que vem a hora, e agora é, em que os mortos ouvirão a voz do Filho de Deus, e os que a ouvirem viverão. Porque, como o Pai tem a vida em si mesmo, assim deu também ao Filho ter a vida em si mesmo. E deu-lhe o poder de exercer o juízo, porque é o Filho do Homem. Não vos maravilheis disso, porque vem a hora em que todos os que estão nos sepulcros ouvirão a sua voz. E os que fizeram o bem sairão para a ressurreição da vida; e os que fizeram o mal, para a ressurreição da condenação.*

A Escritura diversas vezes associa a volta de Cristo com o Juízo Final e total. Por exemplo, Judas 14b e 15: "(...) Eis que é vindo o Senhor com milhares de seus santos, para fazer juízo contra todos e condenar dentre eles todos os ímpios, por todas as suas obras de impiedade que impiamente cometeram e por todas as duras palavras que ímpios pecadores disseram contra ele".

Paulo disse aos crentes tessalonicenses:

> *(...) quando se manifestar o Senhor Jesus desde o céu, com os anjos do seu poder, como labareda de fogo, tomando vingança dos que não conhecem a Deus e dos que não obedecem ao evangelho de nosso Senhor Jesus Cristo; os quais, por castigo, padecerão eterna perdição, ante a face do Senhor e a glória do seu poder, quando vier*

> *para ser glorificado nos seus santos e para se fazer admirável, naquele Dia, em todos os que crêem (porquanto o nosso testemunho foi crido entre vós).*
>
> – 2 Tessalonicenses 1.7-10

A Escritura nos diz que todo juízo foi entregue a Cristo (Jo 5.22). E a Escritura diversas vezes o retrata voltando à Terra a fim de executar esse juízo. O retrato conclusivo dessa verdade é encontrado em Apocalipse 19.11-16:

> *E vi o céu aberto, e eis um cavalo branco. O que estava assentado sobre ele chama-se Fiel e Verdadeiro e julga e peleja com justiça. E os seus olhos eram como chama de fogo; e sobre a sua cabeça havia muitos diademas; e tinha um nome escrito que ninguém sabia, senão ele mesmo. E estava vestido de uma veste salpicada de sangue, e o nome pelo qual se chama é a Palavra de Deus. E seguiam-no os exércitos que há no céu em cavalos brancos e vestidos de linho fino, branco e puro. E da sua boca saía uma aguda espada, para ferir com ela as nações; e ele as regerá com vara de ferro e ele mesmo é o que pisa o lagar do vinho do furor e da ira do Deus Todo-poderoso. E na veste e na sua coxa tem escrito este nome: REI DOS REIS E SENHOR DOS SENHORES.*

Jesus *precisa* voltar a fim de executar a justa retribuição sobre os pecadores e trazer o juízo que prometeu.

O Futuro de Israel Exige a Segunda Vinda

Fica claro pelo modo de Deus tratar a Igreja e o mundo que ambos precisam da volta de Cristo. Você percebeu que o plano de Deus para Israel também exige a Segunda Vinda?

Zacarias 12.10 inclui a seguinte promessa: "E sobre a casa de Davi e sobre os habitantes de Jerusalém derramarei o Espírito de graça e de súplicas; e olharão para mim, a quem traspassaram; e o prantearão como quem pranteia por um unigênito; e chorarão amargamente por ele, como se chora amargamente pelo primogênito". Essa salvação de Israel ainda não aconteceu, mas acontecerá. "Naquele dia, haverá uma fonte aberta para a casa de Davi e para os habitantes de Jerusalém, contra o pecado e contra a impureza" (13.1). Todo o capítulo 14 de Zacarias continua para detalhar aquele grande dia de salvação para Israel, que ocorrerá na volta do Senhor.

Romanos 11.25b-27 diz o seguinte: "(...) o endurecimento veio em parte sobre Israel, até que a plenitude dos gentios haja entrado. E, assim, todo o Israel será salvo, como está escrito: De Sião virá o Libertador, e desviará de Jacó as impiedades. E este será o meu concerto com eles, quando eu tirar os seus pecados".

Paulo estava claramente descrevendo uma realidade futura. Ele ansiava pelo tempo em que "todo o Israel será salvo". O apóstolo dos gentios retratou o povo de Deus como uma oliveira. Israel, os ramos naturais da árvore, falhou em produzir frutos; então Deus quebrou os ramos e enxertou os de um zambujeiro, representando os gentios salvos. Aparentemente, nos dias de Paulo os gentios já estavam sendo acrescentados à Igreja em número maior do que o de judeus convertidos. E Paulo lembrou aos gentios convertidos: "(...) tu, sendo zambujeiro, foste enxertado em lugar deles e feito participante da raiz e da seiva da oliveira" (v. 17). Mas está chegando o tempo em que os ramos naturais serão enxertados de volta na oliveira (vv. 23,24). E Paulo expressamente liga esse fenômeno com a volta de Cristo: "De Sião virá o Libertador" (v. 26).

A Vindicação de Cristo Exige a Segunda Vinda

Aqui está um outro motivo importante por que Cristo precisa voltar: É inconcebível que a última visão pública que o mundo teria de Jesus Cristo fosse a de um criminoso sangrando, morrendo, crucificado, coberto de sangue, cuspe e moscas, pendurado nu em um entardecer em Jerusalém. Você percebeu que, depois da ressurreição, Ele nunca apareceu em um local público diante de incrédulos? Muitos dos *crentes* o viram, tocaram-no, falaram com Ele e deram testemunho unânime de que Ele ressuscitara dos mortos. Mas não há nenhum registro de que incrédulos o tenham visto alguma vez.

Se o viram, sem dúvida se tornaram crentes imediatamente. Os crentes que o contemplaram decerto tiveram todas as suas dúvidas dissipadas, como é ilustrado no encontro de Tomé com o Cristo ressuscitado (Jo 20.24-29).

Em I Coríntios 15.5-8 Paulo lista aqueles que testemunharam o Senhor ressuscitado: "[Ele] foi visto por Cefas e depois pelos doze. Depois, foi visto, uma vez, por mais de quinhentos irmãos, dos quais vive ainda a maior parte, mas alguns já dormem também. Depois, foi visto por Tiago, depois, por todos os apóstolos e, por derradeiro de todos, me apareceu também a mim, como a um abortivo". Note que não há nenhum descrente nessa lista.

Assim, na última vez que o mundo o viu pessoalmente, Ele estava humilhado, sofrendo, e pendurado em uma cruz. A sua glória ainda não havia sido manifestada ao mundo.

Mas o mundo a *verá*. A Escritura diz: "(...) Cristo, oferecendo-se uma vez, para tirar os pecados de muitos, aparecerá segunda vez" (Hb 9.28). "Eis que vem com as nuvens, e todo olho o verá, até os mesmos que o traspassaram; e todas as tribos da terra se lamentarão sobre ele" (Ap 1.7a). "Porque, assim como o relâmpago sai do oriente e se mostra até ao ocidente, assim será também a vinda do Filho do Homem" (Mt 24.27).

Algumas passagens importantes da Escritura colocam lado a lado as profecias sobre a humilhação e a subseqüente exaltação pública do Senhor Jesus, sugerindo que uma não pode ocorrer sem a outra. Salmos 22.16-18 profetizou detalhadamente o tratamento que Ele receberia das mãos daqueles que o mataram: "Pois me rodearam cães; o ajuntamento de malfeitores me cercou; traspassaram-me as mãos e os pés. Poderia contar todos os meus ossos; eles vêem e me contemplam. Repartem entre si as minhas vestes e lançam sortes sobre a minha túnica". Mas o clímax desse mesmo salmo antecipa a glória que se manifestará quando Ele voltar à Terra: "Todos os limites da terra se lembrarão e se converterão ao Senhor; e todas as gerações das nações adorarão perante a tua face. Porque o reino é do Senhor, e ele domina entre as nações" (vv. 27,28).

Mateus 26 também coloca lado a lado o sofrimento de sua Primeira Vinda e a glória da Segunda. Mateus 26.67,68 descreve o tratamento que Cristo recebeu nas mãos daqueles que o prenderam: "(...), cuspiram-lhe no rosto e lhe davam murros, e outros o esbofeteavam, dizendo: Profetiza-nos,

Cristo, quem é o que te bateu?" Ele foi escarnecido. Fizeram brincadeiras de mau gosto e cruéis com Ele. Arrancaram-lhe a barba. Humilharam-no. E por fim o executaram. É assim que Jesus deve ser lembrado aos olhos do mundo? Será que essa é a sua última aparição na Terra?

Nesse mesmo contexto, o próprio Jesus indicou que não seria assim. "(...) E, insistindo o sumo sacerdote, disse-lhe: Conjuro-te pelo Deus vivo que nos digas se tu és o Cristo, o Filho de Deus. Disse-lhes Jesus: Tu o disseste; digo-vos, porém, que vereis em breve o Filho do Homem assentado à direita do Todo-poderoso e vindo sobre as nuvens do céu" (vv. 63b,64). Assim, a promessa de futura exaltação foi expressa nitidamente pelo próprio Senhor Jesus, em meio à sua humilhação.

A indignidade e a vergonha da crucificação ocorreram diante de uma multidão escarnecedora. Quão pública será a manifestação de sua glória? "Todo olho o verá" (Ap 1.7). "E haverá sinais no sol, e na lua, e nas estrelas, e, na terra, angústia das nações, em perplexidade pelo bramido do mar e das ondas; homens desmaiando de terror, na expectação das coisas que sobrevirão ao mundo, porquanto os poderes do céu serão abalados. E, então, verão vir o Filho do Homem numa nuvem, com poder e grande glória" (Lc 21.25-27). O Salvador que foi humilhado, escarnecido e morto em uma manifestação pública do ódio da humanidade a Deus, voltará como o Senhor vencedor à vista do mundo inteiro. Ele *tem de* voltar.

A Destruição de Satanás Exige a Segunda Vinda

Há ainda um outro motivo vital por que Cristo precisa voltar — para derrotar o Diabo. Satanás, embora um inimigo já derrotado no que diz respeito aos cristãos, ainda exerce um tipo de domínio sobre este mundo. Três vezes no Evangelho de João, Cristo referiu-se ao Diabo como "o príncipe deste mundo" (12.31; 14.30; 16.11). Em 2 Coríntios 4.4, o apóstolo Paulo chama Satanás de "o deus deste século". Em Efésios 2.2 ele o chama de "o príncipe das potestades do ar, do espírito que, agora, opera nos filhos da desobediência". E em Efésios 6.12 ele se refere à hierarquia dos espíritos malignos de Satanás como "principados", "potestades", "príncipes das trevas deste século", e "hostes espirituais da maldade, nos lugares celestiais". I João 5.19 diz: "(...) todo o mundo está no maligno".

Sob um determinado sentido, Satanás ainda governa o mundo. Como ele conseguiu esse poder? Após a criação, o bondoso Deus concedeu a Adão o domínio sobre toda a criação. Mas quando Adão sucumbiu às tentações de Satanás, obedecendo ao Diabo em vez de obedecer somente a Deus, na prática, abdicou o seu lugar de domínio e deixou esta autoridade para o Diabo. Desde então, Satanás tem sido o príncipe deste mundo. Ele não tem nenhum direito legal de governar. É um usurpador. No entanto, Deus permite que ele permaneça, de determinado modo, no poder.

Quando Cristo se fez expiação pelo pecado, desferiu o golpe esmagador contra Satanás, remindo a raça caída de Adão e destruindo a reivindicação de Satanás do domínio do mundo. "Pelo que também Deus o exaltou soberanamente e lhe deu um nome que é sobre todo o nome, para que ao nome de Jesus se dobre todo joelho dos que estão nos céus, e na terra, e debaixo da terra, e toda língua confesse que Jesus Cristo é o Senhor, para glória de Deus Pai" (Fp 2.9-11). Cristo é o único príncipe deste mundo por direito, e quando Ele voltar, destituirá e destruirá Satanás completamente.

Apocalipse 5 retrata esse drama em termos nítidos. O apóstolo João descreve a sua visão do céu; Deus estava assentado em seu trono, segurando um livro que tinha sete selos. O livro também era escrito por dentro e por fora (v. 1).

Esta é uma descrição do título de propriedade deste mundo. Nos tempos bíblicos (como é verdadeiro ainda hoje), os títulos de propriedade eram registros vitais que provavam quem era o dono de determinada propriedade. Na época do Antigo Testamento, a terra não poderia mudar de dono permanentemente. Extensões de terra poderiam ser usadas temporariamente como garantia por um empréstimo ou serem dadas por um período como pagamento por uma dívida. Mas uma terra não poderia ser vendida permanentemente (cf. Lv 25.23). Durante o ano do jubileu (que ocorria a cada cinqüenta anos) toda terra que tinha mudado de mãos deveria ser devolvida para a família de seu dono de direito (v. 10). Mesmo entre os anos de jubileu, aqueles que desejassem recuperar as terras de sua família poderiam resgatar a sua propriedade por um preço justo. Jeremias resgatou a terra de sua família por meio dessa prática (Jr 32.6,7), e descreve como a transação foi cuidadosamente registrada em um título de propriedade:

Subscrevi o auto e selei-o; ele foi confirmado por testemunhas, e pesei-lhe o dinheiro numa balança. E tomei o auto da compra, tanto o que estava selado, conforme a lei e os estatutos, como o que estava aberto. E dei o auto da compra a Baruque, filho de Nerias, filho de Maaséias, perante os olhos de Hananel, filho de meu tio, e perante os olhos das testemunhas que subscreveram a escritura da compra e perante os olhos de todos os judeus que se assentavam no pátio da guarda.
– Jeremias 32.10-12

Essas assinaturas teriam sido registradas com selos. Um típico título de propriedade teria múltiplos selos, assim como o livro descrito em Apocalipse 5. E o típico leitor do século I, ao ler a visão de João, teria entendido esse livro como um documento legal, um título de propriedade. Este é, acredito, o próprio título de propriedade desta terra.

Ninguém poderia legitimamente abrir um título de propriedade, exceto o legítimo herdeiro designado pelo próprio documento. É por isso que o livro estava escrito por fora. O que estava escrito por fora era um resumo do que estava dentro do documento, identificando quem tinha o direito de abri-lo. Os títulos judeus eram, por lei, testemunhados por no mínimo três assinaturas, com três selos — e às vezes mais, dependendo da importância do documento.

O livro selado com sete selos em Apocalipse 5 é claramente um documento de importância monumental, e o fato de que o próprio Deus estava segurando o livro enquanto os anjos bradavam com grande voz, buscando alguém digno de abri-lo (vv. 2,3) sugere que quem quer que fosse qualificado para abrir o livro deveria ser alguém certamente muito digno.

A situação pareceu um dilema tão grande a João que ele começou a chorar: "E eu chorava muito, porque ninguém fora achado digno de abrir o livro, nem de o ler, nem de olhar para ele" (v. 4). Mas não houve pergunta no céu sobre quem tinha autoridade para abrir o título de propriedade. "E disse-me um dos anciãos: Não chores; eis aqui o Leão da tribo de Judá, a Raiz de Davi, que venceu para abrir o livro e desatar os seus sete selos" (v. 5). Cristo como Filho de Deus era o legítimo Herdeiro de toda a criação (Sl 2.6-8; Hb 1.1,2). Ele também ganhou o direito ao título de propriedade da terra, porque resgatou o mundo do domínio de Satanás.

Tendo já pago o preço da redenção, Cristo *precisa* voltar à Terra para nela estabelecer o seu domínio. Apocalipse 6 e 7 descreve a abertura dos sete selos, cada um resultando em um juízo inigualável. O selo final traz um silêncio total no céu, seguido pelo soar de sete trombetas. E outra vez, cada um dos sete toques de trombeta libera uma nova onda de juízo (caps. 8—11). Seguindo as trombetas, sete taças representando sete pragas finais do juízo são derramadas sobre a Terra (cap. 16). Finalmente, depois do último recurso e esforço de Satanás para reter o seu domínio ilegítimo sobre a terra, o próprio Cristo voltará. Apocalipse 19 descreve a cena, quando Ele vem de repente e destrói os seus inimigos. No capítulo 20, Satanás é amarrado e lançado no abismo infinito, e então é finalmente confinado para sempre no lago de fogo eterno. Com isso, a vitória final de Cristo sobre Satanás está completa.

A Escritura constantemente retrata a volta de Cristo à Terra como um prelúdio necessário ao destino final de Satanás. Portanto, Cristo *precisa* voltar à Terra para realizar a destruição final de seu arquiinimigo.

A Esperança dos Santos Exige a Segunda Vinda

E aqui está um motivo final por que o Senhor precisa voltar à Terra: Somente o seu retorno glorioso e triunfante pode cumprir a esperança dos santos. Deus jamais dá falsas esperanças. Ele sabe o que estamos esperando. O Senhor conhece o desejo ardente dos nossos corações. A sua Palavra nos dá todo motivo para ansiarmos o aparecimento do nosso Senhor Jesus Cristo — e Ele não decepcionará essa bem-aventurada esperança.

Pedro via a promessa da volta de Cristo como uma grande consolação para o povo de Deus em seus momentos de tribulação — "para que a prova da vossa fé, muito mais preciosa do que o ouro que perece e é provado pelo fogo, se ache em louvor, e honra, e glória na revelação de Jesus Cristo" (I Pe 1.7).

Paulo exortou os crentes a terem essa mesma esperança:

> *(...) nós mesmos nos gloriamos de vós nas igrejas de Deus, por causa da vossa paciência e fé, e em todas as vossas perseguições e aflições que suportais, prova clara do justo juízo de Deus, para que sejais havidos por dignos do Reino de Deus,*

pelo qual também padeceis; se, de fato, é justo diante de Deus que dê em paga tribulação aos que vos atribulam, e a vós, que sois atribulados, descanso conosco, quando se manifestar o Senhor Jesus desde o céu, com os anjos do seu poder.

– 2 Tessalonicenses 1.4-7

Todos os crentes verdadeiros anseiam pelo dia em que Jesus Cristo voltará à Terra. Paulo caracteriza todos os cristãos como aqueles que "amam a sua vinda" (2 Tm 4.8). João acrescenta: "Amados, agora somos filhos de Deus, e ainda não é manifesto o que havemos de ser. Mas sabemos que, quando ele se manifestar, seremos semelhantes a ele; porque assim como é o veremos" (1 Jo 3.2). Em outras palavras, a volta de Cristo introduzirá instantaneamente a plenitude da nossa glorificação.

Por todas essas razões, Cristo *precisa* voltar. Em todo o Novo Testamento, somos ensinados a buscar a sua vinda, ansiar por ela, e aguardá-la pacientemente e com expectativa. Esta tem sido a bem-aventurada esperança de todo verdadeiro filho de Deus desde o princípio dos tempos. E o cumprimento dessa esperança está mais perto do que jamais esteve.

O apóstolo João acrescentou estas palavras: "E qualquer que nele tem esta esperança purifica-se a si mesmo, como também ele é puro" (1 Jo 3.3). Este é o teste de uma escatologia saudável: A sua esperança é uma influência santificadora sobre a sua alma? Em vez de ser pego em engodo e histeria sobre os acontecimentos atuais e as manchetes dos jornais, você está olhando além da comoção deste mundo com a percepção de que logo poderá se encontrar com Cristo face a face; e você está preparando o seu coração e a sua alma para isso? Em vez de se desesperar, como fazem alguns, sobre o quanto Cristo tem postergado a sua vinda, você está cheio de esperança e expectativa? Você está ansioso e vigiando, sabendo que o tempo se aproxima? É a essa atitude que a Escritura nos conclama.

A Segunda Vinda não deve nos fazer parar com o que estamos fazendo, para esperar a volta do Senhor. E nem isso deve nos motivar a concentrar toda a nossa atenção nos acontecimentos e desdobramentos políticos deste mundo. Em vez disso, deve direcionar os nossos corações para Cristo, cuja vinda aguardamos — e isso deve nos levar a purificarmo-nos a nós mesmos, para que possamos ser como Ele, que é puro e a fonte de toda a pureza.

Dois

A Volta de Cristo É Iminente?

Cristo pode voltar a qualquer momento. Creio nisso de todo o meu coração — não por causa das manchetes dos jornais, mas por causa do que leio na Escritura.

Desde os primeiros dias da igreja, os apóstolos e a primeira geração dos cristãos nutriam uma ansiosa expectativa e uma fervorosa esperança de que Cristo poderia voltar a qualquer momento de forma repentina, para reunir a sua Igreja no céu. Tiago, escrevendo o que foram provavelmente as primeiras epístolas do Novo Testamento, disse expressamente aos seus leitores que a volta do Senhor era iminente:

> *Sede, pois, irmãos, pacientes até a vinda do Senhor. Eis que o lavrador espera o precioso fruto da terra, aguardando-o com paciência, até que receba a chuva temporã e serôdia. Sede vós também pacientes, fortalecei o vosso coração, porque* já a vinda do Senhor está próxima. *Irmãos, não vos*

> *queixeis uns contra os outros, para que não sejais condenados. Eis que o juiz está à porta!*
>
> – Thiago 5.7-9, ênfase do autor

Pedro ecoou essa mesma expectativa quando escreveu: "E já está próximo o fim de todas as coisas; portanto, sede sóbrios e vigiai em oração" (I Pe 4.7). O escritor de Hebreus citou o retorno iminente de Cristo como uma razão para permanecermos fiéis: "E consideremo-nos uns aos outros, para nos estimularmos à caridade e às boas obras, não deixando a nossa congregação, como é costume de alguns; antes, admoestando-nos uns aos outros; e tanto mais quanto vedes que se vai aproximando aquele Dia" (Hb 10.24,25). Mais a frente também escreveu: "Porque ainda um poucochinho de tempo, e o que há de vir virá e não tardará" (v. 37). E o apóstolo João fez o pronunciamento mais confiante de todos: "Filhinhos, é já a última hora; e, como ouvistes que vem o anticristo, também agora muitos se têm feito anticristos; por onde conhecemos que é já a última hora" (I Jo 2.18). Quando o apóstolo do amor registrou a sua visão no livro de Apocalipse, prefaciou-a dizendo que essas coisas "brevemente devem acontecer" (Ap 1.1).

Os escritores do Novo Testamento freqüentemente escreveram sobre o "aparecimento" de Cristo e nunca falharam em transmitir o sentido de que isso poderia acontecer a qualquer momento. "E agora, filhinhos, permanecei nele, para que, quando ele se manifestar, tenhamos confiança e não sejamos confundidos por ele na sua vinda" (I Jo 2.28; cf. 3.2; Cl 3.4; 2 Tm 4.8; I Pe 5.4).

Todos esses textos sugerem que, na Igreja Primitiva, a expectativa do retorno iminente de Cristo era alta. Uma sólida convicção de que o Mestre poderia voltar a qualquer momento permeia todo o Novo Testamento. Quando o apóstolo Paulo descreveu a vinda do Senhor para a igreja, usou pronomes pessoais que mostram claramente que estava convencido de que ele mesmo poderia estar entre aqueles que estariam vivos para se encontrar com o Senhor: "(...) *nós,* os que ficarmos vivos para a vinda do Senhor (...), *nós,* os que ficarmos vivos, seremos arrebatados juntamente com eles nas nuvens, a encontrar o Senhor nos ares" (I Ts 4.15,17, ênfase do autor). Ele obviamente esperava que Cristo voltasse durante o período de sua vida. Além disso, deixou claro que uma expectativa vigilante e esperançosa sobre a Segunda Vinda de Cristo, é uma das atitudes cristãs que a graça divina ensina a todos os crentes: "Porque a graça de Deus se há manifestado, trazendo salvação a todos os homens, ensinando-nos que, renunciando à impiedade e às concupiscências mundanas, vivamos neste presente século sóbria, justa e piamente, *aguardando a bem-aventurada esperança e o aparecimento da glória do grande Deus e nosso Senhor Jesus Cristo*" (Tt 2.11-13, ênfase do autor).

A Tribulação Precederá a Vinda de Cristo para a Igreja?

Apesar de tantas promessas e evidências, alguns estudantes das profecias bíblicas hoje insistem que os cristãos não devem ter qualquer expectativa imediata da volta de Cristo. Em vez disso, eles dizem: devemos aguardar o início do período de sete anos da *Tribulação*, o cumprimento de determinados juízos e sinais preliminares, o surgimento do Anticristo, ou todas as alternativas acima. Quando eles falam das coisas futuras, uma ênfase muito forte é colocada no terror e no desastre para o povo de Deus. No que diz respeito a eles, "a bem-aventurada esperança" torna-se relevante apenas *depois* de a Igreja ter passado pela Tribulação.

À primeira vista, essa posição não parece totalmente destituída de apoio bíblico. Afinal (como veremos nos próximos capítulos), quando Cristo sublinhou os acontecimentos dos últimos dias, incluiu muitas profecias sobre tribulação e dificuldades, e disse que esses sinais precederiam e indicariam a sua volta (Mt 24.21,30).

As epístolas ainda contêm profecias sobre a apostasia e a perseguição que ocorrerão nos últimos dias, precedendo a volta de Cristo. Por exemplo, o apóstolo Paulo advertiu Timóteo, com antecedência, sobre os tempos perigosos que viriam (2 Tm 3.1-6). Ele disse ao jovem pastor: "(...) o Espírito expressamente diz que, nos últimos tempos, apostatarão alguns da fé" (1 Tm 4.1), e continuou a descrever uma apostasia que iria preceder e simbolizar a volta de Cristo à Terra.

Aqueles que crêem que a Igreja deverá sofrer as dificuldades do período da Tribulação invariavelmente citam 2 Tessalonicenses 2.1-3 como prova:

> *Ora, irmãos, rogamo-vos, pela vinda de nosso Senhor Jesus Cristo e pela nossa reunião com ele, que não vos movais facilmente do vosso entendimento, nem vos perturbeis, quer por espírito, quer por palavra, quer por epístola, como de nós, como se o Dia de Cristo estivesse já perto. Ninguém, de maneira alguma, vos engane, porque* não será assim sem que antes venha a apostasia *e se manifeste o homem do pecado, o filho da perdição.* (ênfase do autor)

Assim, por um lado, o Novo Testamento está permeado por um senso de ansiedade, expectativa e convicção de que a bem-aventurada esperança da volta de Cristo é iminente. Por outro, somos advertidos sobre dificuldades e aflições que precederão a volta do Senhor. Como podemos conciliar essas duas linhas de profecia? É possível cultivar uma expectativa diária da volta de Cristo se esses sinais preliminares ainda devem ser cumpridos antes que Ele volte?

Vários pontos devem ser levados em conta. Em primeiro lugar, todos os "sinais dos tempos" gerais dados no Novo Testamento já foram cumpridos e estão sendo cumpridos diante dos nossos olhos. Eles são, na verdade, características de toda a era da Igreja. A apostasia e a descrença, o egoísmo e o pecado, guerras, rumores de guerras e desastres naturais, têm todos sido comuns por todo este período também. Praticamente toda geração de cristãos desde o tempo de Cristo tem crido que estava vendo os sinais do fim dos tempos cumpridos diante de seus olhos. Então, como sabemos se o nosso próprio tempo compreende a verdadeira etapa dos "últimos dias" da profecia bíblica, ou se são apenas parte da mesma apostasia e calamidade gerais que têm caracterizado toda a era cristã?

Sob a inspiração do Espírito Santo, o apóstolo João resolveu essa questão quando escreveu: "Filhinhos, é já a última hora; e, como ouvistes que vem o anticristo, também agora muitos se têm feito anticristos; por onde conhecemos que é já a última hora" (I Jo 2.18). A Igreja *já* estava nos últimos dias mesmo antes da era apostólica terminar. Na verdade, "últimos dias" é um termo bíblico para a era cristã em si (Hb 1.1,2). Toda esta era é um prelúdio para a culminação final da história humana. Estes *são* os últimos dias — assim como também a era da Igreja Primitiva.

Em segundo lugar, nada no Novo Testamento sugere que devamos adiar a nossa expectativa do aparecimento de Cristo até que outros acontecimentos preliminares ocorram. A única exceção aparente é 2 Tessalonicenses 2.2,3 (citado em sua totalidade acima), que diz: "(...) o Dia do Senhor (...) não acontecerá sem que primeiro venha a apostasia e seja revelado o homem da iniqüidade, o filho da perdição" (ARA). Este é obviamente um texto-chave para aqueles que crêem que a Tribulação está próxima na agenda profética e que a Igreja deve estar esperando o reino do Anticristo em vez da volta de Cristo. De fato, se 2 Tessalonicenses 2.1-3 na verdade significa que a vinda de Cristo para a Igreja só pode ocorrer depois de sete anos de Tribulação, isso anula tudo quanto o Novo Testamento ensina sobre a iminência da volta de Cristo.

Mas olhe cuidadosamente para o contexto de 2 Tessalonicenses 2. Os cristãos tessalonicenses tinham sido confundidos e perturbados por alguns falsos mestres (possivelmente pessoas fingindo falar em nome do apóstolo) que ensinavam que as perseguições e sofrimentos que estavam atravessando no momento eram os próprios juízos associados ao *Dia do Senhor*. (Essa expressão sempre se refere a um tempo de juízo apocalíptico; cf. Is 13.9-11; Am 5.18-20; 1 Ts 5.2,3; 2 Pe 3.10; Ap 6.17; 16.14.) Muitos na igreja tessalonicense, em meio às suas próprias severas dificuldades e aflições, tinham evidentemente crido nessa mentira, e creram que eles mesmos tinham se tornado objetos da ira apocalíptica final de Deus. É óbvio que ficaram profundamente perturbados por isso, porque, em sua epístola anterior, Paulo os havia encorajado falando-lhes sobre *o Arrebatamento* (1 Ts 4.14-17) — a vinda de Cristo para a sua Igreja. Paulo os havia até instruído a consolar uns aos outros com a promessa da vinda de Cristo a eles (v. 18).

Mas agora, em uma época de severa perseguição e provação, os cristãos em Tessalônica haviam se tornado uma presa da falsa idéia de que Deus já estava derramando a sua ira final — e que *eles* estavam entre os objetos desta ira. Assim, obviamente temiam ter perdido o Arrebatamento e estavam prestes a ser destruídos nos juízos finais e memoráveis do Dia do Senhor.

Assim Paulo escreveu: "Ora, irmãos, rogamo-vos, pela vinda de nosso Senhor Jesus Cristo e pela nossa reunião com ele, que não vos movais facilmente do vosso entendimento, nem vos perturbeis, quer por espírito, quer por palavra, quer por epístola, como de nós, como se o Dia de Cristo estivesse já perto" (2 Ts 2.1,2). A "vinda de nosso Senhor Jesus Cristo e pela nossa reunião com ele" é uma clara referência ao *Arrebatamento*. "O Dia de Cristo" é *o Dia do Senhor* (na verdade, os manuscritos mais antigos usam a expressão "dia do Senhor" nesse versículo).

Havia dois aspectos do erro que perturbavam a igreja tessalonicense. Um aspecto era a noção de que eles haviam perdido o Arrebatamento. O outro era o temor de que já haviam entrado no juízo apocalíptico que sinalizava que o Dia do Senhor já havia chegado.

Assim, quando Paulo diz: "(...) *isto não acontecerá* [aquele Dia] sem que primeiro venha a apostasia e seja revelado o homem da iniqüidade, o filho da perdição" (2 Ts 2.3 – ARA, ênfase do autor), ele está falando do Dia do Senhor e o seu juízo apocalíptico, e não do Arrebatamento. O apóstolo dos gentios não estava sugerindo que a vinda de Cristo para a Igreja seria retardada até que todos os acontecimentos da Tribulação tivessem transcorrido. Ele certamente não estava sugerindo que os tessalonicenses deveriam adiar a esperança da vinda de Cristo a eles até o fim da Tribulação. Paulo tinha dedicado toda a sua primeira epístola a exortá-los a ser vigilantes e esperançosos, e a encorajarem uns aos outros com a notícia da volta iminente de Cristo (cf. 1 Ts 1.10; 4.14-18; 5.6,9,11). Se o apóstolo agora tinha a intenção de lhes ensinar que todos os acontecimentos da Tribulação deveriam ser cumpridos *antes* que Cristo voltasse para eles, esta seria certamente uma "consolação" deficiente. Na verdade, isso subverteria tudo o que o Novo Testamento tem a dizer sobre a volta de Cristo como um fato iminente, confortador e esperançoso.

Assim, o ensino consistente do Novo Testamento é que os cristãos devem aguardar ansiosamente pela vinda iminente de Cristo para a sua Igreja, e que 2 Tessalonicenses 2.1-4 não é exceção.

Como é que a Vinda de Cristo Poderia Ter Sido Iminente na Igreja Primitiva?

Alguns argumentam que a vinda de Cristo não poderia de forma alguma ter sido iminente para a Igreja Primitiva, dado o fato óbvio de que 2.000 anos depois Ele ainda não voltou. Os céticos freqüentemente zombam do cristianismo ou desafiam a isenção de erro da Escritura nessa mesma base. Afinal, os versículos citados no início deste capítulo provam que Tiago, Pedro, João, Paulo, e o escritor de Hebreus criam que a volta de Cristo estava muito próxima — "à porta" (Tg 5.9); "perto", (Fp 4.5); "próximo" (I Pe 4.7); "se aproximando" (Hb 10.25); vem "sem demora", "presto venho" (Ap 3.11; 22.7).

Como pode ser então, que 2.000 anos depois Cristo ainda não tenha voltado? Será que os apóstolos poderiam estar errados sobre o tempo? Isso é precisamente o que alguns céticos afirmam. Aqui está um trecho típico de uma publicação cujo único objetivo é atacar a infalibilidade da Escritura:

> *O próprio Paulo mostrou... que ele estava entre aqueles que esperavam pelo retorno iminente de Cristo. No entanto, como a história dessa época mostra claramente, tudo isso não deu em nada. Nenhum Messias apareceu... O NT diversas vezes diz que o Messias deveria voltar em muito pouco tempo. No entanto, a humanidade esperou por aproximadamente 2.000 anos e nada aconteceu. Nenhum esforço de imaginação pode fazer com que isso seja considerado "vir sem demora"... É, de fato, triste que milhões de pessoas ainda se mantenham fiéis à última esperança de que de alguma forma um Messias surja para separá-las de suas situações difíceis. Quantos anos (2.000, 10.000, 100.000) serão precisos para que eles finalmente digam: "Só podemos concluir que somos vítimas de um embuste cruel"?*[1]

O que devemos fazer diante dessa acusação contra a veracidade da Escritura? Será que o fato de terem se passado 2.000 anos realmente prova que a vinda de Cristo não era iminente na época da Igreja Primitiva, e que os apóstolos estavam errados?

Certamente não. Lembre-se da clara afirmação de Cristo em Mateus 24.42: "Não sabeis a que hora há de vir o vosso Senhor". A hora exata permanece oculta de nós, como estava dos apóstolos. Mas Cristo, entretanto, pode vir a qualquer momento. O Juiz ainda está às portas. O dia ainda está próximo. Não há nenhum outro evento que deva ocorrer no calendário profético antes que Cristo venha nos encontrar nos ares. Ele pode vir a qualquer momento. E é *nesse* sentido que a vinda de Cristo é iminente. Nesse mesmo sentido, a sua vinda era iminente mesmo nos dias da Igreja Primitiva.

Suponho que *também* seja possível que Cristo pudesse postergar a sua vinda por mais 2.000 anos, ou ainda mais. Em virtude do rápido declínio da sociedade, não vejo como isso seja possível, mas nem os apóstolos viam quando observaram a condição do mundo no seu tempo. Ele ainda *pode* retardar a sua vinda. É por isso que Cristo nos ensinou a estar preparados, quer Ele venha imediatamente, quer demore mais do que consideremos possível (cf. Mt 24.42—25.13).

Seja qual for o caso, o fato de terem se passado 2.000 anos não representa nenhum descrédito para a fidelidade de Deus ou para a confiança em sua Palavra. Isso é precisamente o que Pedro explicou quando antecipou que surgiriam escarnecedores, que zombariam da promessa da volta de Cristo (2 Pe 3.3,4). Entretanto, sabe qual é a resposta do apóstolo a esses escarnecedores? "(...) um dia para o Senhor é como mil anos, e mil anos, como um dia" (v. 8). O período de tempo terreno que passa não tem qualquer conseqüência. Isso certamente não tem nenhuma relevância do ponto de vista atemporal de Deus. Um momento é como muitas eras em sua mente, e as eras passam como momentos. Ele não está limitado pelo tempo como nós estamos, e nenhum período de tempo pode anular a sua fidelidade. "O Senhor não retarda a sua promessa, ainda que alguns a têm por tardia; mas é longânimo para convosco, não querendo que alguns se percam, senão que todos venham a arrepender-se" (v. 9).

Em outras palavras, o real motivo para a demora do Senhor não é que Ele seja negligente ou descuidado no cumprimento de suas promessas, mas simplesmente porque é longânimo e bondoso, retardando a vinda de Cristo e a ira que a acompanhará enquanto Ele chama as pessoas para a salvação. E Cristo não voltará antes que os propósitos misericordiosos de Deus sejam completados. Longe de sugerir apatia e negligência da parte de Deus, a longa demora antes da vinda de Cristo simplesmente sublinha a extraordinária profundidade de sua quase inesgotável misericórdia e longanimidade.

Portanto, o fato de 2.000 anos terem se passado é totalmente irrelevante para a doutrina da volta iminente de Cristo. A volta de

Cristo *ainda* é iminente. Pode ocorrer a qualquer momento. A para estarmos prontos e vigilantes é tão aplicável a nós como fc a Igreja Primitiva. Na verdade, o retorno de Cristo deveria ser uma questão ainda *mais* urgente para nós, porque está se aproximando mais a cada dia que passa. Nós ainda não sabemos *quando* Cristo virá, mas sabemos que estamos 2.000 anos mais perto desse evento do que estava Tiago naqueles primeiros dias da era cristã, quando o Espírito Santo o moveu a advertir a Igreja de que a vinda do Senhor estava "próxima" e que o Juiz já estava de pé "à porta".

Por que a Volta Iminente de Cristo é tão Importante?

Por que é tão importante crer que Cristo pode vir a qualquer momento? Porque, como vimos na conclusão do tópico anterior, a esperança da vinda iminente de Cristo tem um efeito poderoso e purificador sobre nós. "E qualquer que nele tem esta esperança purifica-se a si mesmo, como também ele é puro" (I Jo 3.3). O conhecimento de que a vinda de Cristo está se aproximando deve nos motivar a estarmos preparados, a buscarmos a semelhança de Cristo, e nos desfazermos de tudo aquilo que pertence à nossa vida anterior sem o Senhor Jesus.

O apóstolo Paulo tomou essa mesma linha de pensamento perto do fim de sua Epístola aos Romanos. Ele lembrou os crentes em Roma do nosso dever de amar o nosso próximo como a nós mesmos, dizendo que o amor é o único princípio que cumpre todos os mandamentos morais de Deus (Rm 13.8-10). Então, enfatizando a urgência de se viver em obediência a esse grande mandamento, ele escreveu:

> *E isto digo, conhecendo o tempo, que é já hora de despertarmos do sono; porque a nossa salvação está, agora, mais perto de nós do que quando aceitamos a fé. A noite é passada, e o dia é chegado. Rejeitemos, pois, as obras das trevas e vistamo-nos das armas da luz. Andemos honestamente, como de dia, não em glutonarias, nem em bebedeiras, nem em desonestidades, nem*

em dissoluções, nem em contendas e inveja. Mas revesti-vos do Senhor Jesus Cristo e não tenhais cuidado da carne em suas concupiscências.
– Romanos 13.11-14

Esse é o chamado de Paulo para que a Igreja desperte. A volta de Cristo está se aproximando. Esse evento agora está mais próximo do que quando ouvimos pela primeira vez. Cada momento que passa faz com que a volta de Cristo se aproxime ainda mais. Como devemos remir o tempo? O apóstolo nos conclama a uma resposta em três partes que resume perfeitamente a perspectiva do cristão sobre a possibilidade da volta iminente de Cristo.

Despertemos! "(...) é já hora de despertarmos do sono", Paulo exorta (v. 11), e ainda sublinha a urgência desta ordem e a iminência da volta de Cristo com quatro frases: "é já hora"; "a nossa salvação está, agora, mais perto" (v. 11); "A noite é passada"; e "o dia é chegado" (v. 12). O tempo se abrevia; a oportunidade é passageira. O Senhor virá em breve e, a cada momento, o evento se aproxima. A hora para obedecer é agora. A única hora de que podemos ter certeza é agora. E visto que não há garantia de mais tempo, é irracional adiar a nossa obediência.

Considere isto: O apóstolo Paulo estava enfatizando a urgência deste mandamento nos *seus dias,* 2.000 anos atrás. Ele cria que a vinda de Cristo estava próxima e se aproximando mais naquele momento. Quão *mais* urgentes são essas coisas para o nosso tempo? "A nossa salvação está, agora, mais perto" (v. 11) — 2.000 anos mais perto, para ser exato. Agora com certeza não é a hora de baixarmos a nossa guarda ou de dormirmos. Embora alguns possam ser tentados a pensar que a longa demora significa que a vinda de Cristo não é mais uma questão urgente, um rápido pensamento revelará que se cremos que Cristo estava falando a verdade quando prometeu voltar rapidamente, *devemos* crer que a hora está se aproximando neste exato momento. E a urgência não é diminuída pela demora, mas aumentada.

É perfeitamente natural que os infiéis, céticos e incrédulos pensem que a demora de Cristo significa que Ele não cumprirá a sua promessa (2 Pe 3.4). Mas um crente autêntico jamais deve pensar dessa maneira.

Em vez de se desesperar porque Ele demora, deveríamos perceber que a hora está mais perto agora do que jamais esteve. Jesus *está* vindo. E vimos no tópico anterior que a sua Palavra garante que Ele virá. Enquanto Ele não vem, a nossa esperança deve aumentar, e não diminuir.

Quando Paulo escreve: "E isto digo, conhecendo o tempo" (Rm 13.11), ele emprega uma palavra grega para "tempo" (*kairós*) que se refere a um período histórico ou a uma era, e não o termo (*chronos*) que se refere às horas mostradas por um relógio. "Conhecendo o tempo", portanto, fala de entender esta era, de ter discernimento, como tinham os "filhos de Issacar", que eram "destros na ciência dos tempos, para saberem o que Israel devia fazer" (1 Cr 12.32). Cristo censurou os fariseus por terem falta desse mesmo tipo de discernimento. "Quando é chegada a tarde, dizeis: Haverá bom tempo, porque o céu está rubro. E pela manhã: Hoje haverá tempestade, porque o céu está de um vermelho sombrio. Hipócritas, sabeis diferençar a face do céu e não conheceis os sinais dos tempos? [*kairós*]" (Mt 16.1-3).

Talvez Paulo tenha visto sinais de letargia ou enfado espiritual entre os crentes em Roma. Sem dúvida, a vida naquela grande cidade possuía muitas distrações e tentações terrenas que desviavam os corações da esperança ardente da vinda de Cristo. À semelhança da sociedade em que vivemos, a vida romana servia como um instrumento para a carne, oferecendo muitos confortos materiais e divertimentos terrenos. Talvez estivessem inclinados a esquecer que estavam vivendo os últimos dias. Espiritualmente, estavam dormindo.

Às vezes parece que a Igreja toda encontra-se em um estado ainda pior de entorpecimento espiritual. Há uma indiferença generalizada com respeito à volta de Cristo. Onde está o senso de expectativa que caracterizou a Igreja Primitiva? O triste legado que a história registrará sobre a Igreja da nossa geração é que, enquanto nos aproximávamos da aurora de um novo milênio, a maioria das pessoas estava muito mais preocupada com a chegada de uma falha nos computadores conhecida como o "bug do milênio" do que com a chegada do Rei do Milênio!

Um número muito grande de cristãos de nossa era se acomodou em um estado de letargia e inatividade insensatas — uma falta de resposta às coisas de Deus. Eles são como Jonas, dormindo profundamente no barco, enquanto tempestades violentas ameaçam nos destruir (Jn 1.5,6). Eles são como as virgens loucas que "tardando o esposo, tosquenejaram todas e adormeceram" (Mt 25.5). Já é hora de despertarmos desse sono.

Paulo também enviou um chamado de despertamento para a Igreja em Éfeso: "Desperta, ó tu que dormes, e levanta-te dentre os mortos, e Cristo te esclarecerá. Portanto, vede prudentemente como andais, não como néscios, mas como sábios, remindo o tempo, porquanto os dias são maus" (Ef 5.14-16). Nunca um alarme assim foi mais necessário do que hoje. Nas próprias palavras de nosso Senhor: "Vigiai, pois, porque não sabeis quando virá o senhor da casa; se à tarde, se à meia-noite, se ao cantar do galo, se pela manhã, para que, vindo de improviso, não vos ache dormindo" (Mc 13.35,36).

Quando Paulo diz: "a nossa salvação está, agora, mais perto de nós do que quando aceitamos a fé" (Rm 13.11), está falando, naturalmente, sobre a *consumação* da nossa salvação. Ele não estava sugerindo que os romanos não fossem regenerados. Tampouco estava dizendo que a *justificação* deles era uma realidade ainda futura. Paulo estava lembrando os crentes de que o clímax daquilo que começou com a regeneração estava se aproximando momento a momento. "Salvação", nesse contexto, refere-se à nossa *glorificação*, o objetivo final da obra salvadora que foi realizada por Deus (Rm 8.30). Por toda a Escritura, isso está relacionado com o aparecimento de Cristo. "(...) sabemos que, quando ele se manifestar, seremos semelhantes a ele" (1 Jo 3.2b). Nós "esperamos o Salvador, o Senhor Jesus Cristo, que transformará o nosso corpo abatido, para ser conforme o seu corpo glorioso" (Fp 3.20,21). "Quando Cristo, que é a nossa vida, se manifestar, então, também vós vos manifestareis com ele em glória" (Cl 3.4). "(...) Cristo (...) aparecerá segunda vez, sem pecado, aos que o esperam para a salvação" (Hb 9.28). Note que o escritor aos Hebreus emprega a palavra *salvação* da mesma maneira que Paulo a usa em Romanos 13.11.

Foi a esse aspecto final da salvação que Paulo se referiu alguns capítulos antes, em Romanos 8.23: "(...) gememos em nós mesmos, esperando a adoção, a saber, a redenção do nosso corpo". Este é o aspecto da nossa salvação que está mais perto de nós do que quando aceitamos a fé, e apenas aguarda a vinda de Cristo para sua completude.

Assim, o apelo penetrante de Paulo em Romanos 13 presume que a volta de Cristo é iminente. Se uma outra era (*kairós*) escatológica — em especial a Tribulação — fosse ocorrer antes da volta de Cristo para a Igreja, Paulo certamente teria apontado para o início daquela era e exortado os romanos a se prepararem para isso. Mas longe de adverti-los que uma era negra de tribulação faria parte do futuro deles, o que o apóstolo lhes disse foi exatamente o oposto: "A noite é passada, e o dia é chegado" (v. 12). O *kairós* de perseguição, dificuldade e escuridão era "passado" (*prokoptÙ* no texto grego, significando "avançando rapidamente" ou "sendo afastado"). O dia — a consumação final da nossa salvação quando Cristo voltar para nos levar para a glória — é iminente.

Não fazemos idéia de quanta areia ainda resta na ampulheta da história humana. Mas devemos nos dar conta de que muita areia já passou pela ampulheta desde que o apóstolo Paulo disse que o raiar do dia já tinha chegado. Quão mais urgente é esse chamado de despertar para a Igreja hoje!

A noite do domínio de Satanás logo dará lugar ao raiar da vinda de Cristo para aqueles que lhe pertencem. O apóstolo Paulo usou exatamente essa mesma ilustração de trevas e amanhecer quando escreveu aos tessalonicenses:

> *Mas, irmãos, acerca dos tempos e das estações, não necessitais de que se vos escreva; porque vós mesmos sabeis muito bem que o Dia do Senhor virá como o ladrão de noite. Pois que, quando disserem: Há paz e segurança, então, lhes sobrevirá repentina destruição, como as dores de parto àquela que está grávida; e de modo nenhum escaparão. Mas vós, irmãos, já não estais em trevas, para que aquele Dia vos surpreenda como um ladrão; porque todos vós sois filhos da luz e filhos do dia; nós não somos da noite nem das trevas. Não durmamos, pois, como os demais, mas vigiemos e sejamos sóbrios. Porque os que dormem, dormem de noite, e os que se embebedam, embebedam-se de noite. Mas nós, que somos do dia, sejamos sóbrios, vestindo-nos da couraça da fé e da caridade e tendo por capacete a esperança da salvação. Porque Deus não nos destinou para a ira, mas para a aquisição da salvação, por nosso Senhor Jesus Cristo.*
>
> – I Tessalonicenses 5.1-9

Deus não nos destinou para a ira. Não devemos nos preparar para o dia da ira que virá com a Tribulação. O repentino aparecimento de Cristo para nos levar para a glória é a nossa esperança. Desperte. Seja sóbrio. Esteja alerta. A sua redenção se aproxima.

Dispa-se! A aproximação do amanhecer significa que é hora de mudar de roupa. "Rejeitemos, pois, as obras das trevas e vistamo-nos das armas da luz" (Rm 13.12b). A ilustração de Paulo evoca a figura de um soldado que passou a noite se embriagando. Ainda vestido com as roupas de seu pecado, ele adormeceu embriagado. Mas a manhã está se aproximando, e agora é hora de despertar, tirar as roupas da noite, e colocar a armadura da luz.

O verbo grego traduzido como "rejeitemos" era um termo que falava de ser ejetado ou expelido à força. O termo grego é usado apenas três outras vezes no Novo Testamento, e em cada caso ele fala de excomunhão de uma sinagoga (Jo 9.22; 12.42; 16.2). Assim, o termo transmite a idéia de renúncia e abandono do pecado (ou do pecador não arrependido) com vigor e convicção. Paulo está pedindo um ato de arrependimento. Ele quer que eles se livrem — excomunguem ou rompam a amizade com — "[das] obras das trevas". É a mesma expressão que ele usa em Efésios 5.11: "Não comuniqueis com as obras infrutuosas das trevas, mas, antes, condenai-as".

Paulo freqüentemente emprega a ilustração da mudança de roupas para descrever o ato de despir-se do pecado e do velho homem. "(...) quanto ao trato passado, vos despojeis do velho homem, que se corrompe pelas concupiscências do engano" (Ef 4.22). "Mas, agora, despojai-vos também de tudo: da ira, da cólera, da malícia, da maledicência, das palavras torpes da vossa boca. Não mintais uns aos outros, pois que já vos despistes do velho homem com os seus feitos" (Cl 3.8,9). Note a dupla ação de despir-se: "vos despistes do velho homem com os seus feitos"; mas *despojai-vos também de* "tudo", de todas as obras das trevas. A imagem que isso evoca é a de Lázaro — ressuscitado dos mortos, tendo recebido uma nova vida, mas ainda amarrado com as velhas roupas mortuárias que precisavam ser tiradas (cf. Jo 11.43,44).

Empregando uma ilustração semelhante, o escritor aos Hebreus exorta os crentes dizendo: "(...) deixemos todo embaraço e o pecado que tão de perto nos rodeia e corramos, com paciência, a carreira que nos está proposta" (Hb 12.1). Ali ele retrata o cristão como um atleta, livre de todo empecilho e pronto para correr. Há muita coisa de que devemos nos livrar se quisermos estar preparados para o dia da vinda do Senhor. Tiago faz um resumo sucinto: "(...) rejeitando toda imundícia e acúmulo de malícia" (Tg 1.21). E Pedro ecoa o pensamento: "Deixando, pois, toda malícia, e todo engano, e fingimentos, e invejas, e todas as murmurações" (1 Pe 2.1).

Vista-se! Há um outro aspecto de estar preparado para a vinda do Senhor. Não estaremos totalmente preparados ao raiar de um novo dia, a menos que nos vistamos com a roupa apropriada: "(...) vistamo-nos das armas da luz (...) revesti-vos do Senhor Jesus Cristo" (Rm 13.12,14).

Outra vez a ilustração é de um soldado que passou a noite se embriagando. Ele havia tropeçado a caminho de casa e acabou adormecendo vestido com as roupas que estavam agora amarrotadas e sujas com a evidência de seu deleite pecaminoso. O dia estava raiando. Era hora de acordar, tirar as roupas velhas, e vestir algo limpo, polido e pronto para a batalha. "Armadura" sugere uma guerra, e isso é adequado. Embora a volta de Cristo seja iminente, não é desculpa para abandonar a batalha. Jamais houve qualquer sugestão na Escritura de que o seu povo deva se sentar na encosta de um monte, em algum lugar, para esperar a sua vinda.

Na verdade, entre este exato momento e a sua vinda estamos travando uma batalha "contra os principados, contra as potestades, contra os príncipes das trevas deste século, contra as hostes espirituais da maldade, nos lugares celestiais" (Ef 6.12). A proximidade da volta do nosso Senhor não diminui a seriedade da batalha. Agora não é hora de afrouxar a nossa diligência; na verdade, o oposto é verdadeiro. Devemos nos engajar na batalha com um novo vigor, sabendo que o tempo se abrevia. "Portanto, tomai toda a armadura de Deus, para que possais resistir no dia mau e, havendo feito tudo, ficar firmes" (v. 13).

Em outras palavras, não somos soldados dispensados do dever, livres para festejarmos e satisfazermos os prazeres carnais da vida noturna. Estamos em ação, e o nosso Comandante-em-Chefe poderá aparecer a qualquer momento. Portanto, "Andemos honestamente, como de dia, não em glutonarias, nem em bebedeiras, nem em desonestidades, nem em dissoluções, nem em contendas e inveja" (Rm 13.13). O cristão que não está vivendo uma vida santa e obediente com prioridades celestiais é um cristão que não compreende o significado da volta iminente do Senhor. Se estivermos esperando genuinamente o nosso Senhor aparecer a qualquer momento, essa bem-aventurada esperança deve nos mover a sermos fiéis e andarmos corretamente, para que a volta do nosso Senhor não nos encontre andando de forma inadequada, desobedecendo ou desonrando a Ele. Nas próprias palavras de Cristo: "Vigiai, pois, porque não sabeis quando virá o senhor da casa; se à tarde, se à meia-noite, se ao cantar do galo, se pela manhã, para que, vindo de improviso, não vos ache dormindo. E as coisas que vos digo digo-as a todos: Vigiai" (Mc 13.35-37).

Há mais: "Mas revesti-vos do Senhor Jesus Cristo e não tenhais cuidado da carne em suas concupiscências" (Rm 13.14). Sim, quando formos glorificados, seremos instantaneamente transformados à imagem de Cristo — assim nos tornaremos semelhantes a Ele. Esta é uma obra impossível para os seres humanos; mas, para Deus, tudo é possível. A semelhança com Cristo é, portanto, o objetivo para o qual Deus está nos movendo (Rm 8.29). Mesmo agora, o processo de santificação deveria estar nos transformando, de certo modo, deixando-nos conforme a sua imagem. Enquanto crescemos na graça, crescemos na semelhança com Cristo. Devemos nos tornar um reflexo do caráter de Cristo e de sua santidade. E isso é que Paulo quer dizer quando escreve: "Revesti-vos do Senhor Jesus Cristo". Devemos buscar a santificação, seguir o exemplo de Cristo em nossa conduta e caráter, permitir que Ele implante a sua mente em nós, e deixar que o seu exemplo guie os nossos passos (Fp 2.5; I Pe 2.21).

Quando buscava trazer os gálatas à semelhança com Cristo, Paulo, disciplinando-os, comparou o seu dever pastoral a dores de parto: "(...) sinto as dores de parto, até que Cristo seja formado em vós" (Gl 4.19). Escrevendo aos coríntios, o apóstolo também descreveu a santificação como o processo pelo qual eles seriam transformados, tornando-se semelhantes a Cristo: "Mas todos nós, com cara descoberta, refletindo, como um espelho, a glória do Senhor, somos transformados de glória em glória, na mesma imagem, como pelo Espírito do Senhor" (2 Co 3.18). Em outras palavras, avançamos de um nível de glória para outro como avançamos na direção do alvo final. Assim, "revesti-vos do Senhor Jesus Cristo" é simplesmente uma ordem para buscar a santificação (este é o tema de Romanos 12—16).

Quando Paulo disse aos gálatas: "(...) todos quantos fostes batizados em Cristo já vos revestistes de Cristo" (Gl 3.27), ele estava, em essência, dizendo que a santificação começa na conversão. Desde o primeiro momento de fé, somos revestidos de sua justiça. Isso é a justificação. Nas palavras do profeta Isaías: "Regozijar-me-ei muito no Senhor, a minha alma se alegra no meu Deus, porque me vestiu de vestes de salvação, me cobriu com o manto de justiça" (Is 61.10).

Mas este é apenas o início do que significa revestir-se de Cristo. A justificação é um evento que é realizado de uma vez por todas, mas a santificação é um processo contínuo. E a ordem para "revestir-se do Senhor Jesus Cristo" em Romanos 13 é uma ordem para buscar a semelhança de Cristo na santificação.

A esperança do retorno iminente de Cristo é, portanto, o ponto principal sobre o qual se move o entendimento adequado acerca da santificação.

Vamos revisar alguns dos textos principais que falam da iminência da volta de Cristo, e você deverá observar especificamente que tipo de obrigações práticas essa doutrina coloca sobre nós.

- *Perseverança:* "Sede vós também pacientes, fortalecei o vosso coração, porque já a vinda do Senhor está próxima" (Tg 5.8).
- *Bondade:* "Irmãos, não vos queixeis uns contra os outros, para que não sejais condenados. Eis que o juiz está à porta" (Tg 5.9).
- *Oração:* "E já está próximo o fim de todas as coisas; portanto, sede sóbrios e vigiai em oração" (1 Pe 4.7).
- *Fidelidade em se congregar e estimular uns aos outros:* "E consideremo-nos uns aos outros, para nos estimularmos à caridade e às boas obras, não deixando a nossa congregação, como é costume de alguns; antes, admoestando-nos uns aos outros; e tanto mais quanto vedes que se vai aproximando aquele Dia" (Hb 10.24,25).

- *Santo trato e piedade:* "Havendo, pois, de perecer todas estas coisas, que pessoas vos convém ser em santo trato e piedade" (2 Pe 3.11).
- *Pureza e semelhança com Cristo:* "(...) quando ele se manifestar, seremos semelhantes a ele; porque assim como é o veremos. E qualquer que nele tem esta esperança purifica-se a si mesmo, como também ele é puro" (I Jo 3.2b,3).

Esses textos cobrem uma ampla gama de categorias, abrangendo todo aspecto da nossa santificação. A esperança da volta iminente de Cristo é um catalisador e um incentivo para todas estas coisas — todo fruto do Espírito, toda virtude cristã, tudo que diz respeito à santidade e à semelhança de Cristo, tudo o que pertence à vida e à piedade.

Por isso é tão importante cultivar uma expectativa vigilante pela volta iminente de Cristo. O objetivo não é nos tornar obcecados pelos acontecimentos terrenos. Na verdade, se o seu interesse pelo retorno de Cristo se tornar uma fixação consumidora com o que está acontecendo neste mundo, você estará totalmente fora de sintonia com a Palavra de Deus. O conhecimento de que a volta de Cristo é iminente deve dirigir e elevar os nossos corações ao céu, "donde também esperamos o Salvador, o Senhor Jesus Cristo" (Fp 3.20).

> *Pelo que, amados, aguardando estas coisas, procurai que dele sejais achados imaculados e irrepreensíveis em paz.*
>
> – 2 Pedro 3.14

Três

O Maior Sermão Profético de Cristo

Além do livro de Apocalipse, a maior e mais importante porção profética do Novo Testamento encontra-se em Mateus 24—25, conhecido como *o Sermão Profético*. É a segunda mais longa mensagem de Cristo registrada na Escritura. A única mais longa, o Sermão do Monte (Mt 5—7), foi um sermão público entregue à multidão na Galiléia, perto do início do ministério terreno de Cristo. Em contraste, o Sermão Profético foi uma mensagem proferida na privacidade aos seus discípulos em Jerusalém, perto do fim de seu ministério terreno. O nosso Senhor falou estas palavras enquanto estava assentado em frente ao Templo, no monte das Oliveiras (Mt 24.3). Assim o nome popular desse sermão — Sermão do Monte das Oliveiras — é uma referência ao lugar onde foi proferido.

De onde estavam assentados, Cristo e os discípulos podiam ver os imponentes edifícios do Templo. Este era o mais glorioso de muitos projetos de edifícios grandiosos ordenados por Herodes, o Grande. O principal edifício do Templo era uma estrutura esplêndida. Era feito de mármore brilhante branco com detalhes que eram verdadeiros espetáculos decorativos de ouro puro. O seu lado oriental (o lado que dava para onde Jesus estava assentado) era revestido de ouro que brilhava como um espelho sob o sol da manhã. Todo aquele ouro lançava um brilho intenso que iluminava a encosta ocidental do monte das Oliveiras e era visível a quilômetros de distância. Ele foi considerado por todos os relatos o edifício mais estupendo e maravilhoso do mundo.

Na verdade, a opulência do complexo do Templo foi o que gerou a conversa que levou ao Sermão Profético. Enquanto Jesus deixava o monte do Templo a caminho do monte das Oliveiras, os discípulos expressaram espanto pela grandiosidade do Templo. O relato paralelo em Lucas 21.5 sugere que eles ficaram admirados com a incrível riqueza representada pelas fabulosas decorações do Templo, que incluía muitas pedras preciosas e outros ornamentos valiosos, a maioria deles doada por adoradores ricos.

Jesus respondeu com uma profecia que esfriou seus ânimos: "(...) Não vedes tudo isto? Em verdade vos digo que não ficará aqui pedra sobre pedra que não seja derribada" (Mt 24.2). Essa profecia ecoava aquilo que Cristo havia dito aos líderes judeus dentro do próprio Templo, provavelmente momentos antes: "Eis que a vossa casa vos ficará deserta" (Mt 23.38).

Os discípulos devem ter se perguntado como algo tão espetacular quanto o Templo poderia ficar "deserto". A predição solene de Cristo de que nenhuma só pedra dessa gloriosa estrutura seria deixada de pé espantou-os ainda mais. Isso sem dúvida alguma também os deixou confusos. O que Ele estava lhes dizendo agora era diametralmente oposto às suas expectativas messiânicas. Eles estavam certos de que Ele era o Messias prometido (Mt 16.16), e esperavam que liderasse completamente a nação a uma glória maior do que nunca — e não falar da sua destruição.

Portanto, pouco tempo depois, quando se sentaram do outro lado do vale de Cedrom, em clara vista da frente brilhante do Templo, com o panorama de todo o monte do Templo estendido diant grupo, "(...) chegaram-se a ele os seus discípulos, em particular, dizendo: Dize-nos quando serão essas coisas e que sinal haverá da tua vinda e do fim do mundo?" (Mt 24.3)

A resposta de Jesus foi a mais longa que Ele jamais deu a qualquer pergunta registrada no Novo Testamento. O Sermão Profético abrange dois grandes capítulos no Evangelho de Mateus. Um relato abreviado, mas paralelo, preenche a maior parte de Lucas 21.

Expectativas Messiânicas Judaicas

Entender as perguntas dos discípulos requer um estudo de como eles e seus compatriotas imaginavam o papel messiânico de Jesus. Em suas mentes, o Messias seria principalmente uma figura política que iria libertar Israel da hostilidade e da ocupação estrangeira. Toda a nação de Israel acreditava que, quando o Messias viesse, recuperaria completamente tudo o que fora perdido em seus anos de exílio estrangeiro, e séculos subseqüentes de opressão estrangeira. Com base em promessas do Antigo Testamento e em alianças de Abraão e de Davi, eles criam que o Messias iria separar e autenticar todas as tribos e linhagens sacerdotais descendentes, reunificar e purificar a nação, e restabelecer o trono de Davi em Jerusalém e abençoar a nação com uma glória inimaginável e sem precedentes. A expectativa dos discípulos não era diferente. Eles consideravam que essas coisas estavam mais próximas do que nunca em Israel, porque já sabiam com certeza que Jesus era o Cristo, o Ungido que fora predito pelas profecias do Antigo Testamento. Dessa forma, eles pensavam que estariam começando a ver o seu Reino terreno ser estabelecido.

Não há melhor ilustração dessa expectativa do que o hino de louvor oferecido por Zacarias, o pai de João Batista. Percebendo que o precursor do Messias havia acabado de nascer, Zacarias antecipou a chegada iminente do Libertador de Israel, e recitou as promessas messiânicas das alianças feitas com Abraão e com Davi em um hino de louvor a Deus:

Bendito o Senhor, Deus de Israel, porque visitou e remiu o seu povo! E nos levantou uma salvação poderosa na casa de Davi, seu servo, como falou pela boca dos seus santos profetas, desde o princípio do mundo, para nos livrar dos nossos inimigos e das mãos de todos os que nos aborrecem e para manifestar misericórdia a nossos pais, e para lembrar-se do seu santo concerto e do juramento que jurou a Abraão, nosso pai, de conceder-nos que, libertados das mãos de nossos inimigos, o servíssemos sem temor, em santidade e justiça perante ele, todos os dias da nossa vida.

– Lucas 1.68-75

Esse hino resumia a promessa messiânica do Antigo Testamento e a esperança de Israel: Deus visitando Israel para realizar a redenção, na Pessoa do Salvador e Rei, que vinha da descendência de Davi (2 Sm 7.12-16; 1 Cr 17.11-14; Sl 89.27-37) — livrando o povo de seus inimigos e fazendo de Israel o assento de seu governo mundial. O Messias também cumpriria todas as promessas de Deus a Abraão — incluindo a bênção, a proteção, e a posse de sua terra e a vitória sobre os seus inimigos para sempre (Gn 12.1-3; 15.18-21; 22.16-18). Zacarias cria que todas essas promessas seriam cumpridas imediatamente com a vinda do Messias, e ele, portanto, antecipou a chegada iminente do prometido Reino de luz e paz (Is 9.2-7; cf. Lc 2.25-32, 36-38).

Obviamente, Zacarias não estava de modo algum sozinho na esperança do imediato cumprimento dessas coisas. Nessa época, Israel estava nas garras do governo romano. O Império Romano estava em seu auge, e Israel ficava exatamente dentro da fronteira oriental desse vasto império. O trono de Davi tinha caído centenas de anos antes, e as esperanças de revitalizá-lo sem a intervenção sobrenatural do Messias eram, naquele momento, completamente nulas. O único poder que exercia a monarquia na região durante o período de vida dos discípulos era a dinastia de Herodes, e mesmo este existia apenas com o consentimento de Roma. E o pior, os próprios Herodes eram também príncipes estrangeiros. Eles eram, muito provavelmente, idumeus — descendentes dos edomitas, que procediam dos filhos de Esaú. Os edomitas havia muito tempo tinham sido vizinhos intranqüilos e freqüentemente inimigos amargos dos israelitas (voltando ao tempo do êxodo, quando os edomitas recusaram a passagem de Israel pela sua terra, Nm 20). Assim Israel, na prática, era uma nação governada por múltiplas camadas de seus próprios adversários.

Além disso, era exigido dos cidadãos de Israel o pagamento de tributos a Roma, e esses tributos tinham o objetivo de pagar os exércitos de ocupação — os principais opressores de Israel! Compreensivelmente, a maioria dos israelitas se ressentia amargamente de ter de pagar esse imposto a César (cf. Mc 12.13-17).

Para tornar as coisas ainda piores, o governo romano era, com freqüência, deliberadamente opressor — e de todas as regiões no vasto império, Israel se tornou um alvo singular da brutalidade romana. Diferente de outras nações que estavam sob o governo romano, a identidade nacional de Israel era definida por um relacionamento de aliança com Jeová. Por essa razão, o politeísmo romano (em particular a adoração ao imperador) não encontrou praticamente nenhuma correspondência entre os israelitas. Os governantes romanos, portanto, viam o judaísmo monoteísta como inerentemente sedicioso. Enquanto isso, os zelotes judeus faziam todo o possível para promover uma rebelião anti-romana entre o seu povo. Assim, a tensão política era intensa nessa época, sendo estimulada tanto pelas atrocidades romanas (cf. Lc 13.1) como pelas insurreições judaicas (cf. Mc 15.7).

Em virtude da aliança nacional de Israel com Jeová, governantes estrangeiros, tais como Herodes e os romanos, eram considerados não meramente como inimigos políticos, mas também como uma vergonhosa praga espiritual sobre a nação, simbolizando o próprio desprazer de Deus com o seu povo. A ocupação de Roma em Israel, portanto, representava um imenso dilema para o judaísmo. (Isso explica por que alguns judeus tinham um senso tão profundo de orgulho nacional, a ponto de nem mesmo aceitarem o *fato* do domínio de Roma: "Somos descendência de Abraão, e nunca servimos a ninguém; como dizes tu: Sereis livres?" — Jo 8.33b). Todo coração fiel em Israel desejava que Roma fosse derrubada para que a nação pudesse *verdadeiramente* ser livre outra vez. E eles criam que as profecias messiânicas do Antigo Testamento falavam de Alguém que iria aparecer de repente e que endireitaria todas as coisas. Ele restabeleceria o trono de Davi, governando sobre todos os outros reinos do mundo, para sempre.

Profecias Messiânicas do Antigo Testamento

Pelo clima político, é fácil perceber por que os judeus estavam desesperados para que o seu Messias viesse logo. Mas esta é apenas uma razão por que a expectativa messiânica era tão elevada nos dias de Jesus. As profecias do Antigo Testamento também parecem sugerir que a sua vinda *seria* logo (cf. Dn 9.25). E aqueles que eram especialistas em profecia messiânica acreditavam que, quando Ele finalmente aparecesse, a derrubada de Roma estaria no topo de sua agenda.

A elevada expectativa messiânica entre aqueles que conheciam as Escrituras era a principal razão das grandes multidões estarem dispostas a entrar no deserto para ouvir a João Batista e depois a Cristo (Mt 3.4-6; Lc 5.15,16; 12.1). Eles criam que os profetas tinham prometido um campeão, um vencedor que os guiaria. Eles não esperavam um servo sofredor que morreria, mas um Messias triunfante que iria estabelecer uma eterna paz e prosperidade em Israel e sobre todo o mundo. Assim, percorreriam qualquer distância a fim de encontrar alguém qualificado para apontar o caminho para este Libertador.

Os discípulos claramente tinham expectativas similares. Sem dúvida alguma, ao ler as promessas messiânicas do Antigo Testamento, eles tiveram todas as expectativas de que Cristo logo as realizaria. Eles leram, por exemplo, Isaías 9.6,7:

> *Porque um menino nos nasceu, um filho se nos deu; e o principado está sobre os seus ombros; e o seu nome será Maravilhoso Conselheiro, Deus Forte, Pai da Eternidade, Príncipe da Paz. Do incremento deste principado e da paz, não haverá fim, sobre o trono de Davi e no seu reino, para o firmar e o fortificar em juízo e em justiça, desde agora e para sempre; o zelo do Senhor dos Exércitos fará isto.*

Eles sabiam que o versículo 6 fora cumprido no nascimento de Cristo. Naturalmente, eles esperavam, com toda a certeza, que Cristo logo fosse estabelecer o reino perfeito predito no versículo 7.

Eles sem dúvida alguma se firmavam na promessa triunfante registrada em Jeremias 23.5,6: "Eis que vêm dias, diz o Senhor, em que levantarei a Davi um Renovo justo; sendo rei, reinará, e prosperará, e praticará o juízo e a justiça na terra. Nos seus dias, Judá será salvo, e Israel habitará seguro". Tendo encontrado a Cristo e *sabendo* que Ele era o Renovo prometido, eles esperavam plenamente que Ele cumprisse a promessa de um reino terreno durante o período de vida deles.

O que eles não conseguiam enxergar é que a profecia bíblica às vezes condensa eventos próximos e distantes em declarações proféticas contíguas — como quando Cristo parou de ler no meio de Isaías 61.2 e declarou que a passagem fora cumprida naquele mesmo dia aos ouvidos dos galileus (Lc 4.17-21). A frase em Isaías 61, que imediatamente segue o ponto de parada de Jesus, é uma profecia sobre o dia da vingança de Deus (v. 2b). Essa parte da profecia claramente ainda não havia se cumprido.

A partir da nossa perspectiva, é fácil ver que *muitas* das profecias messiânicas do Antigo Testamento justapunham acontecimentos relacionados à sua primeira vinda com profecias que não serão cumpridas até que Ele volte. Mas a distinção entre os dois adventos não era tão clara para os discípulos.

As Esperanças Messiânicas Imediatas dos Discípulos

É óbvio que as muitas profecias de Jesus a respeito de seu próprio sofrimento e morte não tiveram efeito algum sobre os discípulos. Ou então eles ignoraram, duvidaram, racionalizaram ou espiritualizaram todas aquelas palavras, para que se adequassem às suas próprias expectativas escatológicas. A relevância messiânica de muitas profecias do Antigo Testamento, tais como o Salmo 22 e Isaías 53, permaneceu confusa a eles até a ressurreição do Mestre (cf. Lc 24.25-32). Portanto, mesmo quando a hora da crucificação se aproximava, eles permaneceram insensíveis em relação à agonia que Jesus enfrentava, apesar de tudo quanto Ele havia lhes dito sobre isso. Os discípulos ainda estavam esperando que Jesus surgisse como o Messias conquistador por quem todo o Israel esperava — e estavam convencidos de que isso ocorreria muito em breve.

Os acontecimentos que precederam imediatamente o Sermão Profético ocorreram na quarta-feira da Semana da Paixão. Cristo havia entrado na cidade apenas alguns dias antes, aclamado pela adulação entusiástica das grandes multidões. Praticamente toda a cidade o tinha louvado com altos brados de "hosana" e haviam espalhado ramos de palmeira e até mesmo as próprias roupas em seu caminho (Mt 21.8-11). Para os discípulos, deve ter parecido que o reino era praticamente seu, por aclamação. Pelo que eles sabiam, o restabelecimento do trono e soberania de Davi era o próximo item no calendário escatológico. Pois, como diz Lucas 19.11: "(...) cuidavam que logo se havia de manifestar o Reino de Deus".

Então, quando Jesus predisse a total demolição do Templo, os discípulos ficaram espantados. O Templo era a própria peça central e o resíduo mais visível da glória nacional de Israel. Por que o Messias de Israel permitiria uma paródia assim contra a nação? Ele não tinha vindo para estabelecer o Reino em toda a sua glória? Por que prediria a *destruição* da glória de Israel? Ele não poderia simplesmente derrotar os inimigos de Israel, assumir o seu trono por direito, e cumprir todas aquelas promessas de redenção, bênção, proteção, paz e prosperidade do Antigo Testamento? A destruição do Templo não fazia sentido algum para os discípulos (cf. Jo 2.20). O que Jesus estava prevendo simplesmente não se encaixava nas expectativas que tinham em relação ao Messias.

Esse é o dilema que os levou a levantar as questões registradas em Mateus 24.3b: "Dize-nos quando serão essas coisas e que sinal haverá da tua vinda e do fim do mundo?"

Tenha em mente que é muito provável que os discípulos ainda estivessem entusiasmados com a euforia demonstrada na recepção pública de Cristo, em sua entrada triunfal. Eles, sem dúvida alguma, pensavam que aquilo havia sido meramente o prelúdio de um triunfo ainda maior no horizonte, quando Cristo assumiria o seu trono. Ele ainda não tinha lhes dito (como diria na noite seguinte) que iria voltar para o Pai

(Jo 14.2; 16.16). Assim, nesse ponto eles não teriam tido nenhum conceito de uma "Segunda Vinda" do Messias. A expressão "tua vinda" foi uma referência à sua vinda em triunfo como o Messias de Israel — a sua ascendência ao trono. O profeta Malaquias dissera que o Messias de Israel viria repentinamente ao seu Templo como o anjo do concerto (Ml 3.1) — isto é, para cumprir todas as promessas da aliança. Mas Jesus estava predizendo a destruição do Templo. Sem dúvida eles estavam tendo trabalho para juntar todas essas profecias.

Visto que eles presumiram que todas as profecias relacionadas à vinda do Messias ocorreriam em uma seqüência ininterrupta de acontecimentos, sem dúvida alguma teriam esperado que as etapas finais da obra do Messias se desdobrassem rapidamente. Até onde sabiam, tudo o que o Mestre precisava fazer era derrotar os seus inimigos e estabelecer o seu trono. Isso, segundo os profetas, Ele faria por de um poder sobrenatural ("(...) ferirá a terra com a vara de sua boca, e com o sopro dos seus lábios matará o ímpio", Is 11.4). Os discípulos criam que uma vez que tudo começasse, o desenvolvimento da situação ocorreria com espantosa rapidez. Eles podem ter pensado que o reino prometido há tanto tempo se tornaria uma realidade diante de seus olhos em questão de dias.[1]

Mas se Jesus estava agora lhes dizendo que alguma outra coisa deveria ocorrer *antes* de Ele ascender ao seu trono — especialmente algo tão catastrófico quanto a destruição do Templo — eles queriam saber quando essas coisas iriam acontecer e que sinais deveriam esperar. Assim, na primeira oportunidade, pediram, em particular, uma explicação sobre as suas observações.

As Próprias Promessas Proféticas do Messias

Quer os discípulos percebessem isso completamente quer não, eles estavam, na verdade, levantando múltiplas questões em Mateus 24.3. A pergunta "Quando serão essas coisas?" refere-se à destruição do Templo e aos acontecimentos que cercavam a catástrofe. "Que sinal haverá da tua vinda e do fim do mundo?" trata de um assunto escatológico maior — a questão de como a vinda vitoriosa de Cristo como o Messias de Israel se encaixa em todo o cronograma profético.

Como veremos nos capítulos seguintes, as respostas de Jesus não apagaram de forma alguma todo o mistério dessas perguntas. A interpretação do Sermão Profético não é uma missão fácil.

A história registra que a destruição literal do Templo ocorreu no ano 70 d.C., quando os exércitos romanos, sob o comando de Tito, destruíram toda a cidade de Jerusalém. Os romanos atacaram em particular o monte do Templo, ateando fogo em sua principal estrutura, que se tornou tão quente que as pedras dos edifícios se despedaçaram. Eles então examinaram minuciosamente os escombros para extrair todos os metais e pedras preciosas, e removeram as ruínas do Templo depositando-as nos vales dos arredores. Dessa forma, as palavras de Jesus sobre a destruição do Templo foram cumpridas em sua totalidade. Nem uma pedra sequer foi deixada sobre outra.[2] Josefo registrou que quando o exército romano terminou a ação, a área do Templo parecia um deserto que jamais havia sido habitado.

Muitas das predições de Jesus sobre perseguição e aflição parecem antecipar esse tempo com uma exatidão excepcional. Porém, olhando mais de perto, o sermão como um todo revela que os aspectos mais importantes de sua profecia *não* foram cumpridos na destruição de Jerusalém no ano 70 d.C. Estes elementos não cumpridos incluem o seu próprio retorno e o ajuntamento dos eleitos, descrito nos versículos 30 e 31: "Então, aparecerá no céu o sinal do Filho do Homem; e todas as tribos da terra se lamentarão e verão o Filho do Homem vindo sobre as nuvens do céu, com poder e grande glória. E ele enviará os seus anjos com rijo clamor de trombeta, os quais ajuntarão os seus escolhidos desde os quatro ventos, de uma à outra extremidade dos céus".

Note, além disso, que a grande tribulação que Cristo descreveu envolve cataclismo e sofrimento em uma escala global e cósmica (vv. 29,30) — não apenas um holocausto local em Jerusalém. Além disso, Ele expressamente predisse um tempo de angústia e dificuldade que seria único em toda a história do mundo (v. 21) — não como o cerco de Jerusalém no ano 70 d.C., que, embora certamente significasse severa aflição, sofrimento e morte generalizada para muitas pessoas, foi suplantado por muitas calamidades e holocaustos muito piores nos séculos que se seguiram — incluindo as execuções sistemáticas de milhões de judeus por Hitler e Stalin no século XX. A destruição de Jerusalém foi certamente um grande desastre, mas em nenhum sentido pode ser dito com precisão que o cerco de Jerusalém cumpriu a profecia de "grande aflição, como nunca houve desde o princípio do mundo até agora, nem tampouco haverá jamais" (v. 21). Muitos aspectos do sermão de Jesus, portanto, claramente aguardam um cumprimento futuro.

A única conclusão razoável é que as profecias de Jesus em Mateus 24 são como as profecias messiânicas do Antigo Testamento que justapuseram acontecimentos próximos e distantes em um único contexto. Na verdade, tal conclusão parece inevitável se quisermos evitar o erro daqueles que negam o retorno físico de Cristo. Afinal, a destruição do Templo predito no versículo 2 foi cumprida pelo exército romano no ano 70 d.C., mas os sinais cósmicos que acompanharão a volta de Cristo descrito nos versículos 29-31, muito obviamente ainda pertencem ao futuro.

Nesse mesmo contexto, por exemplo, Cristo menciona "a abominação da desolação, de que falou o profeta Daniel" (v. 15). Ele estava se referindo ao texto de Daniel 11.31: "(...) profanarão o santuário e a fortaleza, e tirarão o contínuo sacrifício, estabelecendo a abominação desoladora". Em seu contexto histórico, a profecia de Daniel parece ter sido completamente cumprida por eventos que aconteceram sob o reinado de Antíoco Epifânio, um rei selêucida que conquistou Jerusalém no século II a.C., declarou o fim dos sacrifícios judeus e profanou o Templo sacrificando um porco no altar e erigindo uma estátua de Zeus no Lugar Santo. Esses eventos precipitaram a revolta dos macabeus, que ocorreu mais de um século antes de Cristo. Mas aqui o Senhor Jesus claramente falou da "abominação desoladora" como algo ainda futuro, uma abominação que excedeu até mesmo a blasfêmia deliberada de Antíoco Epifânio, que inicialmente parecia ser o seu cumprimento.

De um modo semelhante, as advertências de Cristo sobre os falsos messias, guerras, rumores de guerras, fomes, pestes e terremotos podem ter parecido predizer o que ocorreu em uma escala limitada durante o cerco de Jerusalém no ano 70 d.C., porém muitas indicações ao longo de todo esse contexto sugerem que o cumprimento preciso e final dessas profecias aguardam um cataclismo ainda futuro que será mundial em vez de local, e apocalíptico em vez de meramente histórico.

Quais são essas indicações ou pistas? A pergunta mais importante dos discípulos estava relacionada ao "fim do mundo" (ou "consumação do século", v. 3 — ARA). O próprio Jesus tinha usado a frase em duas de suas parábolas — a parábola do joio (Mt 13.39) e a parábola da rede (Mt 13.49). Em ambas as passagens, Ele falou do juízo final dos ímpios. Ele também usou a frase na promessa que acompanhou a sua Grande Comissão: "(...) eis que eu estou convosco todos os dias, até à consumação dos séculos" (Mt 28.20). Assim, isso era claramente uma referência ao fim da era escatológica, não apenas aos eventos que levavam aos últimos dias do Templo de Jerusalém.

Mas note que as únicas observações explícitas de Cristo sobre a destruição do Templo são aquelas registradas no versículo 2, na ocasião em que Ele e os discípulos estavam saindo do Templo (v. 1). No próprio Sermão Profético, Ele não faz uma referência clara aos acontecimentos do ano 70 d.C. Toda a sua resposta se estende à pergunta mais importante sobre os sinais de sua vinda e o fim do mundo. Praticamente ignorando a pergunta inicial dos discípulos, Ele não disse absolutamente nada sobre quando a destruição de Jerusalém ocorreria. E isso se devia ao fato de que esses acontecimentos não eram, de fato, pertinentes ao fim do mundo. Eles permitiam um senso prévio do juízo maior que acompanharia a sua volta, uma pré-estréia daquilo que viria no final.

Os preteristas se opõem a essa interpretação do Sermão Profético. Eles apontam invariavelmente para as palavras de Cristo no versículo 34 ("Em verdade vos digo que não passará esta geração sem que todas essas coisas aconteçam"). Insistem que isso prova que Cristo estava falando sobre os eventos que ocorreriam dentro de cerca de quarenta anos, significando que os acontecimentos do ano 70 d.C. *deveriam* ser o cumprimento dessas profecias.

Mas se o versículo 34 deve ser entendido com essa literalidade rígida, o restante do Sermão Profético deve ser espiritualizado, ou de outra forma interpretado de modo figurado, a fim de explicar como todas as profecias de Cristo poderiam ter sido cumpridas até o ano 70 d.C. sem que Ele voltasse fisicamente à Terra.

Como observamos na introdução deste livro, os hiperpreteristas tratam desse dilema negando categoricamente o retorno corpóreo de Cristo, a ressurreição dos mortos e outras doutrinas cristãs vitais — tudo isso por insistirem em uma interpretação excessivamente literal de Mateus 24.34. A maioria dos preteristas assume uma posição menos extrema e consegue evitar essa heresia tão séria; mas, por fim, acabam caindo nessa heresia ao reconhecerem que as profecias-chave no Sermão Profético são eventos que ainda acontecerão no futuro. Assim, em essência, eles ignoram e procuram anular, de qualquer forma, o sentido verdadeiro de Mateus 24.34.

Portanto, parece mais sensato e consistente ter uma abordagem futurista a respeito do Sermão Profético. Ou seja, interpretar o sermão como um todo como um quadro profético de uma "geração" e dos eventos que ocorreriam muito tempo depois da destruição de Jerusalém no ano 70 d.C. Há acontecimentos que precederão imediatamente a vinda de Cristo para estabelecer o seu Reino e, portanto, ainda hoje são acontecimentos futuros. Este parece ser o sentido transmitido pela própria passagem (por exemplo, vv. 29-31), e é a interpretação que eu creio que o texto exige.

Assim, quando nos aprofundamos em um estudo versículo por versículo do sermão nos capítulos que se seguem, esta é a abordagem que teremos. Esses versículos descrevem os sinais da vinda de Cristo e do fim do mundo. Eles são tão importantes para o nosso futuro quanto eram para os crentes nos primeiros dias da era cristã. Falam de um tempo ainda futuro quando Cristo voltará fisicamente à Terra. E, portanto, apresentam a esperança de todo crente verdadeiro. Prepare o seu coração para um rico banquete enquanto sondamos a passagem.

Quatro

Dores de Parto

A mensagem central do Sermão Profético de Cristo é uma admoestação dupla. Em primeiro lugar, o nosso Senhor está advertindo que antes de Ele voltar, o mundo se tornará cada vez mais hostil ao povo de Deus. E em segundo lugar, o Mestre está exortando o povo a estar preparado para a sua vinda e os juízos associados a ela.

Esses temas dominam todo o sermão, incluindo as parábolas sobre o fim. Há elementos específicos das profecias de Cristo que podem ser de difícil compreensão, mas é impossível de errar quanto àquilo que é básico: a hostilidade do mundo a Cristo não diminuirá, mas aumentará dramaticamente (Mt 24.4-20). O resultado final será um tempo de tribulação como nenhum outro que o mundo já tenha conhecido (vv. 21-29). E quando Cristo finalmente voltar, no fim daqueles dias de tribulação, ninguém deixará de notar a sua vinda, e nenhum inimigo escapará da sua retribuição (vv. 30-51).

Em nenhuma passagem o nosso Senhor sugere o tipo de cenário profético que os pós-milenialistas imaginam, onde os esforços evangelísticos e sociais da Igreja acabam ganhando o mundo para Cristo e estabelecendo o seu Reino terreno, preparando assim o caminho para a sua volta. (Não é de admirar que tantos pós-milenialistas promovam a interpretação preterista do Sermão Profético. Afastando o significado dessa passagem para um evento ocorrido há muito tempo, no século I, eles eliminam o problema de conciliar as profecias decididamente "pessimistas" desse sermão com seu ponto de vista "otimista" do futuro do mundo.)[1]

Lembre-se que o Sermão Profético foi proferido a um grupo de discípulos que "cuidavam que logo se havia de manifestar o Reino de Deus" (Lc 19.11). Cristo estava deixando claro que o Reino terreno que eles esperavam pertencia ao futuro escatológico. Embora tenha se recusado a fixar uma hora ou data precisa para esses eventos (Mt 24.36), Ele descreveu muitos sinais que indicariam que o tempo estaria se aproximando. E todos esses sinais apontam para um tempo de tribulação diferente de qualquer outro na história do mundo — um tempo tão repleto de sofrimentos e aflições que, se Cristo não interviesse, todos na terra morreriam (vv. 21,22).

As aflições que Cristo descreve em Mateus 24 fazem um paralelo muito próximo com os terríveis juízos descritos em Apocalipse 7—19. Uma comparação das duas passagens revela várias ligações inequívocas. Ambas descrevem um tempo de aflição sem precedentes, culminando na volta gloriosa de Cristo. A única interpretação razoável é que ambas se referem ao mesmo período cataclísmico de angústia e dificuldade. Apocalipse 7.14 refere-se a esse tempo como a "grande tribulação", empregando o artigo definido para significar que é um período escatológico específico. Da mesma forma, Jesus descreveu essa era como um tempo de "grande aflição, como nunca houve desde o princípio do mundo até agora, nem tampouco haverá jamais" (Mt 24.21). Ele estava muito obviamente descrevendo o mesmo período de juízo apocalíptico retratado em detalhes na visão do apóstolo João. A relação entre as duas passagens da Escritura ficará aparente à medida que trabalharmos ao longo do Sermão Profético.

A Tribulação e a Septuagésima Semana de Daniel

Comparando Escritura com Escritura, torna-se inequivocamente claro que o período de Tribulação que Cristo descreveu no Sermão Profético é a mesma era escatológica simbolizada pela última das setenta "semanas" proféticas mencionadas em Daniel 9.25-27:

> *Sabe e entende: desde a saída da ordem para restaurar e para edificar Jerusalém, até ao Messias, o Príncipe, sete semanas e sessenta e duas semanas; as ruas e as tranqueiras se reedificarão, mas em tempos angustiosos. E, depois das sessenta e duas semanas, será tirado o Messias e não será mais; e o povo do príncipe, que há de vir, destruirá a cidade e o santuário, e o seu fim será com uma inundação; e até ao fim haverá guerra; estão determinadas assolações. E ele firmará um concerto com muitos por uma semana; e, na metade da semana, fará cessar o sacrifício e a oferta de manjares; e sobre a asa das abominações virá o assolador, e isso até à consumação; e o que está determinado será derramado sobre o assolador.*

As "semanas" de que Daniel fala são, na verdade, períodos de sete anos. (A palavra hebraica é *šābŭ·a*, que significa literalmente "setes"). Note que Daniel diz que sessenta e nove (sete mais sessenta e dois) desses períodos de sete anos (ou 483 anos) iriam transcorrer "desde a saída da ordem para restaurar e para edificar Jerusalém, até ao Messias, o Príncipe".

"A ordem para restaurar e para edificar Jerusalém" muito provavelmente se refere ao decreto de Artaxerxes registrado em Neemias 2.1-8, que ocorreu no mês de nisã no vigésimo ano do reinado de Artaxerxes (Ne 2.1). A história coloca esse decreto aproximadamente 450 anos antes da vinda de Cristo. Assim, as sessenta e nove semanas proféticas — 483 anos — podem, na verdade, ter sido um número preciso que simbolizava o dia e ano exatos em que Cristo entraria em Jerusalém em triunfo. (Isso também ocorreu no mês de nisã — no primeiro dia da semana da Páscoa — provavelmente no ano 30 ou 33 d.C.)[2] Imediatamente depois disso, o Messias foi "tirado" (pela crucificação), assim como Daniel profetizou. Desse modo, a sexagésima nona semana de Daniel foi concluída.

Lembre-se, porém, de que a profecia de Daniel abrangia *setenta* semanas (Dn 9.24). Quando a septuagésima semana ocorre? Daniel recalcula todas as setenta semanas sem mencionar qualquer intervalo entre a sexagésima nona e a septuagésima semana. Na sexagésima nona semana, o Messias é "tirado" (v. 26). Na septuagésima semana, um "príncipe" mau "que há de vir" faz um concerto, e então interrompe a semana com um ato de abominação. Este parece ser um outro exemplo onde a profecia do Antigo Testamento justapõe acontecimentos próximos e distantes. As sessenta e nove semanas obviamente começaram com o decreto para restaurar e edificar Jerusalém, e continuaram ininterruptas até que o Messias foi "tirado". Mas quando comparamos a descrição de Daniel da septuagésima semana com as palavras de Cristo no Sermão Profético, descobrimos que essas passagens na verdade se referem ao mesmo período escatológico do fim dos tempos. Em outras palavras, a septuagésima semana de Daniel *é* o período de aflição a que Cristo se referiu. Pertence ao fim do mundo.

Como sabemos disso? Note cuidadosamente como Daniel descreve os acontecimentos da septuagésima semana. O "príncipe, que há de vir (...) firmará um concerto com muitos por uma semana" (vv. 26,27a). Mas algo acontece na metade da septuagésima semana: "(...) na metade da semana, fará cessar o sacrifício e a oferta de manjares; e sobre a asa das abominações virá o assolador" (v. 27). Isso muito claramente descreve a mesma "abominação da desolação" que Jesus menciona em Mateus 24.15. Assim, a septuagésima semana de Daniel está expressamente associada com os mesmos eventos descritos no Sermão Profético. A septuagésima semana não é nada além do período de sete anos a que nos referimos como "a Tribulação".

Várias passagens da Escritura sugerem que este período de sete anos se apresenta em duas metades. A primeira metade será um período de indulgência desenfreada no pecado para a maior parte do mundo, mas de dificuldade e perseguição para o povo de Deus. Então, de repente, "na metade da semana" (Dn 9.27), a abominação da desolação ocorre, e o resto da semana introduz a era mais terrível de tribulação e difi-

culdade em toda a história humana (Mt 24.21). A segunda metade da semana é medida de diversas maneiras na Escritura: "quarenta e dois meses" (Ap 11.2; 13.5); "mil duzentos e sessenta dias" (Ap 11.3; 12.6); e "um tempo, e tempos, e metade de um tempo" (Dn 7.25; Ap 12.14). Todas essas expressões simbolizam um período de três anos e meio de duração. É a segunda metade da "semana" profética final de Daniel.

Os estudantes de profecias bíblicas geralmente falam de todo o período de sete anos como "a Tribulação" e reservam a expressão "a *Grande* Tribulação" para a segunda metade da "semana". No Sermão Profético o próprio Cristo diz que a "Tribulação" será o princípio das dores (Mt 24.8), mas depois de mencionar "a abominação da desolação" (v. 15), Ele usa a expressão "grande aflição" (v. 21). Portanto, a abominação da desolação marca o principal ponto crítico do período de Tribulação. A partir desse momento, as coisas ficam cada vez piores, culminando finalmente com o aparecimento glorioso de Cristo (Mt 24.29,30).

Onde Estará a Igreja durante a Tribulação?

Uma pergunta vital deve ser feita antes de nos aprofundarmos nos detalhes do Sermão Profético: Se o nosso Senhor está descrevendo essa série de eventos detalhados que irá preceder e predizer a sua vinda em glória — se um período de sete anos de Tribulação deve acontecer *antes* de Ele voltar à Terra — então em que sentido podemos manter a opinião de que a sua vinda é iminente? (Veja o Capítulo 2 deste livro.)

A Escritura sugere que a Segunda Vinda ocorrerá em duas etapas — a primeira será o Arrebatamento, quando Cristo vem *para* os santos e estes são levados para encontrá-lo nos ares (I Ts 4.14-17); e a segunda será a sua volta à Terra, quando Ele virá *com* os seus santos (Jd 14) para executar juízo contra os seus inimigos. A septuagésima semana de Daniel deve ocorrer *entre* esses dois eventos. Este é o único cenário que concilia a iminência da vinda de Cristo *para* os seus santos com os sinais ainda não cumpridos que sinaliza o seu retorno glorioso final *com* os santos.

Em outras palavras, toda a Igreja será retirada da Terra antes de a Tribulação começar. A Escritura indica que durante a septuagésima semana de Daniel, a nação de Israel, não a Igreja, será o foco do programa terreno de Deus. Todo o período da Tribulação será um prelúdio para a redenção nacional mencionada em Romanos 11.26, quando "todo o Israel será salvo, como está escrito: De Sião virá o Libertador, e desviará de Jacó as impiedades". O Arrebatamento — a remoção da Igreja — significa a chegada da "plenitude dos gentios" (Rm 11.25). E o início da Tribulação marca o começo do doloroso processo pelo qual a nação de Israel será enxertada de volta na Oliveira (cf. v. 24).

Jeremias 30.7 é um texto-chave no entendimento da natureza da Tribulação: "Ah! Porque aquele dia *é* tão grande, que não houve outro semelhante! E *é tempo de angústia para Jacó*; ele, porém, será salvo dela" (ênfase do autor). Claramente, o significado da Tribulação pertence ao Israel étnico e nacional, e não à Igreja. Em lugar algum a Igreja é citada em qualquer das menções que a Bíblia faz da Tribulação. Na verdade, a descrição que o apóstolo João faz do céu apresenta vinte e quatro anciãos (Ap 4.4). Eles representam a Igreja do Novo Testamento, "anciãos" (*presbuteros* no texto grego) sendo a mesma palavra usada para os presbíteros da Igreja. Os eventos associados com a Tribulação no livro do Apocalipse só começam no capítulo 6, depois que os anciãos já foram vistos no céu.

Alguém poderá destacar que um dos temas recorrentes nas profecias da Tribulação por toda a Escritura é que os crentes que viverem naquela época serão severamente perseguidos por causa de sua fé. Portanto, se a Igreja é levada para o céu *antes* da Tribulação, de onde vêm esses crentes? A resposta óbvia é que são crentes que se convertem depois do Arrebatamento.

O Arrebatamento é de fato iminente; pode ocorrer a qualquer momento. A segunda etapa da volta de Cristo — a sua vinda em glória *com* os santos — é o evento para o qual todos os sinais e advertências no Sermão Profético apontam.

Alguns têm perguntado por que o Senhor advertiria as pessoas durante a época do Novo Testamento, como faz nessa mensagem, quando Ele sabia que elas não viveriam para passar por esses terríveis sinais. Na verdade, por que incluir essas palavras no relato do Evangelho, onde serviram como uma importante advertência para a Igreja em todas as épocas? Mas uma pergunta semelhante poderia ser feita sobre a profecia de Isaías e suas advertências sobre o cativeiro babilônico (Is 39.6,7), que só ocorreu *depois* que toda a geração de Isaías estava morta. A mensagem foi dada para servir como advertência a todos sobre as conseqüências do pecado — e servirá como uma advertência específica àqueles que na verdade experimentarão o terrível juízo.

Agora voltemos ao texto do Sermão Profético em si, e vejamos o que são esses sinais.

As Dores de um Parto Difícil

Cristo começa o seu sermão com uma longa lista de calamidades que Ele compara com as dores de parto que precedem o nascimento de uma criança:

> *E Jesus, respondendo, disse-lhes: Acautelai-vos, que ninguém vos engane, porque muitos virão em meu nome, dizendo: Eu sou o Cristo; e enganarão a muitos. E ouvireis de guerras e de rumores de guerras; olhai, não vos assusteis, porque é mister que isso tudo aconteça, mas ainda não é o fim. Porquanto se levantará nação contra nação, e reino contra reino, e haverá fomes, e pestes, e terremotos, em vários lugares. Mas todas essas coisas são o princípio das dores.*
>
> – Mateus 24.4-8

A palavra "dores" no versículo 8 é do termo grego *Ùdin*, que fala do trabalho e da dor de parto. As aflições que Cristo relaciona aqui são como dores de parto. A princípio, são relativamente moderadas e não freqüentes, porém à medida que a hora se aproxima, elas vêm em ondas implacáveis, mais rápidas e mais severas.

A ilustração de dores de parto é bastante comum na literatura apocalíptica judaica. O apóstolo Paulo usou uma figura similar para descrever a aproximação do dia do Senhor: "Pois que, quando disserem: Há paz e segurança, então, lhes sobrevirá repentina destruição, como as dores de parto àquela que está grávida; e de modo nenhum escaparão" (I Ts 5.3).

Como observamos acima, o contexto indica que esses sinais se aplicam de um modo particular à era da Tribulação. No entanto, esses próprios males (guerras e rumores de guerras, falsos cristos, desastres naturais e perseguição) são aflições que têm caracterizado a totalidade da era cristã. Características similares estão presentes neste exato momento em diversos graus, e coletivamente parecem estar piorando de modo progressivo e mais preponderante, exatamente como dores de parto.

Isso não significa que a era em que estamos vivendo seja a que Cristo descreve. Mas *realmente* sublinha a iminência da volta de Cristo para a Igreja. O mundo no qual vivemos já está maduro para a Tribulação. Elementos como os sinais das dores de parto já estão sendo sentidos. As aflições atuais podem meramente ser como as contrações Braxton-Hicks — dores de parto prematuras; entretanto, significam que a hora do trabalho difícil, e então o parto em si, é inevitável e se aproxima rapidamente.

Quais são as dores de parto? Cristo cita seis sinais distintos.

Falsos messias. "(...) Acautelai-vos, que ninguém vos engane, porque muitos virão em meu nome, dizendo: Eu sou o Cristo; e enganarão a muitos" (vv. 4b,5; cf. 2 Pe 2.1-3; 2 Tm 3.13). Falsos messias não são novidade. Houve muitos falsos cristos mesmo antes da época de Jesus, e tem havido multidões deles por toda a história da Igreja. A nossa própria geração já produziu vários notórios falsos messias e enganadores religiosos. Sun Myung Moon, David Koresh, Jim Jones, Marshall Applewhite ("Do" da abominável seita Porta do Céu) e Charles Manson — estes são apenas alguns dos muitos líderes notórios de seitas que reivindicaram ser a encarnação de Cristo no nosso tempo. Eles são falsos messias clássicos, e já enganaram muitas pessoas ingênuas.

Tal engano durante o período da Tribulação atingirá proporções epidêmicas. Quando a Igreja for tirada do mundo, os enganadores e as falsas religiões serão capazes de trabalhar mais livre e persuasivamente do que nunca. Com efeito, o Espírito Santo retirará o seu poder limitador, e todo o inferno será solto (2 Ts 2.7,8).

Não só o engano será mais poderoso, mas as pessoas também serão tão desprovidas de discernimento que estarão mais vulneráveis a mentiras do que nunca. "(...) Deus lhes enviará a operação do erro, para que creiam a mentira" (2 Ts 2.11). Exceto pelo remanescente que será salvo pela intervenção soberana de Deus, durante a Tribulação todos sobre a Terra serão enganados pelas mentiras dos falsos messias (cf. Mt 24.24). Na verdade, uma hostilidade esmagadora ao verdadeiro evangelho será, sem dúvida alguma, um dos fatores que farão as mentiras dos enganadores parecerem tão convincentes. No entanto, como é sempre o caso, a opinião pública não é o padrão de comparação para medir a verdade. Aqueles que seguem cegamente o populacho serão envolvidos com mais facilidade ainda pelas mentiras dos enganadores.

Portanto, Jesus adverte o remanescente fiel: "Acautelai-vos, que ninguém vos engane" (v. 4b). Ele usa uma palavra que fala de manter os olhos abertos, permanecendo vigilante. Devemos estar sempre alertas contra os enganadores religiosos, mas isso se tornará especialmente crucial para aqueles que viverem o período da Tribulação, quando a religião enganadora e falsa será praticamente livre de qualquer controle.

Outra vez, não só o número de falsos messias e enganadores aumentará, mas também o número de pessoas que se deixam enganar. Multidões estarão desesperadas para escapar das aflições de um mundo que desintegra rapidamente. Falsos messias agarrarão a oportunidade, prometendo várias formas de livramento a pessoas ansiosas por um modo de escapar da Tribulação, que piorará a cada dia.

O epítome de todos os falsos profetas entrará em cena como uma besta que se levanta da terra (Ap 13.11-18) com uma incrível habilidade de operar sinais e maravilhas sobrenaturais (ou que *parece* fazer isso de forma convincente). Ele terá o poder de fazer descer fogo do céu (v. 13) e a habilidade de animar objetos sem vida (v. 15). Exercendo tal poder, enganará a maior parte do mundo. E essa Besta, citada como "o falso profeta" em Apocalipse 19.20 (cf. 16.13; 20.10), usará os seus poderes enganadores para fazer com que o mundo siga *uma outra* besta (Ap 13.1-10). A outra besta (freqüentemente designada como *a Besta* para ser distinguida de seu colega, *o Falso Profeta*) torna-se o objeto de adoração na religião do Falso Profeta (vv. 14,15). Essa Besta também surge como o principal adversário terreno de Cristo (Ap 19.19). Embora o livro de Apocalipse nunca aplique expressamente o título a ele, a maioria dos estudantes das profecias bíblicas associam a Besta com *o Anticristo* mencionado em I João 2.18; 4.3. Ele é o último falso cristo.

Guerras e rumores de guerras. As dores de parto do tempo do fim também incluirão guerras e a ameaça de guerras em uma escala sem precedentes. "E ouvireis de guerras e de rumores de guerras" (Mt 24.6). O tempo verbal sugere uma ação contínua — literalmente, "ouvireis". Em outras palavras, haverá uma conversa constante a respeito dessas coisas, algumas delas verdadeiras ("guerras"), e outras que serão meros boatos ("rumores de guerras"). O assunto de guerra dominará a conversação pública. Este foi realmente o caso desde o início até o fim do século XX. O século inteiro foi dominado pelas conversas a respeito de guerras — guerras mundiais, guerras frias, "ações militares", guerras civis, conflitos de fronteira, terrorismo e revoluções de vários tipos. Até mesmo o termo "missão de paz" freqüentemente se mostra um eufemismo para a guerra.

Sem dúvida alguma, essa mesma situação será intensificada durante a Tribulação. Outra vez, a analogia das dores de parto sugere que a conversa a respeito de guerras aumentará firmemente em freqüência e intensidade à medida que a volta de Cristo se aproximar. De fato, a Escritura ensina que Cristo voltará em meio a uma enorme batalha de proporções sem precedentes, e o resultado de seu aparecimento será o maior holocausto, derramamento de sangue e carnificina que o mundo já viu (Ap 19.19-21).

O início das "guerras e rumores de guerras" é o passo necessário que conduz à volta de Cristo — apenas mais uma dor que sinaliza a aproximação do parto. Toda a conversa a respeito de guerras pode fazer parecer que o fim do mundo já tenha chegado, mas ela apenas marca o início do fim: "(...) não vos assusteis, porque é mister que isso tudo aconteça, mas ainda não é o fim" (Mt 24.6).

Fomes, e pestes, e terremotos, em vários lugares. O início das dores de parto também gerará um aumento de desastres naturais sem precedentes. O versículo paralelo, em Lucas 21.11, acrescenta alguns detalhes adicionais: "e haverá, em vários lugares, grandes terremotos, e fomes, e pestilências; haverá também coisas espantosas e grandes sinais do céu". Os "sinais do céu" que Lucas menciona podem incluir asteróides, fragmentos de um cometa, ou desastres cósmicos similares. O profeta Joel falou várias vezes sobre o escurecimento do sol e da lua (2.10, 31; 3.15; cf. Is 13.10; Ap 6.12), sugerindo que esses sinais cósmicos por fim alcançarão proporções épicas quando as dores de parto se tornarem mais intensas.

Esse terceiro sinal de dores de parto torna inevitavelmente claro que as aflições das dores de parto são uma demonstração do juízo de Deus. Pelo fato de o engano religioso e a guerra envolverem atos humanos deliberados, alguns poderiam ser relutantes em concluir que eles representam algum tipo de juízo divino. Pestilências e fomes são freqüentemente *conseqüências* imediatas de pecado, de forma que alguns também poderiam sugerir que Deus não tem qualquer participação nesses eventos. Mas terremotos e catástrofes cósmicas são atos diretos e inegáveis de Deus. (A Escritura realmente ensina que o engano religioso e a guerra, bem como todas as conseqüências naturais do pecado humano, freqüentemente representam juízo divino. Veja 2 Ts 2.11,12; Jl 3.9,10.) Assim *todos* os sinais de dores de parto são expressões de juízo divino. Deus exerce o controle soberano e providencial sobre todas as aflições e catástrofes, e o seu aumento repentino e dramático significará que Ele estará começando a derramar o seu juízo sobre a Terra.

O aumento global de doenças, fome e desastres naturais atormentará a humanidade. Parecerá como se o próprio mundo estivesse começando a se desintegrar. E de certo modo, é exatamente isso que estará acontecendo. Deus retirará a sua misericórdia providencial (cf. Lm 3.22). Ele liberará todas as conseqüências do pecado. E permitirá que as repercussões totais da maldição sejam sentidas nos desastres naturais que ocorrerem. Todas as forças destrutivas do mal serão soltas.

Mesmo assim, estas são meramente dores de parto, o início do trabalho de parto, "o princípio das dores" (Mt 24.8). As coisas vão ficar piores. Essas dores de parto trazem a "tribulação". "A *Grande* tribulação" ainda está por vir. E o estado de temor e agouro que tomará conta de um mundo incrédulo naqueles dias indescritíveis será certamente terrível.

Outra vez, o relato de João no livro de Apocalipse faz exatamente um paralelo com o que Cristo prediz aqui. Na visão de João, quando Cristo abre o quarto selo do título de propriedade da terra, a morte e o inferno são soltos. "(...) e foi-lhes dado [Morte e inferno] poder para matar a quarta parte da terra com espada, e com fome, e com peste, e com as feras da terra" (6.8b). Essas coisas correspondem exatamente às fomes e pestes registradas em Mateus 24.7.

Então, ao abrir o sexto selo, um terrível terremoto — talvez uma série de grandes terremotos ao longo das bordas das placas tectônicas da Terra — provocará uma devastação global. E isto elevará o senso mundial de pânico e terror a proporções maiores, nunca vistas:

> *E, havendo aberto o sexto selo, olhei, e eis que houve um grande tremor de terra; e o sol tornou-se negro como saco de cilício, e a lua tornou-se como sangue. E as estrelas do céu caíram sobre a terra, como quando a figueira lança de si os seus figos verdes, abalada por um vento forte. E o céu retirou-se como um livro que se enrola; e todos os montes e ilhas foram removidos do seu lugar. E os reis da terra, e os grandes, e os ricos, e os tribunos, e os poderosos, e todo servo, e todo livre se esconderam nas cavernas e nas rochas das montanhas.*
>
> – Apocalipse 6.12-15

Isso retrata a catástrofe global em uma escala sem precedentes, desde o Dilúvio de Noé. Inclui os "terremotos em vários lugares" de Mateus 24.7 bem como o temível fenômeno cósmico descrito na passagem paralela de Lucas 21.11.

Mas novamente, de acordo com o que Cristo disse em Mateus 24.8, "todas essas coisas são [apenas] o princípio das dores".

O livro de Apocalipse explica o que Cristo quer dizer com isso. João continua descrevendo como o sétimo selo é aberto, e sete anjos aparecem diante do Todo-Poderoso. Cada um recebe uma trombeta, simbolizando um juízo de Deus. Incenso é oferecido ao Eterno em um incensário de ouro, e João diz que o incenso representa as orações dos santos. Para ser exato, nessas orações está sendo pedido que Deus se levante e decrete a justiça contra os seus inimigos (Ap 8.3,4).

Um anjo toma o incensário, enche-o de fogo do altar e lança-o à Terra, simbolizando que essas orações por justiça foram ouvidas, e o juízo de Deus está prestes a cair. Então os anjos com as trombetas se preparam para tocar (vv. 5,6). O que acontece em seguida é assustador:

> *E o primeiro anjo tocou a trombeta, e houve saraiva e fogo misturado com sangue, e foram lançados na terra, que foi queimada na sua terça parte; queimou-se a terça parte das árvores, e toda a erva verde foi queimada. E o segundo anjo tocou a trombeta; e foi lançada no mar uma coisa como um grande monte ardendo em fogo, e tornou-se em sangue a terça parte do mar. E morreu a terça parte das criaturas que tinham vida no mar; e perdeu-se a terça parte das naus. E o terceiro anjo tocou a trombeta, e caiu do céu uma grande estrela, ardendo como uma tocha, e caiu sobre a terça parte dos rios e sobre as fontes das águas. E o nome da estrela era Absinto, e a terça parte das águas tornou-se em absinto, e muitos homens morreram das águas, porque se tornaram amargas. E o quarto anjo tocou a trombeta, e foi ferida a terça parte do sol, e a terça parte da lua, e a terça parte das estrelas, para que a terça parte deles se escurecesse, e a terça parte do dia não brilhasse, e semelhantemente a noite. E olhei e ouvi um anjo voar pelo meio do céu, dizendo com grande voz: Ai! Ai! Ai dos que habitam sobre a terra, por causa das outras vozes das trombetas dos três anjos que hão de ainda tocar!*
>
> – Apocalipse 8.7-13

Contudo, até mesmo catástrofes gigantescas como essas *ainda* são meramente o prelúdio de um juízo muito maior que estará por vir. De modo espantoso, Apocalipse 16 descreve um terremoto muito pior do que aquele mencionado em Apocalipse 6. As dores de parto continuam a piorar, “mas ainda não é o fim” (Mt 24.6).

Perseguição dos justos. Aqueles que se converterem durante o período da Tribulação pagarão um preço tremendamente alto em termos de sofrimento e perseguição. Jesus disse: "Então, vos hão de entregar para serdes atormentados e matar-vos-ão; e sereis odiados de todas as gentes por causa do meu nome" (v. 9). O verbo grego traduzido como "entregar" é *paradidomi*, e era usado freqüentemente para falar de prisão e encarceramento. É a mesma palavra usada para descrever a prisão de João Batista em Mateus 4.12 ("João estava preso"). Ele também é traduzido como "traiu" em Mateus 10.4; 17.22, e 20.18, descrevendo o ato de traição de Judas contra Cristo. Na verdade, a mesma palavra é empregada justamente em um versículo posterior, bem aqui no Sermão Profético. Em Mateus 24.10, ele é novamente traduzido como "trair", sugerindo que algumas das perseguições que Jesus está descrevendo aqui serão instigadas pelas pessoas que fingiram ser simpatizantes da fé.

Traição e prisão não serão as únicas nem as piores perseguições que os crentes enfrentarão. Muitos serão mortos por causa de sua fé. *Todos* serão odiados "de todas as gentes" por causa de Cristo. Uma passagem paralela em Marcos sugere que as perseguições dos fiéis incluirão governos terrenos: "Mas olhai por vós mesmos, porque vos entregarão aos concílios e às sinagogas; sereis açoitados e sereis apresentados ante governadores e reis, por amor de mim, para lhes servir de testemunho" (Mc 13.9). Esses "concílios" parecem representar as cortes gentias, e "sinagogas" obviamente falam das autoridades judaicas. A perseguição virá de ambos os grupos, e "governadores e reis" emprestarão seu apoio.

A perseguição do mundo aos crentes é uma expressão de ódio cego a Deus. O relato do terremoto feito por João em Apocalipse 6.15-17 sugere que as pessoas da Terra *sabem* que esses sinais de dores de parto são precursores do juízo de Deus, e mesmo assim endurecem ainda mais seus corações contra Ele:

> *E os reis da terra, e os grandes, e os ricos, e os tribunos, e os poderosos, e todo servo, e todo livre se esconderam nas cavernas e nas rochas das montanhas e diziam aos montes e aos rochedos: Caí sobre nós e escondei-nos do rosto daquele que está assentado sobre o trono e da ira do Cordeiro, porque é vindo o grande Dia da sua ira; e quem poderá subsistir?*

Com total conhecimento de que o juízo de Deus é a fonte de suas aflições, em vão eles tentam se esconder dEle e continuam em seu ódio cego a Ele, em vez de se arrependerem de suas próprias injustiças. E visto que não podem fazer absolutamente nada contra Deus, atacam violentamente o seu povo.

Com a mão restringente de Deus retirada para permitir que a impiedade se desenvolva sem empecilhos, Satanás será solto para agir no mundo da forma mais maligna possível. Os governadores da Terra, em conivência uns com os outros e em puro ódio a Deus, abandonarão a sua lei moral e darão ao povo liberdade na expressão de suas injustiças. E com a amplitude sem precedentes dada às pessoas que odeiam a Deus para buscar suas más ambições, os crentes sofrerão perseguição como nunca antes.

Outra vez, as tribulações preditas no livro de Apocalipse correspondem, precisamente, às palavras de Jesus aqui. O apóstolo João descreve o que viu quando o quinto selo do livro foi aberto: ele viu as almas dos santos martirizados debaixo do altar celestial, clamando a Deus por justiça. "E clamavam com grande voz, dizendo: Até quando, ó verdadeiro e santo Dominador, não julgas e vingas o nosso sangue dos que habitam sobre a terra?" (Ap 6.10)

Para alguns pode parecer que Deus não responde aos clamores desses mártires. Eles lhe suplicam pedindo que o Todo-Poderoso pare com o derramamento de sangue, que poupe o seu povo de mais matança e que aja contra os malfeitores. Mas note o que lhes é dito: "(...) foi-lhes dito que repousassem ainda um pouco de tempo, até que também se completasse o número de seus conservos e seus irmãos que haviam de ser mortos como eles foram" (v. 11; cf. 11.7; 13.7; 17.6).

À primeira vista, essa resposta pode parecer fria e indiferente. Mas pense em suas implicações. Isso sugere que há um número de santos a serem martirizados. Enquanto o sofrimento continua, pode parecer que a torrente de martírios não tem fim. Mas *há* um fim para o sofrimento e esse fim já está fixado pelo próprio Deus. Ele estabeleceu um limite além do qual não será permitido que as forças do mal operem (cf. Mt 24.22).

Obviamente, então, Deus também tem um propósito ao permitir o martírio de tantas pessoas. Podemos nos encorajar grandemente considerando toda essa situação, porque isso demonstra que mesmo quando as coisas na Terra parecerem fora de controle, quando finalmente parecer que Satanás e as forças do mal na verdade obtiveram vantagem, Deus ainda estará no controle. Ele permite que aqueles que fazem o mal vão até certo ponto, até um limite determinado, e nunca além deste.

Além disso, se Deus tem um propósito ao permitir que o seu povo sofra tanto, então sabemos que é um *bom* propósito, porque todos os seus propósitos são bons, justos e perfeitos. Portanto, esses martírios têm um propósito. Eles cumprem algum bom propósito; e embora não saibamos *o que* ou *qual* seja esse propósito — e este pode ser um mistério para aqueles que estejam sofrendo — todos podem descansar na promessa de que Deus usará, amavelmente, aflições tão severas quanto essas, para o bem final do seu povo (Rm 8.28).

E virá o dia em que os propósitos de Deus, ao permitir essas coisas, tornar-se-ão claros para nós. Quando isso ocorrer, confessaremos, juntamente com os próprios mártires, que Deus merece o nosso mais elevado louvor por tudo quanto Ele tem feito. O apóstolo João viu até mesmo isso suceder em sua visão. No capítulo seguinte ele descreve "uma multidão, a qual ninguém podia contar, de todas as nações, e tribos, e povos, e línguas, que estavam diante do trono e perante o Cordeiro, trajando vestes brancas e com palmas nas suas mãos; e clamavam com grande voz, dizendo: Salvação ao nosso Deus, que está assentado no trono, e ao Cordeiro" (Ap 7.9,10).

Quem são essas pessoas? Um dos anciãos retoricamente fez ao apóstolo João essa mesma pergunta. João escreve: "E eu disse-lhe: Senhor, tu sabes. E ele disse-me: Estes são os que vieram de grande tribulação, lavaram as suas vestes e as branquearam no sangue do Cordeiro" (v. 14).

Em outras palavras, até mesmo os próprios mártires, vítimas das piores atrocidades jamais perpetradas pelas forças do mal, no final glorificarão a Deus no céu por sua bondade a eles. Este deve ser um grande estímulo em meio às nossas provações relativamente insignificantes aqui e agora — porque isso significa que está chegando o dia em que reconheceremos a sabedoria e a bondade de Deus, mesmo ao permitir as coisas más que acontecem conosco. Quando finalmente virmos essas provações da perspectiva do céu, louvaremos a Deus por elas.

Em meio às nossas tribulações, porém, é fácil demais sermos distraídos pelo nosso próprio sofrimento e dor, tirarmos os nossos olhos do Deus soberano, esquecermo-nos de que Ele promete realizar todas as coisas para o nosso bem e tornarmo-nos tão obcecados com as próprias provações, a ponto de ficarmos desanimados. Esse tipo de desânimo enfraquece a fé, como é revelado nos próximos sinais de dores de parto.

Deserção dos falsos crentes. As dificuldades da Tribulação gerarão tanta perseguição e um desprezo tão generalizado pelos crentes que muitos que professarem amor a Cristo, pessoas que se considerarem amigas da verdade, sucumbirão à pressão. Eles irão abandonar a fé, virar-se contra outros crentes, e depois de se fazerem passar por seus seguidores, até mesmo atacarão e distorcerão a própria verdade, desviando as pessoas do evangelho salvador de Cristo. Assim, o já minúsculo remanescente de crentes será reduzido pelos apóstatas e traidores. Jesus descreve essa dor de parto: "Nesse tempo, muitos serão escandalizados, e trair-se-ão uns aos outros, e uns aos outros se aborrecerão. E surgirão muitos falsos profetas e enganarão a muitos. E, por se multiplicar a iniqüidade, o amor de muitos se esfriará. Mas aquele que perseverar até ao fim será salvo" (Mt 24.10-13).

Esses desertores não são crentes autênticos, que desertam. São pessoas que talvez tenham um interesse intelectual no cristianismo, que são atraídos a Cristo somente em algum sentido exterior. Identificam-se com Ele verbalmente e superficialmente. Até fingem amá-lo. Em todas as aparências exteriores se parecem com os crentes verdadeiros. Mas a sua fé chega apenas à margem da realidade. Eles retêm algo e guardam dúvidas secretas a respeito de Cristo — que é realmente o mesmo tipo de desprezo clandestino e dissimulado que Judas teve por Ele. De certa forma, eles chegam à beira do compromisso verdadeiro e total com Ele. E quando a perseguição e o medo se intensificam, eles simplesmente não conseguem resistir. Quando os crentes são odiados, presos e mortos por amor a Cristo, esses pseudo-seguidores desertam, provando assim que jamais pertenceram verdadeiramente ao Senhor. "Saíram de nós, mas não eram de nós; porque, se fossem de nós, ficariam conosco; mas isto é para que se manifestasse que não são todos de nós" (I Jo 2.19).

Pior ainda, muitos desses desertores irão se tornar os principais perseguidores do povo de Deus. E farão isso das maneiras mais abomináveis e nefandas. "E o irmão entregará à morte o irmão, e o pai, o filho; e levantar-se-ão os filhos contra os pais e os farão morrer" (Mc 13.12; cf. Lc 21.16).

Há três motivos pelos quais muitos apostatarão:

- *O preço será alto demais* (Mt 24.9,10). A princípio, os seguidores têm motivos egoístas ou meramente altruístas para se identificarem com o povo de Deus. Mas o custo de professar lealdade a Cristo logo se mostrará alto demais; isso porque eles mesmos se tornarão alvos de perseguição, e isto os afastará. Eles são exemplos clássicos da ilustração que o Senhor Jesus Cristo expressou na parábola do semeador, sim, da terra que não tinha profundidade: "(...) o que foi semeado em pedregais é o que ouve a palavra e logo a recebe com alegria; mas não tem raiz em si mesmo; antes, é de pouca duração; e, chegada a angústia e a perseguição por causa da palavra, logo se ofende" (Mt 13.20,21). Mas, como o próprio Senhor Jesus disse, também haveria alguns seguidores ansiosos demais, e que não estavam realmente preparados para entregar tudo a Ele: "Ninguém que lança mão do arado e olha para trás é apto para o Reino de Deus" (Lc 9.62b).
- *O engano será muito convincente.* A deserção de crentes professos fará surgir toda uma nova onda de falsos profetas. Eles poderão surgir principalmente das fileiras dos próprios desertores. "E surgirão muitos falsos profetas e enganarão a muitos" (Mt 24.11). Talvez por terem, alguma vez, professado lealdade a Cristo, esses falsos profetas serão particularmente eficientes em seu engano e desviarão a muitos consigo.
- *O engodo do pecado será muito atrativo.* "E, por se multiplicar a iniqüidade, o amor de muitos se esfriará" (v. 12). A iniqüidade será abundante. As pessoas não tentarão mais esconder os seus pecados. O

pecado será exibido abertamente (como está acontecendo de modo crescente mesmo hoje). E uma vez que o amor é que cumpre a lei moral de Deus (Rm 13.8-10; Gl 5.14; Tg 2.8), a abundância da imoralidade trará uma frieza sobre o amor autêntico. As pessoas, portanto, serão suscetíveis às tentações do pecado como nunca antes, e muitos que não têm raízes profundas, que certa vez afirmaram ter comunhão com Cristo, demonstrarão que, na verdade, são amigos do mundo (cf. Tg 4.4).

A perseguição é prometida a todos os crentes autênticos, e a perseverança é exigida de todos eles. "E também todos os que piamente querem viver em Cristo Jesus padecerão perseguições" (2 Tm 3.12). "Não é o discípulo mais do que o mestre, nem é o servo mais do que o seu senhor. Basta ao discípulo ser como seu mestre, e ao servo ser como seu senhor. Se chamaram Belzebu ao pai de família, quanto mais aos seus domésticos?" (Mt 10.24,25) O verdadeiro crente deve estar disposto a sofrer como Cristo sofreu. "E quem não toma a sua cruz e não segue após mim não é digno de mim" (Mt 10.38).

Mas os crentes verdadeiros *perseverarão*, porque o próprio Deus garante a perseverança deles. "(...) porei o meu temor no seu coração, para que nunca se apartem de mim" (Jr 32.40b). Eles "mediante a fé" estão "guardados na virtude de Deus, para a salvação" (1 Pe 1.5). Por exemplo, Jesus disse: "As minhas ovelhas ouvem a minha voz, e eu conheço-as, e elas me seguem; e dou-lhes a vida eterna, e nunca hão de perecer, e ninguém as arrebatará das minhas mãos" (Jo 10.27,28).

O evangelho anunciado ao mundo inteiro. O último sinal das dores de parto é notavelmente diferente em caráter de todos os outros: "E este evangelho do Reino será pregado em todo o mundo, em testemunho a todas as gentes, e então virá o fim" (v. 14). Em meio a tanto engano — falsos messias, falsos mestres e falsos profetas — com tantas guerras, pestes, dificuldades e desastres, enquanto os crentes estiverem sendo mortos e perseguidos, e enquanto falsos crentes estiverem desertando de suas fileiras, o evangelho continuará a ser anunciado. Embora possa parecer que Satanás esteja tendo o seu apogeu, o Senhor Jesus Cristo não ficará sem uma testemunha.

Como é que o evangelho será pregado? Por meios naturais e sobrenaturais. Os 144.000 que são selados em Apocalipse 7 anunciarão o evangelho. Posteriormente, duas testemunhas receberão um extraordinário poder para anunciar o evangelho e comprovar a sua autoridade com grandes sinais e maravilhas (Ap 11.3-6) — e por fim chegarão até mesmo a ressuscitar dos mortos diante dos olhos do mundo (v. 11). E em Apocalipse 14, exatamente antes do derramamento das taças do juízo, Deus envia um anjo do céu com "o evangelho eterno, para o proclamar aos que habitam sobre a terra, e a toda nação, e tribo, e língua, e povo, dizendo com grande voz: Temei a Deus e dai-lhe glória, porque vinda é a hora do seu juízo. E adorai aquele que fez o céu, e a terra, e o mar, e as fontes das águas" (Ap 14.6,7).

Esse anjo é um mensageiro celestial sobrenatural que usará algum meio extraordinário para transmitir a mensagem do evangelho ao mundo.

E, infelizmente, o resultado — como com todos os sinais das dores de parto —será apenas mais juízo para aqueles que viverem na Terra. Todos, menos os remanescentes, irão se fazer de surdos para a mensagem. Na verdade, as pessoas ímpias até mesmo se levantarão em rebelião contra Deus (Ap 9.20,21).

Mas depois que o evangelho for anunciado, o dia da salvação para a humanidade terminará (cf. 2 Co 6.2). "*E então virá o fim*"(Mt 24.14). A paciência de Deus finalmente chegará ao fim, e Ele colocará em ação a sua santa vingança. A primeira fase de trabalho de parto — "o princípio das dores" — estará terminada. A partir daqui, o mundo estará em suas etapas finais antes da volta de Cristo para estabelecer o seu Reino. Mas as coisas se tornarão piores, antes de ficarem melhores.

Cinco

A Grande Tribulação

Jerusalém será um grande foco de conflito mundial durante a Tribulação. Tudo o que a Escritura diz sobre o tempo do fim confirma isso. Zacarias apresentou este resumo sucinto dos eventos que ocorrerão no Dia do Senhor:

> *Eis que vem o dia do Senhor, em que os teus despojos se repartirão no meio de ti. Porque eu ajuntarei todas as nações para a peleja contra Jerusalém; e a cidade será tomada, e as casas serão saqueadas, e as mulheres, forçadas; e metade da cidade sairá para o cativeiro, mas o resto do povo não será expulso da cidade. E o Senhor sairá e pelejará contra estas nações, como pelejou no dia da batalha. E, naquele dia, estarão os seus pés sobre o monte das Oliveiras, que está defronte de Jerusalém para o oriente; e o monte das Oliveiras será fendido pelo meio, para o oriente e para o ocidente, e haverá um vale muito grande; e metade do monte se apartará para o norte, e a outra metade dele, para o sul.*
>
> – Zacarias 14.1-4

Várias outras passagens da Escritura também indicam que o prelúdio imediato da volta de Cristo será a disposição dos exércitos do mundo, posicionando-se para a batalha contra Jerusalém. A visão apocalíptica do apóstolo João começa a atingir o seu clímax quando as forças militares do mundo se reúnem no vale de Megido ("Armagedom") para batalhar contra Jerusalém. Todos os acontecimentos na era da Tribulação avançam para um conflito grande e final. E em perfeita harmonia com a antiga profecia de Zacarias, o apóstolo João prevê a volta de Cristo bem no meio dessa batalha cataclísmica (Ap 19.11-14, 19).

Jerusalém Cercada por Exércitos

No relato do Sermão Profético registrado por Lucas, Jesus disse: "Quando virdes Jerusalém cercada de exércitos, sabei, então, que é chegada a sua desolação" (Lc 21.20). Seu conselho para os fiéis durante esse período foi: "Então, os que estiverem na Judéia, que fujam para os montes; os que estiverem no meio da cidade, que saiam; e, os que estiverem nos campos, que não entrem nela. Porque dias de vingança são estes, para que se cumpram todas as coisas que estão escritas" (vv. 21,22).

"Jerusalém cercada de exércitos" é na verdade uma visão bastante familiar. Jerusalém foi atacada por Roma no famoso e devastador cerco do ano 70 d.C. Milhares de pessoas realmente fugiram para as montanhas, e muitas mais viajaram como refugiados para diversas partes do mundo. Josefo escreveu um registro daqueles dias terríveis quando os exércitos de Tito Vespasiano cercaram e atacaram a cidade até

> ... não terem mais pessoas para matar ou para saquear, porque não sobrou ninguém para ser objeto de sua fúria (porque eles não teriam poupado ninguém se tivesse sobrado qualquer outro trabalho para ser feito). César deu ordens para que agora demolissem a cidade inteira e o Templo, mas que fossem deixadas [três torres e uma porção do muro da cidade] a fim de demonstrar para a posteridade que tipo de cidade era ela, como era bem fortificada, e que a bravura romana tinha subjugado. Mas, no que diz respeito

> a todo o restante do muro, ele foi tão completamente demolido por aqueles que cavaram até os alicerces, que *não restou absolutamente nada que fizesse com que alguém acreditasse que alguma vez tenha sido habitada* (*Guerra dos Judeus*, 7.1.1, ênfase do autor).

No entanto, estes não foram, nas palavras de Lucas 21.22, os "dias de vingança" quando se cumpririam todas as coisas que foram escritas. Cristo não voltou visivelmente no ano 70 d.C. Os exércitos adversários não foram derrotados pela sua presença. Todo o Israel não foi salvo. Os judeus não foram enxertados de volta na oliveira. Há muita coisa pertencente ao Dia do Senhor e à sua vingança contra o pecado que ainda aguarda cumprimento.

Na Idade Média, especialmente durante as Cruzadas, Jerusalém foi, em muitas ocasiões, cercada por exércitos. A Cidade Santa foi atacada repetidas vezes. E o controle da cidade mudou de mãos em um número sem conta desde o início da Primeira Cruzada em 1095 d.C. até a época de Suleiman, o Magnífico, o grande Sultão Otomano, no início de 1500. (Os muros de pedra e ameias circundando a Cidade Antiga de Jerusalém hoje são, na verdade, fortificações muito recentes, construídas no início do século XVI por Suleiman, um lembrete visível de que Jerusalém freqüentemente esteve "cercada de exércitos").

Mesmo hoje Jerusalém está cercada por nações hostis cujos exércitos estão em constante estado de prontidão para guerrear contra Israel. Depois que o estado moderno de Israel foi declarado em 1948, uma guerra de independência deixou a cidade de Jerusalém dividida, com a Jordânia retendo o controle sobre a Cidade Antiga (incluindo o monte do Templo e a maior parte dos locais históricos). Finalmente, durante a Guerra de Seis Dias em 1967, forças israelenses tomaram a Cidade Antiga e reunificaram toda Jerusalém. A cidade ficou sob o controle judeu pela primeira vez em muitos séculos.

Mais de trinta anos depois, porém, Jerusalém permanece no centro do conflito israelense-palestino, com muitos líderes árabes em todo o mundo insistindo que a Cidade Antiga e toda a parte oeste são, por direito, territórios palestinos, e devem ser finalmente devolvidos como uma condição de paz.

E assim Jerusalém está "cercada de exércitos" em um sentido figurado neste exato momento, e a situação política no Oriente Médio é tão inconstante, que um ajuntamento literal de exércitos contra Jerusalém não é de forma alguma uma perspectiva improvável mesmo em nosso tempo.

Portanto, se o ajuntamento de exércitos contra Jerusalém deve ser um sinal, como o texto em Lucas 21.20 sugere, como esse sinal pode ser diferenciado de todas estas outras vezes, ao longo de toda a história, em que a cidade esteve sob cerco?

O relato do Sermão Profético registrado por Mateus responde a essa pergunta.

A Abominação da Desolação

De acordo com os evangelistas Mateus e Marcos, Jesus descreveu o ponto crítico da Tribulação nestes termos: "Quando, pois, virdes que a abominação da desolação, de que falou o profeta Daniel, está no lugar santo (quem lê, que entenda), então, os que estiverem na Judéia, que fujam para os montes" (Mt 24.15,16).

Portanto, o sinal definitivo de que todas essas coisas acontecerão em breve será o cumprimento da profecia de Daniel sobre a abominação da desolação. Note a observação parentética "quem lê, que entenda". Isso poderia ser algo que Jesus realmente disse como parte do Sermão Profético (Marcos também inclui essa colocação), ou poderia ser um mandamento editorial inspirado por Deus e acrescentado parenteticamente quando o texto foi entregue para ser escrito por Mateus e Marcos. Seja qual for o caso, ele sublinha o fato de que os acontecimentos que Jesus descreve nesse sermão pertencem ao futuro profético. Há uma camada importante de significado além daquilo que é óbvio: *quem lê, que entenda*. A mensagem claramente vai além dos próprios discípulos, e fala de um modo em particular de uma geração futura de leitores que irá, na verdade, ver todos esses acontecimentos transcorrerem.

A palavra *abominação* fala de algo revoltante, repulsivo, detestável e totalmente abominável a Deus. Apocalipse 21.27 diz que não será permitido entrar no céu nada que "cometa abominação". Por toda a Escritura o termo *abominação* é aplicado a atos de idolatria, imoralidade e impureza espiritual. A religião pagã foi particularmente julgada abominável. Em Apocalipse 17 o termo é aplicado a um sistema religioso consumado e falso, representado na visão de João por uma mulher em cuja testa estava escrito "MISTÉRIO, A GRANDE BABILÔNIA, A MÃE DAS PROSTITUIÇÕES E ABOMINAÇÕES DA TERRA" (v. 5b).

O que Jesus está descrevendo é uma abominação monstruosa que causa grande desolação. A desolação em si não é o que é intrinsecamente abominável, mas a abominação — algo como um ato de flagrante idolatria — que resulta em uma devastação e ruína generalizada, muito provavelmente dando início a uma guerra.

Jesus se refere a essa abominação como algo "de que falou o profeta Daniel". Na verdade, Daniel menciona a abominação da desolação três vezes. Uma está em Daniel 9.27. Examinamos essa passagem e o contexto da profecia de Daniel sobre as setenta semanas no Capítulo 4. Mas o profeta menciona e posteriormente explica a abominação da desolação duas vezes mais em sua profecia, em Daniel 11.31 e 12.11. Essas passagens espargem ainda mais luz sobre aquilo que Jesus quis dizer.

Todo o livro está posicionado em meio a algumas profecias fascinantes e detalhadas sobre a ascensão e queda dos impérios mundiais, nas quais Daniel (escrevendo no século VI a.C.) predisse corretamente a ascensão e a sucessão de vários impérios mundiais, incluindo a Babilônia, a Pérsia, a Grécia e Roma. Todo esse tema começa em Daniel 2, quando Nabucodonosor, rei da Babilônia, tem um sonho misterioso que deixa uma profunda impressão em sua mente. Mas depois disso ele não consegue se lembrar do que sonhou, até que o sonho e a sua interpretação são revelados por Deus a Daniel, que, por sua vez, havia sido exilado no cativeiro babilônico e estava servindo como um conselheiro na corte de Nabucodonosor.

Daniel revela o sonho, que envolve uma estátua gigantesca com a cabeça de ouro, peito e braços de prata, ventre e coxas de cobre, pernas de ferro, e os pés, em parte de ferro e em parte de barro (vv. 31-33). A sua interpretação do sonho é um relato detalhado da história mundial até o Império Romano, inclusive. A cabeça de ouro representa Nabucodonosor (v. 38). Os outros segmentos da imagem representam sucessivos reinos, representando a Pérsia, então a Grécia e depois

Roma. Os detalhes descritos por Daniel são bastante notáveis, incluindo as profecias que foram cumpridas literalmente pelas figuras históricas tais como Ciro (primeiro rei da Pérsia), Alexandre o Grande (conquistador da Pérsia e fundador do Império Macedônio), Ptolomeu e Seleuco (dois dos generais de Alexandre), e as dinastias que eles fundaram — os reinos ptolemaico e selêucida. A exatidão das profecias de Daniel é uma das principais razões para os críticos terem atacado esse livro com tal fervor, insistindo que ele não poderia realmente ter sido escrito por Daniel durante o cativeiro dos judeus.

Daniel 11.31 está no meio de uma seção que descreve um grande conflito entre dois reis — um do sul, o outro do norte (Dn 11.5-45). "O rei do sul" representa a dinastia ptolemaica (príncipes do Egito), e "o rei do norte" é uma referência à dinastia selêucida (príncipes da Síria). Embora as duas dinastias tenham sido originalmente amigáveis, surgiu entre elas uma tensão sobre o controle da terra de Israel que, por fim, levou-as a guerrear.

Daniel 11.21 descreve alguém que sobe ao trono selêucida: "(...) um homem vil, ao qual não tinham dado a dignidade real; mas ele virá caladamente e tomará o reino com engano". Quase todos os estudantes da Escritura reconhecem isso como uma referência ao último dos principais reis selêucidas, Antíoco IV.

Antíoco ascendeu ao trono quando seu irmão, Seleuco IV, foi envenenado por um coletor de impostos corrupto, chamado Heliodoro, que esperava usurpar o trono para si mesmo. O herdeiro ao trono por direito era Demétrio, filho de Seleuco IV, mas conspiradores leais a Heliodoro o mantiveram refém em Roma. Antíoco IV, aproveitando-se das circunstâncias, expulsou Heliodoro e reivindicou o trono para si mesmo. Assim como a profecia de Daniel havia indicado, ele se apoderou do trono por intriga, mas sem guerra, pois não teria direito a ele.

Antíoco tomou para si mesmo o título de "Epifânio", significando "o manifestado" ou "o esplêndido" — o que foi, para todos os propósitos práticos, uma reivindicação de divindade para si mesmo. Mas os seus inimigos, variando a palavra ligeiramente, chamaram-lhe de "Epimanes" (ou "Epimânio"), significando "louco".

Fingindo ser o defensor de Jerusalém, Antíoco foi à guerra contra o Egito, e então usou despojos saqueados do Egito para ganhar apoio de pessoas influentes em Israel. Isso parece ser precisamente o que Daniel profetizou em 11.24: "Virá também caladamente aos lugares mais férteis da província e fará o que nunca fizeram seus pais, nem os pais de seus pais; repartirá entre eles a presa, e os despojos, e a riqueza e formará os seus projetos contra as fortalezas, mas por certo tempo".

A história registra que enquanto ele se preparava para lançar um ataque final contra o Egito em 168 a.C., recebeu ordens de Roma via Chipre (onde a frota romana ficava ancorada na época) de que não deveria fazer guerra contra os de Ptolomeu. Antíoco, humilhado, mas não querendo ir contra Roma e Egito, relutantemente saiu do Egito, e em seu caminho de volta à Síria decidiu dar vazão à sua fúria, atacando Jerusalém. Isso é precisamente o que Daniel havia predito mais de três séculos antes: "Porque virão contra ele navios de Quitim, que lhe causarão tristeza; e voltará, e se indignará contra o santo concerto, e fará como lhe apraz" (11.30).

Dois livros apócrifos, 1 e 2 Macabeus, registram a traição de Antíoco. Ele entrou em Jerusalém sob o pretexto de paz. Então esperou até o sábado e ordenou que seu exército — de mais de 250.000 homens — executasse uma carnificina geral contra os judeus. Eles encontraram pouca resistência em virtude da rígida observância dos judeus às leis do sábado (2 Macabeus 5.24-26). Antíoco então deliberadamente colocou vários apóstatas judeus (inimigos da aliança de Israel com Jeová) no poder sobre a cidade ocupada, cumprindo outra vez a profecia de Daniel ao pé da letra: "(...) e ainda voltará e atenderá aos que tiverem desamparado o santo concerto" (Dn 11.30c). Ele então passou deliberadamente a profanar o Templo, sacrificando um porco (um animal imundo ou proibido, conforme Lv 11.7) sobre o altar e forçando os sacerdotes a comerem a sua carne.

Seu plano, além disso, era estabelecer uma nova religião que fosse própria, um tipo de adoração totalmente pagã que era uma zombaria do judaísmo.

> *O rei [Antíoco] baixou um decreto, determinando que o reino inteiro formasse um povo só, e cada qual deixasse de lado seus costumes particulares. Todas as nações obedeceram ao decreto do rei. Entre os israelitas, muitos*

> *gostaram da religião do rei e passaram a oferecer sacrifícios aos ídolos e a profanar o sábado. Além disso, através de mensageiros, o rei mandou a Jerusalém e às cidades de Judá um documento com várias ordens: Tinham que adotar a legislação estrangeira; proibia oferecer holocaustos, sacrifícios e libações no Templo e também guardar os sábados e festas; mandava contaminar o santuário e objetos sagrados, construindo altares, templos e oratórios para os ídolos, e imolar porcos e outros animais impuros; ordenava que não circundassem os filhos e que profanassem a si próprios com todo o tipo de impurezas e abominações, esquecendo a Lei e mudando todos os costumes. Quem não obedecia à ordem, incorria em pena de morte.* (I Macabeus I.41-50)

Em outras palavras, era proibido para qualquer pessoa observar as leis alimentares do Antigo Testamento, as leis do sábado, a circuncisão ou qualquer outra coisa distintamente judaica. Note que o objetivo declarado de Antíoco era "que o reino inteiro formasse um povo só". Em outras palavras, ele queria estabelecer uma nova religião em um mundo unificado, começando por Jerusalém. Sob o pretexto de "unidade", esse louco megalomaníaco procurou fundar uma religião que era um amálgama de muitas religiões, mas na qual ele era o objeto final de adoração. E há pouca dúvida de que esse objetivo real fosse o de acabar conquistando o mundo inteiro, e impor a sua religião em todos os lugares.

Foi nessa época que Antíoco cometeu o ato geralmente associado à abominação da desolação: "No dia quinze do mês de quisleu do ano cento e quarenta e cinco, Antíoco colocou sobre o altar dos holocaustos a Abominação da Desolação" (I Macabeus I.54). A história registra que esta era uma imagem de Zeus e um altar a ele, edificado exatamente sobre o altar dos holocaustos dos judeus. Isso colocou um fim nos sacrifícios diários a Jeová no Templo.

Outra vez a história corresponde precisamente à profecia de Daniel: "E sairão a ele uns braços, que profanarão o santuário e a fortaleza, e tirarão o contínuo sacrifício, estabelecendo a abominação desoladora" (Dn II.3I).

Daniel menciona a abominação desoladora apenas mais uma vez, e esta aparece no final de sua profecia. Ele conta outra vez como ouviu coisas que não entendeu. "(...) por isso, eu disse: Senhor meu, qual será o fim dessas coisas? E ele disse: Vai, Daniel, porque estas palavras estão fechadas e seladas até ao tempo do fim" (12.8b,9). Isso significa claramente que os elementos da profecia de Daniel tinham implicações além da era macabeana, sendo aplicáveis "ao tempo do fim". Daniel então acrescenta esta profecia final do próprio Senhor:

> *Muitos serão purificados, e embranquecidos, e provados; mas os ímpios procederão impiamente, e nenhum dos ímpios entenderá, mas os sábios entenderão. E, desde o tempo em que o contínuo sacrifício for tirado e posta a abominação desoladora, haverá mil duzentos e noventa dias. Bem-aventurado o que espera e chega até mil trezentos e trinta e cinco dias. Tu, porém, vai até ao fim; porque repousarás e estarás na tua sorte, no fim dos dias.*
>
> – Daniel 12.10-13

Os "muitos" que "serão purificados, e embranquecidos, e provados" parecem ser aqueles que serão remidos na salvação final de Israel. Contando a partir da abominação desoladora, transcorreram 1.290 dias. Mas a profecia de Daniel não declara expressamente o que acontece em seguida. O intervalo de tempo corresponde aproximadamente aos 1.290 dias mencionados em Apocalipse 11.3, o que é precisamente três anos e meio (contando anos de 360 dias, de acordo com o calendário judeu). Como notamos no capítulo anterior, muitas passagens se referem a um período final de três anos e meio, incluindo Apocalipse 11.2 ("quarenta e dois meses") e Daniel 12.7 ("um tempo, de tempos e metade de um tempo"). Todas aquelas referências estão claramente entrelaçadas e se referem ao mesmo período, a segunda metade da Tribulação, culminando na volta triunfal de Cristo.

Mas os 1.290 dias de Daniel 12.11 incluem trinta dias adicionais, e os 1.335 dias do versículo 12 incluem outros quarenta e cinco dias no topo de tudo isso. Por quê? Apocalipse 20 indica que Cristo estabelecerá o seu reino terreno por mil anos, logo depois do seu retorno em glória. Os setenta e cinco dias extras podem meramente refletir o tempo que transcorre entre o estado de guerra no qual Israel é completamente destruído (Dn 12.7) e a instituição do Reino do Messias a partir de uma Jerusalém reedificada. Alguns desses dias extras também poderiam representar o tempo que será necessário para o juízo das nações e a restauração final de Israel que ocorrerá no despertar da volta de Cristo.

Seja qual for o caso, visto que o próprio Cristo declarou muito claramente que a "abominação da desolação" era uma realidade ainda futura, devemos concluir que o significado escatológico final da profecia de Daniel não foi cumprido, mas meramente prefigurado nos acontecimentos da época de Antíoco IV. A grande e final abominação da desolação aguarda o cumprimento futuro no meio da septuagésima semana de Daniel, durante a era da Tribulação. O Anticristo, seguindo o mesmo padrão que Antíoco Epifânio, evidentemente fingirá paz com Israel. Embora a Escritura não identifique expressamente a natureza do "concerto" que ele confirma (cf. Dn 9.27), alguns têm especulado que o Anticristo elaborará um tratado de paz que dará a Israel o direito de reconstruir um Templo no monte Moriá. Este bem poderia ser o caso, visto que o Templo figura como algo tão grandioso em todas essas profecias.

No meio da semana, o Anticristo cometerá um ato de abominação, provavelmente profanando a reconstrução do Templo com um ídolo de si mesmo. Esse cenário é sugerido pelo relato da Besta que aparece em Apocalipse 13. O apóstolo João registra em sua visão, em relação ao Falso Profeta, que "foi-lhe concedido que desse espírito à imagem da besta, para que também a imagem da besta falasse e fizesse que fossem mortos todos os que não adorassem a imagem da besta" (Ap 13.15). O apóstolo Paulo descreve uma cena similar: "(...) o homem do pecado, o filho da perdição, o qual se opõe e se levanta contra tudo o que se chama Deus ou se adora; de sorte que se assentará, como Deus, no templo de Deus, querendo parecer Deus" (2 Ts 2.3,4). O Anticristo então se voltará contra Israel, irá estabelecer-se como Deus, e exigirá o fim de todas as outras formas de adoração. É impossível não ver a semelhança de tudo isso com a abominação da desolação de Daniel e a história de Antíoco.

Seja o que for a abominação da desolação, quando chegar a hora e o evento realmente ocorrer, ela deverá ser muito óbvia a todos os crentes que estão familiarizados com a Escritura. É por isso que Mateus 24.15 diz: "quem lê, que entenda". Este deve ser o sinal único e mais importante de que a Tribulação deu início à *Grande Tribulação*, e que três anos e meio de absoluta aflição e dificuldade descerão sobre o mundo.

Perigo e Calamidade

Quando a abominação da desolação aparecer, sinalizará o início de muitos perigos graves, não só para o remanescente de crentes, que enfrentarão o agravamento das perseguições já severas, mas de maneira particular para o resto do mundo, que estará à beira do juízo de Deus. Assim, Jesus diz:

> *Então, os que estiverem na Judéia, que fujam para os montes; e quem estiver sobre o telhado não desça a tirar alguma coisa de sua casa; e quem estiver no campo não volte atrás a buscar as suas vestes. Mas ai das grávidas e das que amamentarem naqueles dias! E orai para que a vossa fuga não aconteça no inverno nem no sábado, porque haverá, então, grande aflição, como nunca houve desde o princípio do mundo até agora, nem tampouco haverá jamais. E, se aqueles dias não fossem abreviados, nenhuma carne se salvaria; mas, por causa dos escolhidos, serão abreviados aqueles dias.*
>
> – Mateus 24.16-22

Todas as dores de parto daquela época aumentarão dramaticamente em sua intensidade e freqüência. A diferença entre a Tribulação e a Grande Tribulação é comparável com a diferença entre o trabalho de parto e o trabalho de parto difícil.

Aparentemente a Besta não só profanará o Templo judeu, mas também fará dele o trono permanente de onde governará. Paulo escreve em 2 Tessalonicenses 2.4: "[Ele] se assentará, como Deus, no templo de Deus, querendo parecer Deus". Não é necessário excluir um cumprimento literal futuro dessa profecia, especialmente se ela se referir ao Templo reconstruído.

Outro fato confirma que essas coisas ocorrerão em Jerusalém em um Templo reconstruído. Jesus diz que quando a abominação da desolação ocorrer, o perigo será especialmente grande para aqueles que estiverem vivendo na Judéia e nos seus arredores. Ele lhes ordena que fujam para os montes. Durante o cerco de Jerusalém feito por Roma no ano 70 d.C., muitos judeus literalmente se esconderam nas montanhas e nas áreas desertas nas proximidades de Jerusalém. A famosa fortaleza de vinte acres em Masada (construída no século I a.C. por Herodes o Grande, como um refúgio de emergência para ele e sua família) foi usada como um esconderijo para uma grande comunidade de judeus que fugiram dos exércitos romanos em 66 d.C. Após sete anos atacando sem sucesso essa fortaleza, a décima legião de Roma finalmente completou o cerco com uma imensa rampa feita de rochas e cascalhos, no lado oeste de Masada. Quando as tropas finalmente surgiram no topo, o que encontraram foi desconcertante. Cerca de mil zelotes judeus haviam cometido suicídio em massa, em vez de se submeterem à captura e ao abuso dos romanos. Os acontecimentos da Tribulação apresentarão horrores como esse, mas em uma escala muito maior.

Uma outra razão da advertência de Cristo ser particularmente adequada para "os que estiverem na Judéia" é que as atrocidades desses dias terão os judeus como seu alvo específico. Zacarias 13.8,9, descrevendo eventos que ocorrerão exatamente antes da volta de Cristo (14.4), sugere que uma campanha de genocídio será travada contra o povo judeu:

> *E acontecerá em toda a terra, diz o Senhor, que as duas partes dela serão extirpadas e expirarão; mas a terceira parte restará nela. E farei passar essa terceira parte pelo fogo, e a purificarei, como se purifica a prata, e a provarei, como se prova o ouro; ela invocará o meu nome, e eu a ouvirei; direi: É meu povo; e ela dirá: O Senhor é meu Deus.*

Dois terços morrerá, e o restante — o remanescente que no fim será salvo — clamará ao Senhor. Muitos dos que morrerem serão pessoas que terão se convertido à fé em Cristo durante a primeira parte da Tribulação. Apocalipse 7.14 descreve uma grande multidão de adoradores vestidos de vestes brancas no céu como "os que vieram de grande tribulação". O apóstolo João também se refere à campanha de terror da Besta como "guerra aos santos" (13.7), e retrata o falso sistema religioso da Besta como uma mulher que está "embriagada do sangue dos santos e do sangue das testemunhas de Jesus" (17.6a).

Aqueles que não forem mortos receberão, do próprio Deus, refúgio nas montanhas. Apocalipse 12 compara Israel a uma mulher ("que dera à luz o varão [Cristo]", v. 13). João relata outra vez a sua visão: "E foram dadas à mulher duas asas de grande águia, para que voasse para o deserto, ao seu lugar, onde é sustentada por um tempo, e tempos, e metade de um tempo, fora da vista da serpente" (v. 14). A linguagem é claramente simbólica; as asas da águia podem simbolizar algum tipo de ajuda angelical ou a custódia daqueles que fogem.

A urgência da situação é clara a partir das palavras do nosso Senhor em Mateus 24. As pessoas não deveriam sequer perder tempo juntando os seus objetos pessoais. Nos dias de Jesus, as casas tinham, do lado de fora, escadas que levavam para o telhado, onde a família relaxava no frescor da noite. Jesus diz que aqueles que por acaso estiverem no telhado quando ouvirem sobre a abominação da desolação, não deverão entrar novamente em suas casas para apanhar qualquer bem pessoal, mas deverão fugir imediatamente para as montanhas (v. 17). O lavrador que estiver trabalhando em seu campo não deverá nem mesmo voltar para o outro lado do campo para buscar as suas vestes (v. 18). Nenhum bem material vale o risco, mesmo que se trate do mínimo atraso. O tempo será um fator essencial.

Estas são palavras excepcionais em todo o ensino de Cristo. Em todas as outras passagens, Ele exorta os seus seguidores a tomarem a sua cruz e a seguirem-no, a serem ousados em seu testemunho, a tomarem uma posição firme ao lado dEle, mesmo em meio aos piores tipos de hostilidade. Mas a abominação da desolação mudará tudo isso. Ela praticamente sinalizará o fim do testemunho de Cristo ao mundo e o início de seu juízo contra os seus inimigos. Uma vez que isso ocorra, Ele não mais ordenará que o seu povo vá por todo o mundo anunciando o evangelho, mas, em vez disso, rogará que eles fujam para as montanhas para a sua própria segurança.

Por que o nosso Senhor destaca as mães grávidas e as que amamentam com uma advertência especial (v. 19)? Isso se deve ao fato de elas terem uma dificuldade maior para fugir, e, mais do que isso, se forem apanhadas, as conseqüências serão certamente ainda piores para elas. Oséias 13.16 predisse um tempo quando os habitantes da Samaria (o distrito imediatamente ao norte da Judéia) "cairão à espada, seus filhos serão despedaçados, e as suas mulheres grávidas serão abertas pelo meio".

A situação será tão horrenda que, quando a abominação da desolação ocorrer, o povo de Deus deverá fugir sem a mínima hesitação. A demora será custosa. Cada segundo será importante. E Jesus disse para orar para que isso não aconteça no inverno nem no sábado (v. 20). Ele não estava sugerindo que seria uma violação pecadora do sábado fugir para salvar a sua vida (cf. Lc 6.9). Mas os sabatistas legalistas poderiam tentar impedir ou apedrejar as pessoas que julgassem culpadas de profanar o sábado, assim como tentaram fazer com Jesus (cf. Jo 7.19-23).

Cristo, assim, pinta o quadro nos tons mais negros possíveis. Será um tempo de "grande aflição, como nunca houve desde o princípio do mundo até agora, nem tampouco haverá jamais" (Mt 24.21). Todos os holocaustos e desastres do mundo combinados jamais poderão se comparar com isso. Embora muitos massacres e carnificinas horríveis tenham sido executados contra os judeus ao longo dos séculos, nenhum deles se encaixa precisamente na descrição que Jesus faz aqui. Isso claramente fala de um tempo ainda por vir.

E a menos que esses dias sejam "abreviados", Jesus diz (v. 22), nenhuma vida na Terra será salva. Os dias serão abreviados por amor aos escolhidos, Ele promete, empregando uma expressão grega que pode significar "encurtar", no sentido de interromper instantaneamente. O Mestre poderia, portanto, estar prometendo que os dias da Grande Tribulação terão uma parada abrupta, em vez de diminuírem lentamente no final. Uma outra possibilidade é que Ele tenha desejado dizer que as horas do dia serão sobrenaturalmente encurtadas, para que o escurecimento do sol e da lua mencionado no versículo 29 tivesse o efeito misericordioso de diminuir o tormento daqueles dias, e tornar mais fácil para o povo de Deus se esconder de seus opressores. Cristo não sugere, porém, que o tempo da Grande Tribulação será "abreviado" a algo menor que três anos e meio. Visto que a duração precisa dessa era é repetidamente apresentada na Escritura, a veracidade da Palavra de Deus exige que a medida total desse tempo seja concluída.

Os Abutres se Reunindo

Outra vez Cristo levanta a questão dos falsos messias: "Então, se alguém vos disser: Eis que o Cristo está aqui ou ali, não lhe deis crédito, porque surgirão falsos cristos e falsos profetas e farão tão grandes sinais e prodígios, que, se possível fora, enganariam até os escolhidos. Eis que eu vo-lo tenho predito" (vv. 23-25). Os sinais das dores de parto ainda estarão chegando em ondas cada vez mais fortes, e cada vez mais difíceis de enfrentar.

E agora os falsos messias terão até mesmo o poder de operar grandes sinais e maravilhas. Estes "milagres" serão tão convincentes que até mesmo os eleitos serão passíveis de ser enganados, exceto por uma coisa – Deus soberanamente capacita as ovelhas de Cristo a ouvirem a sua voz e a distinguirem das vozes dos mercenários e ladrões. "De modo nenhum, seguirão o estranho; antes, fugirão dele, porque não conhecem a voz dos estranhos" (Jo 10.5).

A advertência de nosso Senhor parece sugerir que os falsos messias irão, na verdade, se infiltrar nas fileiras daqueles que fogem. Embora o povo de Deus possa fugir das perseguições do Anticristo, eles não conseguirão escapar dos agentes mentirosos de Satanás, que irão evidentemente segui-los até o esconderijo. Mesmo em seu exílio da ameaça de aniquilação, os refugiados constantemente ouvirão pessoas mentirosas afirmar, "Eis que o Cristo está aqui!"; "Ali!" (v. 23). "Eis que ele está no deserto!" Ou, "Ele está nas salas interiores!" Todas estas afirmações serão mentiras, talvez até deliberadamente planejadas para atrair os refugiados para fora do esconderijo. Os crentes são, com antecedência, solenemente instruídos a não darem atenção a elas.

Então como alguém saberá quando o verdadeiro Cristo finalmente aparecerá? Como o verdadeiro Cristo pode ser distinguido de todas as falsificações? Será óbvio a todos: "Porque, assim como o relâmpago sai do oriente e se mostra até ao ocidente, assim será também a vinda do Filho do Homem" (v. 27). "Eis que vem com as nuvens, e todo olho o verá" (Ap 1.7). A sua vinda não será segredo. Repentinamente, publicamente, e gloriosamente, Ele voltará, e a sua vinda será universalmente visível! Não só aqueles que estiverem escondidos da perseguição o reconhecerão, mas também os seus inimigos. Ele vem "com milhares de seus santos, para fazer juízo contra todos e condenar dentre eles todos os ímpios, por todas as suas obras de impiedade que impiamente cometeram e por todas as duras palavras que ímpios pecadores disseram contra ele" (Jd 14-15).

E quando Cristo aparecer, o seu povo e os seus inimigos trocarão de lugar, como deve ser. Aqueles que estavam se escondendo nas montanhas e cavernas serão libertos de todo medo e perigo, enquanto que os seus atormentadores buscarão refúgio da justa ira de Deus, suplicando que as rochas e as montanhas caiam sobre eles e os escondam da ira do Cordeiro (cf. Ap 6.16,17).

Para sublinhar quão óbvia a sua volta será, o nosso Senhor emprega o que poderia ter sido um aforismo familiar: "Pois onde estiver o cadáver, aí se ajuntarão as águias" (v. 28). Quando um animal jaz morto ou apodrecendo no deserto, o seu local pode ser identificado com exatidão por quilômetros por causa das aves que pairam em círculos no céu. Cristo está dizendo que de um modo semelhante, o seu retorno será óbvio a todos, quer estejam perto, quer estejam longe.

No final da Grande Tribulação, a desolação e a decadência espiritual deste mundo o fará um cadáver sem vida. Cristo então aparecerá para dispor dele no juízo final. Assim a ilustração de aves de rapina é uma figura de juízo, grifando o que é ensinado em todas as passagens na Escritura que falam a respeito do aparecimento glorioso de Cristo. Isto será acompanhado de juízos horríveis contra os seus inimigos. O apóstolo Paulo diz que Ele voltará "como labareda de fogo, tomando vingança dos que não conhecem a Deus" (2 Ts 1.8). Apocalipse 19.11-16 retrata a Cristo saindo do céu montado em um cavalo branco, acompanhado pelos santos e anjos em toda a glória do céu. Ele vem com uma espada em sua mão, usando uma veste salpicada de sangue, trazendo juízo sobre o mundo e destruindo todos os exércitos que se dispõem em ordem de batalha contra Ele.

Assim, o palco está posicionado para a Segunda Vinda. O mundo consumiu totalmente a misericórdia e a paciência de Deus. O seu povo já esperou o bastante. "Ora, quando essas coisas começarem a acontecer, olhai para cima e levantai a vossa cabeça, porque a vossa redenção está próxima" (Lc 21.28).

Seis

Sinais no Céu

Há alguns anos, ministrei uma série de estudos sobre as doutrinas da Igreja em uma conferência para pastores no Cazaquistão — essa série de estudos compreendeu seções que duraram a semana toda, o dia inteiro, no estilo de maratona. Na terça-feira pela manhã, estávamos nos aprofundando nas epístolas pastorais. Na manhã daquele dia, durante o intervalo, um dos homens que havia ajudado a organizar a conferência aproximou-se de mim e disse: "Alguns dos pastores estão perguntando quando é que você vai chegar à parte *boa*".

"Qual é 'a parte boa'?" perguntei.

"Ora, é o futuro da Igreja, a parte onde Jesus volta", ele respondeu, totalmente surpreso por eu não saber instantaneamente qual era "a parte boa". "Eles estão ansiosos para saber sobre a volta de Cristo".

Eu certamente compreendo o desejo de pular para "a parte boa". É o mesmo sentimento que tenho sempre que estudo o Sermão Profético. Suponho que enquanto os discípulos se sentaram no Monte das Oliveiras, ouvindo a Cristo pintar o cenário desolador dos acontecimentos do fim dos tempos, eles também deviam estar ansiosos para que Ele pulasse para "a parte boa".

Até este momento todo o sermão tinha estado cheio de profecias de destruição e tristeza. Cristo começou predizendo uma longa lista de dores de parto. Estas dores já eram ruins o bastante, mas as coisas ficavam ainda piores depois da abominação da desolação. E mesmo agora, quando o seu relato profético se aproxima do clímax da Grande Tribulação, o mundo ainda tem de passar por mais trevas antes do amanhecer visível da glória de Cristo.

Os últimos Grandes Sinais Cósmicos

No final do capítulo anterior, vimos que Cristo prometeu que a sua vinda seria óbvia a todos: "Assim como o relâmpago sai do oriente e se mostra até ao ocidente, assim será também a vinda do Filho do Homem" (Mt 24.27). Um dos fatores que garantirá que ninguém perca a volta de Cristo será a natureza cósmica dos sinais do fim dos tempos: "E, logo depois da aflição daqueles dias, o sol escurecerá, e a lua não dará a sua luz, e as estrelas cairão do céu, e as potências dos céus serão abaladas" (v. 29). O relato paralelo de Lucas acrescenta alguns detalhes horríveis: "E haverá sinais no sol, e na lua, e nas estrelas, e, na terra, angústia das nações, em perplexidade pelo bramido do mar e das ondas; homens desmaiando de terror, na expectação das coisas que sobrevirão ao mundo, porquanto os poderes do céu serão abalados" (Lc 21.25,26).[1]

Tais sinais terão um efeito mundial espetacular. Cada pessoa em cada nação do mundo notará. A atenção de todo o mundo será imediatamente atraída para o céu. É difícil imaginar o senso de terror e pânico mundial. Finalmente, em meio a esse mesmo céu turbulento, Cristo reaparecerá em toda a sua glória.

Observe cuidadosamente como Cristo prossegue até esse grande ponto crítico final em seu sermão.

A seqüência dos eventos. O nosso Senhor fala expressamente sobre o momento certo desses sinais. Ele diz que os sinais cósmicos ocorrerão no próprio fim da Grande Tribulação: "*Logo* depois da aflição daqueles dias" (v. 29, ênfase do autor). Esses grandes sinais no céu parecem ser para a segunda metade da Tribulação o que a abominação da desolação foi para a primeira — um sinal claro e inequívoco de que a era chegou a um fim e algo significativo está prestes a acontecer.

A "aflição daqueles dias" nesse contexto pode apenas se referir à era que Jesus estava descrevendo — e, em particular, ao período da Grande Tribulação iniciada pela abominação da desolação. Observe que esses sinais cósmicos ocorrem *logo* depois da Tribulação. Aqui está outra razão poderosa para rejeitar a interpretação preterista do Sermão Profético: Nenhum grande sinal cósmico como esse jamais ocorreu por ocasião da destruição de Jerusalém no ano 70 d.C.

Muitos preteristas, encorajados por isso, simplesmente rejeitam a linguagem de Jesus como metafórica. Eles afirmam que Jesus está falando de maneira simbólica sobre o colapso da era da Antiga Aliança, não predizendo literalmente vastos sinais no sol e na lua. O preterista Gary Demar, por exemplo, escreve:

> *O escurecimento do sol e da lua, a queda das estrelas, juntamente com o abalo dos céus (24.29), são modos mais descritivos de dizer que "o céu e a terra passarão" (24.35). Em outros contextos, quando as estrelas caem, elas caem na Terra, um sinal certo de juízo temporal (Is 14.12; Dn 8.10; Ap 6.13; 9.1; 12.4). Assim, a "passagem do céu e da terra" é a passagem do mundo antigo, da antiga aliança do judaísmo* (I Co 2.8).[2]

Em outras palavras, Demar acredita que quando Jesus diz: "O céu e a terra passarão" (v. 35), não está falando de nenhum juízo cósmico escatológico literal que realmente destruirá a Terra. Em vez disso, a passagem do céu e da terra, segundo Demar, é meramente uma linguagem metafórica que fala da transição da Antiga para a Nova Aliança. Semelhantemente, Demar afirma que o escurecimento do sol e da lua em Mateus 24.29 são apenas termos metafóricos que se referem à passagem da dispensação judaica.

Demar e outros preteristas impõem uma grade interpretativa similar sobre a maior parte do Sermão Profético, empregando alegoria e linguagem simbólica para fazer com que o maior número de profecias possível se encaixe nos acontecimentos do ano 70 d.C. Fazendo assim, eles despem totalmente de qualquer significado real boa parte do sermão, transformando grandes sinais cósmicos em simples metáforas sobre a transição entre as alianças.

A maioria dos preteristas quase chega a fazer da volta física de Cristo uma alegoria (o erro do hiperpreterismo).[3] Mas, francamente, é difícil ver como qualquer preterista poderia oferecer uma refutação crível de hiperpreterismo a partir da Escritura, dado o fato de que a abordagem hermenêutica que sublinha ambos os pontos de vista é idêntica.[4] Os hiperpreteristas simplesmente aplicam o método preterista de modo mais consistente a *toda* a profecia do Novo Testamento. Eles começam com o restante do Sermão Profético, espiritualizando não somente os sinais cósmicos, mas também o retorno corpóreo literal de Cristo. Posteriormente impondo sua grade interpretativa sobre toda a Escritura, a maioria dos hiperpreteristas modernos, em última análise enfraquece *toda* referência bíblica aos eventos ainda futuros.

O preterista típico afirma que a linguagem apocalíptica que Cristo emprega nessa passagem dá garantias suficientes para interpretar os sinais cósmicos alegórica, simbólica e espiritualmente. Afinal — eles protestam — impor um literalismo rígido sobre todas essas passagens ao longo de toda a Escritura teria a lua literalmente transformada em sangue (Jl 2.31), e as estrelas literalmente caindo do céu na Terra (Ap 9.1).

É certamente verdade que as seções apocalípticas da Escritura com freqüência estão cheias de linguagem simbólica. Em Apocalipse 17.3, por exemplo, o apóstolo João descreve uma mulher montada em uma besta de sete cabeças. Ele depois explica que "as sete cabeças são sete montes, sobre os quais a mulher está assentada" (Ap 17.9), forçando-nos a concluir que a "mulher" não é uma mulher literal, mas uma figura simbólica que representa a cidade de Roma (bem conhecida por estar situada sobre sete montes) ou, como João sugere em seguida, o sistema maligno existente por trás de sete impérios mundiais sucessivos (v. 10). Linguagens simbólicas como essa algumas vezes são explicadas claramente, outras não. Mas o contexto sempre deixa claro quando o simbolismo está sendo empregado.

A maioria concordaria que há um grau de simbolismo em Mateus 24.29. Quase ninguém espera que, literalmente, as estrelas caiam na Terra. É possível também que o sol possa não ser extinto literalmente; antes, a luz do sol poderia apenas ser parcial ou totalmente ocultada da terra (cf. Ez 32.7). Assim, concordo que o literalismo *rígido* não seja necessário para que se tenha o sentido correto e o cumprimento das palavras do Senhor Jesus.

Mas mesmo concedendo um grau razoável de simbolismo óbvio, o sentido claro dessas palavras ainda não permite a interpretação preterista. Cristo está predizendo sinais cósmicos de algum tipo — sinais tão espetaculares que ninguém na Terra poderá, de alguma forma, perdê-los. O foco total nesse contexto é assegurar ao seu povo de que, quando Ele voltar, será espetacularmente óbvio a todas as pessoas. Não haverá nenhuma possibilidade de confusão sobre se Ele verdadeiramente voltou ou não.

Mas a interpretação preterista esvazia totalmente as palavras de Jesus dessa segurança. Se os preteristas estiverem certos, o mundo todo perdeu por completo a volta de Cristo nas nuvens em glória. Essa perda também atinge a todos na Igreja, porque, com relativamente poucas exceções, quase todos os crentes em 2.000 anos de cristianismo têm crido que Mateus 24.30 fale de um evento que ainda está por acontecer.

O documento cristão extrabíblico mais antigo de que se tem conhecimento é o *Didache* — uma simples destilação da doutrina bíblica da Igreja Primitiva. A maioria dos estudiosos acredita que ele foi escrito perto do encerramento do século I, muito provavelmente depois de 80 d.C. Foi certamente usado e citado nos primeiros séculos por muitos Pais da Igreja (bem como pelo historiador Eusébio).[5] Assim, a sua existência inicial está bem documentada. O texto completo do *Didache* foi redescoberto há pouco mais de cem anos, em um códice encontrado em Constantinopla, em 1873. Esse documento prova que aqueles que na verdade viveram durante esses eventos do ano 70 d.C. consideravam Mateus 24.29-31 — e todo o Sermão Profético — como uma profecia ainda não cumprida.

> Porque nos últimos dias os falsos profetas e corruptores se multiplicarão, e as ovelhas se transformarão em lobos, e o amor será transformado em ódio. Porque quando a ilegalidade

> aumentar, eles odiarão, perseguirão e trairão uns aos outros. E então o enganador do mundo aparecerá como um filho de Deus; e operará sinais e maravilhas, e a terra será entregue em suas mãos; e ele fará coisas profanas que nunca existiram desde o princípio do mundo. Então toda a humanidade criada passará pelo fogo de teste, e muitos serão ofendidos e perecerão; mas aqueles que perseverarem em sua fé serão salvos por aquEle que tomou sobre si a culpa e a maldição. E então os sinais da verdade aparecerão; primeiro um sinal de uma abertura do céu, então a voz de uma trombeta, e em terceiro lugar a ressurreição dos mortos; no entanto, não todos, mas, como foi dito, o Senhor virá e todos os seus santos com Ele. Então o mundo verá o Senhor vindo nas nuvens do céu. (Didache 16.3-8)

Justino Mártir provavelmente nasceu no século I, e decerto conheceu muitos crentes que tinham vivido durante os eventos do ano 70 d.C. Ele também considerava claramente a Segunda Vinda de Cristo como um evento ainda futuro. Em sua obra *Dialogue with Trypho* (*Diálogo com o Judeu Trifão*), Justino escreve:

> Dois adventos de Cristo foram anunciados: um no qual Ele é apresentado como sofredor, envergonhado, desonrado, e crucificado; mas o outro, no qual Ele virá do céu com glória, quando o homem da apostasia, que fala coisas estranhas contra o Altíssimo, se aventurará a fazer ações ilícitas sobre a Terra contra nós os cristãos... O resto da profecia será cumprido em sua Segunda Vinda. (cap. 110)

Assim Justino, que não poderia ter escrito muito mais que cinqüenta anos depois da destruição de Jerusalém, ainda via um cumprimento futuro tanto das profecias da Tribulação como da volta de Cristo em glória.

Isso significa que se os preteristas estiverem certos, alguns dos estudantes mais hábeis da Escritura e líderes na Igreja Primitiva perderam totalmente o cumprimento da própria profecia que Jesus indicou que ninguém no mundo seria capaz de perder![6]

Mas isso distorce as palavras de Jesus, transformando-as em mera alegoria. O que Ele descreveu era um evento há muito tempo predito na Escritura, um acontecimento tão monumental que seria um sinal para o mundo inteiro. Além disso, a vinda de Cristo deveria conduzir à salvação final de Israel, e não ao fim da nação de Israel como o povo de Deus.

O cenário nos céus. Os sinais cósmicos que Jesus apresentou em seu sermão teriam sido totalmente familiares a qualquer estudante da profecia messiânica do Antigo Testamento. Esses mesmos sinais envolvendo o sol, a lua e as estrelas eram precursores bem conhecidos da libertação messiânica que todos em Israel aguardavam. Os mesmos sinais também foram arautos da retribuição que Ele iria impor aos seus inimigos. Estes eram os emblemas do Dia do Senhor.

> *Eis que o dia do Senhor vem, horrendo, com furor e ira ardente, para pôr a terra em assolação e destruir os pecadores dela.* Porque as estrelas dos céus e os astros não deixarão brilhar a sua luz; o sol se escurecerá ao nascer, e a lua não fará resplandecer a sua luz. *E visitarei sobre o mundo a maldade e, sobre os ímpios, a sua iniqüidade; e farei cessar a arrogância dos atrevidos e abaterei a soberba dos tiranos. Farei que um homem seja mais precioso do que o ouro puro e mais raro do que o ouro fino de Ofir. Pelo que farei estremecer os céus; e a terra se moverá do seu lugar, por causa do furor do Senhor dos Exércitos e por causa do dia da sua ardente ira. E cada um será como a corça que foge e como a ovelha que ninguém recolhe; cada um voltará para o seu povo e cada um fugirá para a sua terra. Todo o que for achado será traspassado e, todo o que for apanhado, cairá à espada.*
>
> – Isaías 13.9-15, ênfase do autor[7]

Posteriormente, descrevendo a mesma cena de juízo mundial, Isaías escreveu:

> *Chegai-vos, nações, para ouvir; e vós, povos, escutai; ouça a terra, e a sua plenitude, o mundo e tudo quanto produz. Porque a indignação do Senhor está sobre todas as nações, e o seu furor sobre todo o exército delas; ele as destruiu totalmente, entregou-as à matança. E os mortos serão arremessados, e do seu corpo subirá o mau cheiro; e com o seu sangue os montes se derreterão.* E todo

> o exército dos céus se gastará, e os céus se enrolarão como um livro, e todo o seu exército cairá como cai a folha da vide e como cai o figo da figueira. *Porque a minha espada se embriagou nos céus; eis que sobre Edom descerá e sobre o povo do meu anátema, para exercer juízo.*
>
> – Isaías 34.1-5, ênfase do autor

O contexto imediato de Isaías 34 descreve o futuro Rei de Israel reinando em sua glória, edificando em Jerusalém uma "tenda que não será derribada", e tornando essa cidade uma "habitação quieta" (33.20) — uma clara descrição do reino milenial. O restante de Isaías 34 descreve o juízo sistemático de todas as nações. Então o capítulo 35 retorna para a descrição do Reino terreno, no qual "o deserto e os lugares secos se alegrarão com isso; e o ermo exultará e florescerá como a rosa" (35.1). "E os resgatados do Senhor voltarão e virão a Sião com júbilo; e alegria eterna haverá sobre a sua cabeça; gozo e alegria alcançarão, e deles fugirá a tristeza e o gemido" (v. 10).

Joel predisse os mesmos sinais cósmicos. "E mostrarei prodígios no céu e na terra, sangue, e fogo, e colunas de fumaça. O sol se converterá em trevas, e a lua, em sangue, antes que venha o grande e terrível dia do Senhor" (Jl 2.30,31).[8] "O sol e a lua se enegrecerão, e as estrelas retirarão o seu resplendor" (3.15). Essas palavras são colocadas no meio das profecias do milênio e do fim dos tempos também. Joel 2.32 prossegue para profetizar sobre a salvação do remanescente judeu: "(...) no monte Sião e em Jerusalém haverá livramento, assim como o Senhor tem dito, e nos restantes que o Senhor chamar". Joel 3 está repleto de referências similares: "Porquanto eis que, naqueles dias e naquele tempo, em que removerei o cativeiro de Judá e de Jerusalém, congregarei todas as nações e as farei descer ao vale de Josafá; e ali com elas entrarei em juízo" (vv. 1,2). Tanto a salvação de Israel como o juízo das nações, são temas constantes onde quer que as profecias dos sinais cósmicos são encontradas na Escritura.

Os pensamentos dos discípulos, quando ouviram a menção dos sinais cósmicos, se voltaram imediatamente para as profecias do Antigo Testamento sobre o Dia do Senhor. Eles sabiam que a Escritura tinha há muito tempo predito uma época quando Deus abalaria os céus, assim como Jesus estava profetizando aqui (cf. Is 13.13; Jl 3.16). E eles sabiam que esses sinais estavam associados com o Dia do Senhor.

O que Jesus quis dizer quando disse que "as potências dos céus serão abaladas" (Mt 24.29)? Ele não deu nenhuma explicação. Mas lembre-se de que Ele é quem "sustenta todas as coisas pela palavra do seu poder" (Hb 1.3). Ele poderia meramente falar a palavra, e a gravidade enfraqueceria, as órbitas dos planetas flutuariam, as próprias estrelas pareceriam cair. Nada disso está além de seu poder. Na verdade, se Ele retirasse apenas uma fração de seu poder sustentador, todo o universo pararia de funcionar normalmente. Os céus e todas as forças de energia se tornariam instáveis. Quem sabe o que todo o abalo dos céus poderia acarretar? Mas uma coisa é certa: será aterrorizante quando acontecer.

Ageu escreveu: "Porque assim diz o Senhor dos Exércitos: Ainda uma vez, daqui a pouco, e farei tremer os céus, e a terra, e o mar, e a terra seca; e farei tremer todas as nações, e virá o Desejado de todas as nações, e encherei esta casa de glória, diz o Senhor dos Exércitos" (2.6,7). Ali, outra vez, os profetas do Antigo Testamento ligaram esses sinais cósmicos, incluindo o tremor dos céus, com a vinda do Messias para julgar a Terra e estabelecer o seu Reino.

O sinal no céu. Neste ponto haverá um sinal restante, por vir. É o aparecimento glorioso do próprio Cristo. Aqui finalmente alcançamos "a parte boa": "Então, aparecerá no céu o sinal do Filho do Homem; e todas as tribos da terra se lamentarão e verão o Filho do Homem vindo sobre as nuvens do céu, com poder e grande glória" (Mt 24.30). Os crentes há muito tempo têm esperado por este momento (Tt 2.13).

Todo este sermão tinha começado quando os discípulos pediram a Cristo que lhes dissesse "o sinal da [sua] vinda e do fim do mundo" (Mt 24.3). Este é aquele sinal. A sua vinda *significa* o fim do mundo. Este é o sinal dos sinais – o aparecimento glorioso do próprio Filho do Homem.

Note que Cristo reitera que o seu aparecimento será universalmente visível. Toda tribo sobre a Terra o verá vindo nas nuvens do céu. Os estudantes da Bíblia há muito tempo têm ponderado sobre como isso será possível. Alguns dos Patriarcas da Igreja especularam que o mundo inteiro veria uma enorme cruz resplandecente no céu escurecido. Eles não faziam qualquer idéia terrena de como um único evento poderia ser testemunhado por todas as pessoas na Terra ao mesmo tempo. Mais recentemente, estudantes das profecias têm menos com o que lutar nesta questão, uma vez que a sua vinda poderia facilmente ser feita visível mundialmente pela televisão.

Seja qual for a explicação, note que não é uma cruz resplandecente ou a glória - *shekinah* - ou qualquer outro símbolo da presença de Cristo que aparece no céu; é o próprio Cristo. *Ele* é o sinal dos sinais. Quando o sol e a lua escurecerem, quando o temor do mundo e o ódio a Deus forem elevados a níveis sem precedentes, de repente o próprio Cristo penetrará toda aquela escuridão de pecado, e voltará para vencer em seu triunfo final.

Cristo vem "nas nuvens do céu" (Mt 24.30). Quando Ele ascendeu, diz a Escritura, "uma nuvem o recebeu, ocultando-o a seus olhos" (At 1.9). Um anjo então apareceu e disse aos discípulos: "Esse Jesus, que dentre vós foi recebido em cima no céu, há de vir assim como para o céu o vistes ir" (v. 11b). Portanto, convém que Ele volte nas nuvens.

Apocalipse 1.7 ecoa perfeitamente as palavras de Jesus sobre a sua vinda: "Eis que vem com as nuvens, e todo olho o verá, até os mesmos que o traspassaram; e todas as tribos da terra se lamentarão sobre ele". As tribos da terra "lamentarão" a sua vinda principalmente porque saberão que Ele traz juízo para eles, e esse juízo é justo.

Além disso, Ele vem "com poder e grande glória" (Mt 24.30). Esta é com certeza uma declaração abrandada. O seu retorno será a maior demonstração de poder que a Terra jamais testemunhou. Zacarias 14.3,4 descreve isso nos seguintes termos:

> *E o Senhor sairá e pelejará contra estas nações, como pelejou no dia da batalha. E, naquele dia, estarão os seus pés sobre o monte das Oliveiras, que está defronte de Jerusalém para o oriente; e o monte das Oliveiras será fendido pelo meio, para o oriente e para o ocidente, e haverá um vale muito grande; e metade do monte se apartará para o norte, e a outra metade dele, para o sul.*

Apocalipse 19 retrata a grande cena:

> *E vi o céu aberto, e eis um cavalo branco. O que estava assentado sobre ele chama-se Fiel e Verdadeiro e julga e peleja com justiça. E os seus olhos eram como chama de fogo; e sobre a sua cabeça havia muitos diademas; e tinha um nome escrito*

> *que ninguém sabia, senão ele mesmo. E estava vestido de uma veste salpicada de sangue, e o nome pelo qual se chama é a Palavra de Deus. E seguiam-no os exércitos que há no céu em cavalos brancos e vestidos de linho fino, branco e puro. E da sua boca saía uma aguda espada, para ferir com ela as nações; e ele as regerá com vara de ferro e ele mesmo é o que pisa o lagar do vinho do furor e da ira do Deus Todo-poderoso. E na veste e na sua coxa tem escrito este nome: REI DOS REIS E SENHOR DOS SENHORES. E vi um anjo que estava no sol, e clamou com grande voz, dizendo a todas as aves que voavam pelo meio do céu: Vinde e ajuntai-vos à ceia do grande Deus, para que comais a carne dos reis, e a carne dos tribunos, e a carne dos fortes, e a carne dos cavalos e dos que sobre eles se assentam, e a carne de todos os homens, livres e servos, pequenos e grandes. E vi a besta, e os reis da terra, e os seus exércitos reunidos, para fazerem guerra àquele que estava assentado sobre o cavalo e ao seu exército. E a besta foi presa e, com ela, o falso profeta, que, diante dela, fizera os sinais com que enganou os que receberam o sinal da besta e adoraram a sua imagem. Estes dois foram lançados vivos no ardente lago de fogo e de enxofre. E os demais foram mortos com a espada que saía da boca do que estava assentado sobre o cavalo, e todas as aves se fartaram das suas carnes.*
>
> – vv. 11-21

Os exércitos que estarão acompanhando Cristo no céu, sem dúvida alguma, incluem tanto os remidos que foram arrebatados vivos, como também aqueles que foram ressuscitados, no Arrebatamento. Quando fala do Arrebatamento, Ele promete que todos aqueles que forem arrebatados estarão "sempre com o Senhor" (1 Ts 4.17). Muitas passagens da Escritura prometem que quando Jesus voltar, Ele nos trará consigo: "Quando Cristo, que é a nossa vida, se manifestar, então, também vós vos manifestareis com ele em glória" (Cl 3.4). "(...) virá o Senhor, meu Deus, e todos os santos contigo, ó Senhor" (Zc 14.5b). "Eis que é vindo o Senhor com milhares de seus santos" (Jd 14b).

E note que Ele imediatamente executa a vingança sobre o Anticristo e as hostes malignas da Terra. Quanto ao Anticristo, o iníquo, "o Senhor desfará pelo assopro da sua boca e aniquilará pelo esplendor da sua vinda" (2 Ts 2.8). O restante dos ímpios é destruído pela espada que sai da boca de Cristo (Ap 19.21), possivelmente significando que Ele os julgará e os matará meramente falando a Palavra de Deus. Tanto a Besta quanto o Falso Profeta são lançados vivos no lago de fogo (v. 20). O restante dos mortos é mantido no túmulo por todo o reino milenial. E, então, eles são ressuscitados para o juízo e lançados na perdição eterna (Ap 20.5,14,15).

O Ajuntamento dos Escolhidos

Cristo tem mais trabalho do que juízo a fazer no seu aparecimento. Este não é somente um dia de juízo; é aquele dia glorioso quando "todo o Israel será salvo, como está escrito: De Sião virá o Libertador, e desviará de Jacó as impiedades" (Rm 11.26). Os escolhidos serão ajuntados pelos anjos "desde os quatro ventos, de uma à outra extremidade dos céus" e trazidos diante de Cristo (Mt 24.31). Para os ímpios da Terra, a vinda de Cristo significará o Juízo Final. Para os escolhidos, será a consumação de sua redenção.

Zacarias há muito tempo havia profetizado esse dia de juízo para o mundo e redenção para Israel:

> *E acontecerá, naquele dia, que procurarei destruir todas as nações que vierem contra Jerusalém. E sobre a casa de Davi e sobre os habitantes de Jerusalém derramarei o Espírito de graça e de súplicas; e olharão para mim, a quem traspassaram; e o prantearão como quem pranteia por um unigênito; e chorarão amargamente por ele, como se chora amargamente pelo primogênito. Naquele dia, será grande o pranto em Jerusalém, como o pranto de Hadade-Rimom no vale de Megido".*
>
> – Zacarias 12.9-11

Vendo com seus próprios olhos aquele a quem Israel rejeitou e traspassou, e agora percebendo completamente que Ele era o Messias prometido desde o princípio, o restante chorará. Mas será um pranto de curta duração, porque o próprio Senhor o transformará em um dia de alegria: "Naquele dia, haverá uma fonte aberta para a casa de Davi e para os habitantes de Jerusalém, contra o pecado e contra a impureza" (Zc 13.1).

> *Naquele dia, também acontecerá que correrão de Jerusalém águas vivas, metade delas para o mar oriental, e metade delas até ao mar ociden-*

> *tal; no estio e no inverno, sucederá isso. E o Senhor será rei sobre toda a terra; naquele dia, um será o Senhor, e um será o seu nome. Toda a terra em redor se tornará em planície, desde Geba até Rimom, ao sul de Jerusalém; ela será exalçada e habitada no seu lugar, desde a Porta de Benjamim até ao lugar da primeira porta, até à Porta da Esquina, e desde a Torre de Hananel até aos lagares do rei. E habitarão nela, e não haverá mais anátema, porque Jerusalém habitará segura.*
>
> – Zacarias 14.8-11

Isso descreve o Reino do Milênio, que Cristo estabelecerá imediatamente no despertar de sua vinda. Apocalipse 20 o descreve como um tempo de bênçãos sem precedente sobre o mundo inteiro, durante o qual Satanás é amarrado e os remidos vivem e reinam com Cristo na Terra.

Isaías 11.6-9 descreve o Reino terreno em termos ainda mais vívidos:

> *E morará o lobo com o cordeiro, e o leopardo com o cabrito se deitará, e o bezerro, e o filho de leão, e a nédia ovelha viverão juntos, e um menino pequeno os guiará. A vaca e a ursa pastarão juntas, e seus filhos juntos se deitarão; e o leão comerá palha como o boi. E brincará a criança de peito sobre a toca da áspide, e o já desmamado meterá a mão na cova do basilisco. Não se fará mal nem dano algum em todo o monte da minha santidade, porque a terra se encherá do conhecimento do Senhor, como as águas cobrem o mar.*

Cristo eliminará toda doença, seca, enchente, praga na lavoura e fome. Mau tempo e desastres naturais serão coisas do passado. Todas as guerras, lutas e perseguições terminarão, e a justiça dominará. Que filho de Deus não anseia ver este tempo?

Todos os tipos de perguntas especulativas surgem a respeito do reino milenial. Se os ímpios forem todos aniquilados, por quem o mundo será habitado? A única opção parece ser que os filhos dos remanescentes escolhidos que emergirem da Tribulação ainda vivos irão repovoar a Terra durante o período de mil anos.[9]

Por que Satanás é solto no final do Milênio e tem permissão de enganar as nações outra vez (Ap 20.7,8)? A Escritura não diz, mas podemos estar certos de que o propósito do Senhor é bom. Certamente, isso demonstrará que até mesmo em um mundo perfeito as pessoas que têm um coração depravado não conseguem, por fim, evitar a tentação e o engodo do mal, e precisam desesperadamente da redenção.

A Parábola da Figueira

No Sermão Profético, porém, Cristo não gasta tempo dando detalhes sobre o reino milenial. Uma vez que alcançou o auge de sua mensagem e deu-lhes o grande sinal do fim do mundo, Ele agora apresenta uma breve parábola para sublinhar a lição que estava ensinando aos discípulos:

> *Aprendei, pois, esta parábola da figueira: quando já os seus ramos se tornam tenros e brotam folhas, sabeis que está próximo o verão. Igualmente, quando virdes todas essas coisas, sabei que ele está próximo, às portas. Em verdade vos digo que não passará esta geração sem que todas essas coisas aconteçam. O céu e a terra passarão, mas as minhas palavras não hão de passar.*
> – Mateus 24.32-35

Muitas interpretações têm sido apresentadas para tentar explicar o que Jesus quis dizer aqui. Depois da fundação do Estado judeu moderno, por algum tempo foi popular sugerir que a figueira é uma referência à Israel moderna. Portanto, muitos acreditavam, desde o tempo que a "figueira" começou a brotar – ou seja, 1948, quando o Israel moderno declarou a sua condição de Estado – que passaria uma geração até que todas as profecias do Sermão Profético fossem cumpridas. Em 1988, tendo se passado quarenta anos desde a fundação de Israel – o período que se supunha que constituísse uma "geração" – essa interpretação deixou de ser tão popular.

Alguns sugerem que "esta geração" não se refere a uma *era* específica, mas à *raça* judaica – empregando a palavra *geração* (do modo como Jesus a usou em Lc 9.41 e 16.8) para falar de uma classe de pessoas em vez de um período de tempo. Esta é uma interpretação possível, mas parece conflitar com o contexto, no qual Cristo está fazendo uma declaração sobre a velocidade com a qual todos esses sinais se manifestarão.

Os preteristas, naturalmente, colocam muita ênfase nesse versículo. Eles insistem que esse texto garante que a geração que estava viva durante a época de Jesus seria a mesma geração a ver o completo cumprimento de todos esses sinais, e o tratam como a chave que revela o significado do Sermão Profético. Mas a mente sensata enxerga rapidamente a loucura que seria ilustrar como alegoria tantas passagens da Escritura, apenas para interpretar um único versículo (v. 34) com um literalismo tão rígido. Simplesmente não é necessário insistir que Cristo tenha desejado dizer que todos os sinais do Sermão Profético devessem ser cumpridos naquela geração.

Como já vimos ao longo de todo o nosso estudo, muitas pistas na passagem em si, incluindo os sinais cósmicos e a abominação da desolação, indicam que estas são profecias da Tribulação do fim dos tempos, e não meramente advertências históricas sobre o ano 70 d.C. Além disso, Cristo diz: "Quando virdes *todas* essas coisas, sabei que ele está próximo, às porta" (v. 33; ênfase do autor). Os sinais são um "pacote". Quando eles forem verdadeiramente cumpridos, o serão todos de uma vez. Este parece ser o ponto principal desta parábola, bem como o comentário que o segue. Portanto, a interpretação mais sensata do versículo 34 é a seguinte: Cristo está dizendo que a geração que estará viva quando começarem as verdadeiras dores de parto será a mesma geração que verá o parto. Essas coisas, quando acontecerem, não se estenderão por gerações.

Na verdade, este é o próprio significado da parábola da figueira. Quando a figueira começa a brotar, você pode virtualmente contar os dias até o verão. Da mesma forma, desde o momento em que os verdadeiros sinais das dores de parto começarem, haverá um tempo estabelecido até que todas essas coisas sejam cumpridas – sete anos, para ser exato. O Sermão Profético abrange um período relativamente curto, e não uma longa era escatológica. É essencialmente um período de sete anos, a septuagésima semana da profecia de Daniel. E a geração que vir o seu começo será a mesma que verá o cumprimento de todas as coisas que Cristo predisse. Então, quando os verdadeiros sinais das dores de parto começarem, quando isso for confirmado pela abominação da desolação e pela introdução das aflições da Grande Tribulação – "quando virdes *todas* estas coisas" – todos poderão saber que a volta de Cristo está perto.

O enfoque da parábola é totalmente descomplicado; até mesmo uma criança pode, olhando para uma figueira, dizer que o verão está perto. Da mesma forma, a geração que vir *todos* esses sinais ocorrerem saberá com certeza que a volta de Cristo estará perto.

Essa exortação traz à lembrança a reprovação de Cristo aos fariseus em Mateus 16.2b,3: "Quando é chegada a tarde, dizeis: Haverá bom tempo, porque o céu está rubro. E pela manhã: Hoje haverá tempestade, porque o céu está de um vermelho sombrio. Hipócritas, sabeis diferençar a face do céu e não conheceis os sinais dos tempos?"

Aqueles que reconhecerem os sinais perceberão que a vinda de Cristo está às portas. Aqueles que estiverem vivendo durante a Tribulação poderão ter absoluta confiança de que Ele voltará em breve, apesar da maldade das perseguições, não importa quão convincente sejam as mentiras dos enganadores, independentemente do quanto pareça que Satanás, e não Deus, esteja no controle das coisas. Nas próprias palavras de Cristo: "Eis que eu vo-lo tenho predito" (Mt 24.25).

A confiança das suas promessas proféticas é confirmada pela autoridade imutável da Palavra de Deus. "O céu e a terra passarão, mas as minhas palavras não hão de passar" (v. 35). "A Escritura não pode ser anulada" (Jo 10.35). "Seca-se a erva, *e* caem as flores, mas a palavra de nosso Deus subsiste eternamente" (Is 40.8). Portanto, aqueles que estiverem vivos quando essas coisas ocorrerem poderão saber, com uma certeza sólida como a rocha, que as suas promessas são verdadeiras. E não importa quão tristes e desanimadoras as coisas comecem a parecer na Tribulação, Cristo finalmente surgirá como Vencedor sobre os seus inimigos.

Sete

Será que Alguém Sabe realmente em que Momento Estamos?

Todas as vezes que o assunto da volta de Cristo é abordado, inevitavelmente alguém pergunta: "Quando essas coisas vão acontecer?" É a mesma pergunta que estava nos lábios dos discípulos pouco antes de Cristo subir ao céu. Suas últimas palavras na Terra estabeleceram uma inequívoca barreira que não devemos tentar romper: "Não vos pertence saber os tempos ou as estações que o Pai estabeleceu pelo seu próprio poder" (At 1.7b). Não nos cabe conhecer o momento preciso, pois se trata de um assunto que diz respeito exclusivamente ao Pai. É uma dessas coisas encobertas que a Escritura nos ensina a deixar por conta da sabedoria secreta de Deus (Dt 29.29). Não é algo que devamos tentar descobrir.

Durante quarenta anos de pregação, tenho observado, entretanto, que todas as vezes que ensino sobre esse assunto, invariavelmente alguém me pede para discutir sobre quanto tempo ainda dispomos antes do retorno de Cristo. Parece ser um desejo ardente e universal entre os cristãos tentar descobrir com precisão quando essas coisas começarão a acontecer.

Mas Cristo claramente considerou que essa especulação não passava de uma insensatez: "Daquele Dia e hora ninguém sabe, nem os anjos dos céus, nem o Filho, mas unicamente meu Pai" (Mt 24.36). Deus conhece esse momento, pois já foi estabelecido no seu soberano plano. Tanto o momento como a forma do retorno de Cristo já foram determinados pela sabedoria soberana de Deus. Os anjos do céu não conhecem esse momento e até Jesus, em sua humanidade, antes da ressurreição, não possuía a plena consciência do momento preciso da sua volta (Mt 13.32).[1] Na verdade, só uma arrogante desconsideração para com a Palavra de Deus pode levar as pessoas a pensar que Deus lhes deu indícios suficientes para fazer essa descoberta. Simplesmente não nos cabe saber.

Alguns afirmam que Cristo já nos deu vários indícios que mostram claramente o momento do seu retorno. Um dos sinais mais importantes, a abominação da desolação, faz o relógio caminhar numa catastrófica contagem de três anos e meio até o momento do retorno final de Cristo. Devemos lembrar que Daniel disse expressamente: "Desde o tempo em que o contínuo sacrifício for tirado e posta a abominação desoladora, haverá mil duzentos e noventa dias" (Dn 12.11). Portanto, não se torna imediatamente óbvio que quando a abominação ocorrer o retorno de Cristo estará apenas a uma distância de três anos e meio? Não seria essa, virtualmente, a afirmação que Jesus estava fazendo sobre a abominação de desolação? Como isso poderia se harmonizar com a sua declaração de que ninguém conhece esse momento?

Em primeiro lugar, mesmo com todos os sinais, a hora e o dia exatos da vinda de Cristo não serão conhecidos. Certamente esses sinais impõem uma diligente vigilância à medida que o momento se aproxima, mas eles não significam nenhuma data precisa. Apesar de todos os sinais que precedem a sua volta, quando Cristo aparecer, as pessoas ainda estarão, na sua grande maioria, despreparadas para Ele. "(...) porque virá o Filho do Homem à hora que não imaginais" (Lc 12.40b).

Mas existe um princípio ainda maior que está subjacente a essas palavras. A expressão "aquele dia e hora" pode ser mais bem entendida como uma sinédoque que compreende toda a cronologia da Segunda Vinda. A questão sobre quando *todos* esses eventos vão começar a acontecer foi, deliberadamente, deixada por conta do reino do mistério. Cristo estava, portanto, proibindo que se fizesse toda uma genérica determinação do final dos tempos. Ele estava desencorajando os discípulos de fazer conjecturas ou estabelecer calendários e linhas do tempo. Ele estava reiterando aquilo que invariavelmente ensinava todas as vezes que o assunto da sua volta era abordado: "Não vos pertence saber os tempos ou as estações" (At 1.7).

Jesus voltou a fazer essa mesma afirmação várias vezes entre Mateus 24.36 e o final do Sermão do Monte. "Vigiai, pois, porque não sabeis a que hora há de vir o vosso Senhor" (24.42). "(...) estai vós apercebidos também, porque o Filho do Homem há de vir à hora em que não penseis" (v. 44). "Virá o senhor daquele servo num dia em que o não espera e à hora em que ele não sabe" (v. 50). "Vigiai, pois, porque não sabeis o Dia nem a hora em que o Filho do Homem há de vir" (25.13).

Em todos esses versículos, os termos "dia" e "hora" referem-se não só ao momento específico do seu glorioso retorno final, como também, e mais difusamente, a uma estrutura temporal escatológica, na qual todos esses eventos irão se desenvolver. Todas essas advertências estão exigindo um estado geral de prontidão de todos os crentes em todas as épocas. Cristo está ensinando expressamente a verdade que estudamos no Capítulo 2: A sua vinda é iminente.

É claro que quando dizemos que sua vinda é iminente estamos falando em termos gerais. Seu glorioso retorno final não é iminente no mesmo sentido que o Arrebatamento. Há, na realidade, muitos sinais que devem preceder a sua vinda final *com* os seus santos em glória. Mas o aspecto do retorno de Cristo que estamos aguardando hoje é o Arrebatamento - a sua vinda *para* os santos (I Ts 4.16,17; Jo 14.3; I Co 15.51-54). A remoção da Igreja para um outro mundo será, provavelmente, o ponto de partida para os sinais do início de todos os demais eventos que Cristo descreveu no Sermão do Monte.

Em outras palavras, quando Jesus diz, "Daquele dia e hora ninguém sabe" (v. 36), está ensinando um *princípio* que se aplica não só ao momento da sua gloriosa vinda final, como também a cada aspecto das profecias da Segunda Vinda que estão contidas na Bíblia. Essa advertência está particularmente ligada ao Arrebatamento, considerando que ele irá inaugurar todos os demais eventos do final dos tempos, culminando pronta e finalmente com o glorioso retorno de Cristo à Terra.

O convite de Cristo para estarmos vigilantes e prontos é o tema central de tudo que está contido no Sermão do Monte. Até esse ponto contávamos apenas com uma narrativa gráfica dos acontecimentos que irão ocorrer na Tribulação. O que permanece é a *aplicação* daquela parte anterior do discurso. Alguns poderão se sentir tentados a limitar a imediata aplicação da segunda parte do discurso exclusivamente àquela futura geração que ainda se encontrará presa à Grande Tribulação. Mas isso seria um erro. O apelo que Cristo faz aqui está claramente direcionado a todos os crentes de todas as épocas. Tanto o Espírito, como as afirmações das palavras de Jesus, deixam isso bastante claro. O princípio que Ele está ensinando certamente se aplica a todos nós. E como Ele está encorajando o seu povo a estar pronto e vigilante caso venha ou ainda se demore, esse ensinamento é pertinente a todos aqueles que esperam enquanto Ele não vem, como também àqueles que testemunharão a sua chegada repentina.

Essa última parte do Sermão do Monte representa um potente e direcionado apelo a uma única coisa - a preparação. Cada afirmação e cada parábola, a partir desse ponto até o fim do discurso, contribuem para essa única e simples mensagem: Esteja pronto - Cristo chegará quando você menos espera. Essa parte do sermão põe em realce as quatro virtudes essenciais que os crentes devem cultivar enquanto aguardam.

Humildade

Primeiro, o Senhor Jesus preventivamente rebate o orgulho daqueles que querem determinar o tempo. "Daquele dia e hora ninguém sabe". É preciso ter certo grau de humildade para admitir a ignorância a respeito desse ponto de vital importância. É por isso que muitos do que se intitulam "especialistas" nas profecias da Bíblia insistem em fazer especulações e conjeturas em relação a datas e tempos. Essa obstinada determinação em fazer suposições sobre um assunto sobre o qual a Escritura é tão decididamente silenciosa só serve para trair o seu orgulho. Essa tendência de causar algum tipo de sensacionalismo, por meio da sua própria presunção, é ainda mais inoportuna à causa de Cristo.

Qual é a razão de Deus ter conservado escondido de toda a Igreja, durante quase 2000 anos, o momento da volta de Cristo? Posso imaginar várias e boas razões.

De um lado, se todos soubessem o momento preciso do retorno de Cristo, não há dúvida de que se sentiriam tentados a se submeter à sua obediência. Se as pessoas soubessem que tinham exatamente dez anos antes do Arrebatamento, muitas iriam imaginar que teriam tempo para pecar durante nove anos e meio, para depois planejar seu arrependimento pouco antes da vinda de Cristo. (De qualquer maneira, muitos vivem assim). Outros iriam usar a proximidade do fim de todas as coisas como desculpa para sua preguiça ou irresponsabilidade. Não há dúvida de que multidões iriam decidir gastar os dias restantes sentadas em espreguiçadeiras nas montanhas. Essas mesmas coisas acontecem todas as vezes que um profeta "moderno" anuncia que desvendou o segredo do momento do retorno de Cristo. Conheço uma família que vendeu a casa e todas as propriedades, e partiu para uma longa viagem de férias, por estar convencida de que Cristo iria voltar na data em que um recente adivinhador havia determinado. Como era esperado, Ele não retornou, e esse homem e sua esposa que já haviam esbanjado todos os seus recursos, precisaram recomeçar a construir a sua vida. No Capítulo 8 examinaremos uma parábola cujo objetivo principal é nos acautelar contra esse tipo de insensatez.

É em parte devido à sua misericórdia que Deus conserva escondido de nós o momento do retorno de Cristo. Se a hora do retorno de Jesus fosse conhecida, ninguém, crente ou não, seria capaz de manter uma perspectiva correta do futuro. Seria impossível pensar ou trabalhar normalmente. Iríamos perder aquele equilíbrio, tanto na expectativa como na paciência, que Deus nos manda conservar.

Além disso, é desnecessário conhecer o exato momento da vinda de Cristo. Nada daquilo que Deus está ordenando exige de nós o conhecimento de *quando* Cristo vai voltar. Se soubéssemos exatamente o momento, e com antecedência, isso iria questionar nossa motivação e arruinar a oportunidade de provarmos que a nossa devoção a Ele é pura.

Aqui está uma prova de como é totalmente desnecessário conhecermos o momento da volta de Cristo: nem mesmo os anjos participam desse segredo. "Mas, daquele Dia e hora, ninguém sabe, nem os anjos que estão no céu". Como mencionamos acima, o relato do Marcos está nos informando também que o próprio Jesus, antes da ressurreição, desconhecia esse momento: "Mas, daquele Dia e hora, ninguém sabe, nem os anjos que estão no céu, nem o Filho, senão o Pai" (Mc 13.32). Na sua submissão à vontade do Pai, o Filho Onisciente não acrescentou essa informação à sua mente humana consciente.

Alguém poderia imaginar que Cristo ou os anjos não tinham interesse em saber o momento exato dos eventos da Segunda Vinda? A Escritura nos diz que os anjos possuem uma compreensível curiosidade a respeito das grandes verdades espirituais que Deus não revelou inteiramente a eles (I Pe 1.12). Certamente, eles iriam gostar de conhecer essas verdades. Afinal de contas, eles estarão direta e ativamente envolvidos nesses acontecimentos do final dos tempos (cf. Mt 24.31). Juntamente com toda a criação, eles estão esperando ansiosamente por esse momento, gemendo e suspirando até que ele aconteça (Rm 8.22,23). Suponho que até o próprio Cristo deve ter sentido um desejo humano e normal de conhecer o momento do seu próprio retorno. No entanto, Ele se submeteu humanamente à vontade do Pai nesse e também em todos os assuntos (Jo 5.30; 6.38; 8.29).

Ele exige de nós essa mesma humildade. Este é, portanto, o ponto de partida para uma adequada perspectiva da Segunda Vinda - humildade.

Vigilância

Cristo também nos pede para sermos vigilantes e esperançosos. Ele compara a iminência do Seu retorno ao inesperado Dilúvio registrado em Gênesis:

> *Porém daquele Dia e hora ninguém sabe, nem os anjos dos céus, nem o Filho, mas unicamente meu Pai. E, como foi nos dias de Noé, assim será também a vinda do Filho do Homem. Porquanto, assim como, nos dias anteriores ao dilúvio, comiam, bebiam, casavam e davam-se em casamento, até ao dia em que Noé entrou na arca, e não o perceberam, até que veio o dilúvio, e os levou a todos, assim será também a vinda do Filho do Homem. Então, estando dois no campo, será levado um, e deixado o outro; Estando duas moendo no moinho, será levada uma, e deixada outra. Vigiai, pois, porque não sabeis a que hora há de vir o vosso Senhor.*
>
> – Mateus 24.36-42

O Dilúvio representa a perfeita ilustração do argumento de Jesus. Na época de Noé a maioria das pessoas ficou completamente surpreendida. Elas estavam desprevenidas e despreparadas e quando ele aconteceu perceberam que já era muito tarde. E o mesmo vai acontecer no retorno de Cristo.

Sabemos, pelo Antigo Testamento, que na época de Noé uma desenfreada iniqüidade reinava na terra antes do Dilúvio. É dessa maneira que Gênesis 6.5 descreve esse tempo: "E viu o Senhor que a maldade do homem se multiplicara sobre a terra e que toda imaginação dos pensamentos de seu coração era só má continuamente".

Mas o assunto que Jesus está comentando aqui não trata, principalmente, da extraordinária iniqüidade daqueles dias. Quando Ele diz, "comiam, bebiam, casavam e davam-se em casamento", Ele não está descrevendo certas atividades que são inerentemente pecadoras. Ao contrário, eram atividades cotidianas. As pessoas estavam praticando, normalmente, as atividades da vida. No dia em que as chuvas começaram as pessoas em todo mundo se alimentaram como habitualmente e casamentos haviam sido programados para aquele mesmo dia. Não houve nenhum aviso preliminar e nenhum céu de nuvens carregadas serviu para preveni-las de que o castigo estava a caminho. O Dilúvio simplesmente aconteceu sem qualquer sinal prévio do céu e varreu a todos. Eles foram pegos totalmente de surpresa.

Entretanto, "comer, casar e dar-se em casamento" são aspectos *sensuais* (ou seja, relativos aos sentidos) da vida quotidiana. A vida havia degenerado a ponto das ocupações dos sentidos representarem *toda* a preocupação das pessoas. Sua filosofia de vida era precisamente aquela que o apóstolo Paulo disse que se poderia esperar de alguém que não tem a esperança da ressurreição: "Comamos e bebamos, que amanhã morreremos" (I Co 15.32). Eles haviam negligenciado totalmente os seus deveres espirituais. Estavam tão entretidos com seus apetites sensuais que, na verdade, esses mesmos apetites haviam se transformado no deus que adoravam.

Aquelas pessoas estavam envolvidas numa pecaminosa apatia espiritual. Em seu meio vivia Noé a quem Pedro, escrevendo sob a inspiração do Espírito Santo, chama de "pregoeiro da justiça" (2 Pe 2.5). Pedro diz também que "a longanimidade de Deus esperava nos dias de Noé, enquanto se preparava a arca" (I Pe 3.20). Noé estava construindo uma arca muito sólida e isso, certamente, não era nenhum segredo na vizinhança. Ele havia achado graça aos olhos do Senhor e sabia que o Dilúvio estava próximo. Seu próprio estilo de vida representava uma advertência aos vizinhos e não há dúvida de que esse "pregoeiro da justiça" havia dado a eles muitos avisos verbais, até o dia em que o Senhor fechou as porta da arca. Se as pessoas tivessem ouvido suas palavras, se tivessem tido ouvidos espirituais para ouvir, teriam recebido amplas advertências sobre o Dilúvio que se aproximava.

Mas aquelas descuidadas e negligentes pessoas ignoraram os avisos de Noé. E continuaram normalmente a viver a sua vida. Não há dúvida de que muitos viviam de acordo com a filosofia dos zombadores mencionados em 2 Pedro 3.4: "Porque desde que os pais dormiram todas as coisas permanecem como desde o princípio da criação". A vida continua. Mas somente os tolos imaginam que ela vai continuar para sempre. O ouvinte previdente permanecerá pronto, embora não possamos saber o dia e a hora precisos.

Da mesma forma, atualmente o homem comum se esquece da inevitabilidade do repentino retorno de Cristo. Infelizmente, muitos cristãos professos vivem a vida sem nunca terem pensado na possibilidade de, a qualquer momento, se encontrarem na presença de Cristo. Este tipo de apatia nos torna insensíveis e espiritualmente preguiçosos. Na segunda parte do Sermão do Monte, o objetivo de Cristo é inundar o nosso coração com o desejo de estarmos constantemente alertas e vigilantes para o momento da sua volta.

Durante a Tribulação toda humanidade estará mais endurecida pelo pecado e mais espiritualmente insensível do que antes. À medida que as crises da Tribulação se tornarem mais urgentes, e os problemas terrenos começarem a invadir os aspectos mais simples da vida quotidiana, as pessoas irão teimosamente se tornar cada vez mais hostis a Deus – e mais determinadas do que antes a viver suas vidas da maneira habitual. É incrível que com o universo literalmente desmoronando ao seu lado, eles ainda continuem a "comer, beber, casar e dar-se em casamento". Por mais desesperada que seja a sua necessidade de se voltarem para o Senhor, mais inacessíveis eles serão à Sua verdade. Embora venham a sofrer as piores conseqüências imagináveis do pecado humano eles irão, todavia, recusar o arrependimento (Ap 9.20,21).

Todos os perigos da dor do parto, a abominação da desolação, e os sinais no céu não terão qualquer efeito sobre a maioria das pessoas que viverem durante a Tribulação. Seu coração se encontrará endurecido à verdade. Eles verão os sinais, mas tentarão explicá-los como fenômenos naturais. Ouvirão o Evangelho (Mt 24.14), mas não prestarão a devida atenção. Terão todas as oportunidades para se arrepender, mas recusarão o arrependimento e continuarão a "comer, beber, casar e se dar em casamento" exatamente como nos dias de Noé.

Entretanto, como vimos anteriormente, uma multidão *será* salva durante a Tribulação (Ap 6.9-11; 7.9-14). Embora essa era tenha ficado predominantemente conhecida pelo seu pecado e pela descrença, Israel e mais um remanescente de gentios serão redimidos. E Cristo sugere que quando Ele retornar sua vinda irá resultar numa imediata e irreversível separação entre os crentes e os não crentes. "Então, estando dois no campo, será levado um, e deixado o outro; Estando duas moendo no moinho, será levada uma, e deixada outra" (vv. 40,41).

Esse exemplo representa uma comparação com o que ocorreu nos dias de Noé, quando a maioria das pessoas foi atingida pelo castigo do Dilúvio, enquanto oito almas foram "deixadas" na terra e salvas pela arca (1 Pe 3.20). Da mesma forma, quando Cristo retornar alguns serão castigados e outros serão salvos.

A questão sobre quem será "deixado" e quem será "levado" é um ponto que merece algum debate. Alguns acreditam que essa é uma referência ao Arrebatamento e os que forem levados serão aqueles que serão salvos. Mas como Cristo nada disse sobre o Arrebatamento, através de todo seu discurso, parece que o contexto está eliminando essa interpretação.

O analista puritano Mathew Henry propôs uma interpretação semelhante. Ele escreveu:

> Ele havia dito anteriormente (v. 31) que os escolhidos serão *ajuntados*. Aqui Ele nos diz que, para que isto aconteça, eles serão diferenciados daqueles que estão mais próximos a eles neste mundo; aqueles que são chamados e escolhidos são levados à glória; os demais são abandonados para que pereçam por toda a eternidade... Cristo virá de forma inesperada, encontrará o povo ocupado com os seus afazeres usuais *no campo, e no moinho*; e então este fato impactará a vida deles conforme a sua condição: alguns serão vasos de misericórdia preparados para a glória, enquanto outros serão vasos da ira preparados para a perdição; um será levado *para encontrar o Senhor e os Seus anjos nos ares, para estar eternamente com Ele e com eles*; o outro será deixado para Satanás e os seus demônios que, depois de Cristo ter juntado os Seus, varrerão os que sobrarem.[2]

Através dessa interpretação, aquele que for "levado" será salvo da destruição e aquele que for "deixado" irá enfrentar o castigo.

Alguns pensam que Cristo quis dizer que aqueles que fossem "levados" seriam levados para o julgamento no Seu retorno, e os que fossem "deixados" seriam as pessoas deixadas na terra para entrar no reino. Assim, estes entendem que aqueles que forem levados serão juntados para o castigo. Eles se assemelham ao joio que é atado em molhos para ser queimado, enquanto os que forem deixados serão como o trigo que é colocado no celeiro (Mt 13.30).

Essa é a mesma lição que Cristo irá elaborar em seguida: as ovelhas serão apartadas dos bodes (cf. 25.32-46). O retorno de Cristo irá significar uma repentina e permanente separação entre os iníquos e os redimidos. Cristo está insistindo na urgência da salvação nesse momento, durante o dia da salvação, porque em breve o momento da oportunidade findará. A porta da arca será completamente fechada, por assim dizer. Isso acontecerá sem nenhum aviso e as conseqüências serão instantâneas e irreversíveis. Não se deixe surpreender. Esteja vigilante.

Cristo estabelece um argumento do qual ninguém poderá escapar: "Vigiai, pois, porque não sabeis a que hora há de vir o vosso Senhor" (v. 42). O tempo do verbo sugere uma contínua vigilância, o hábito da expectativa – não existe qualquer permissão para a apatia ou para a indiferença. A única perspectiva adequada para o cristão é a de uma vigilância repleta de esperança e vigor.

Prontidão

A fim de ilustrar a afirmação "não sabeis a que hora há de vir o vosso Senhor", Cristo compara sua vinda com a invasão de um ladrão: "Mas considerai isto: se o pai de família soubesse a que vigília da noite havia de vir o ladrão, vigiaria e não deixaria que fosse arrombada a sua casa. Por isso, estai vós apercebidos também, porque o Filho do Homem há de vir à hora em que não penseis" (Mt 24.43,44).

Se o próprio Cristo não tivesse empregado essa expressão, poderia parecer falta de piedade comparar sua vinda com a entrada de um ladrão comum. Não existe, certamente, nenhuma comparação legítima que se possa fazer entre o caráter de um ladrão e o imaculado Filho de Deus. Há, entretanto, uma metáfora válida e vital envolvendo a secreta e repentina chegada de um ladrão, assim como uma lição secundária sobre a prudência do dono da casa. Esse duplo argumento de Jesus é simples e claro: nenhum ladrão, no seu juízo perfeito, anunciaria sua chegada, e nenhum dono de casa, no seu juízo perfeito, deixaria a casa desguarnecida e destrancada se soubesse que um ladrão iria chegar a uma determinada hora.

Indo mais adiante com a metáfora, se o dono da casa tem certeza de que o ladrão vai chegar, mesmo sem saber a hora, ele ficará continuamente em guarda e preparado para esperá-lo. Nós sabemos que Cristo vai chegar, mas não sabemos a hora. Portanto, é conveniente estarmos preparados em *todos* os momentos.

A imagem de um ladrão que chega à noite é repetida várias vezes nos ensinamentos do Novo Testamento sobre a Segunda Vinda: "porque vós mesmos sabeis muito bem que o Dia do Senhor virá como o ladrão de noite" (I Ts 5.2). "Mas o Dia do Senhor virá como o ladrão de noite, no qual os céus passarão com grande estrondo, e os elementos, ardendo, se desfarão, e a terra e as obras que nela há se queimarão" (2 Pe 3.10). "E, se não vigiares, virei sobre ti como um ladrão, e não saberás a que hora sobre ti virei" (Ap 3.3b). "Eis que venho como ladrão. Bem-aventurado aquele que vigia e guarda as suas vestes, para que não ande nu, e não se vejam as suas vergonhas" (Ap 16.15).

Observe como, freqüentemente, a imagem do ladrão está ligada ao castigo do Dia do Senhor. A volta de Cristo, por ser inesperada e repentina, assim como a sua finalidade, está entre os fatores que transformam o Dia do Senhor numa antecipação aterrorizante. E naquilo que diz respeito aos incrédulos, a vinda de Cristo será exatamente igual à vinda de um ladrão: Ele tirará tudo deles.

Como as pessoas deveriam se preparar para a volta do Senhor? Em primeiro lugar Ele está pedindo uma prontidão de alma. Está insistindo para as pessoas se reconciliarem com Deus. Está falando sobre separar instantaneamente as pessoas redimidas daquelas que serão condenadas. Portanto, essa prontidão que Ele está pedindo começa com a salvação. A frase, "estai... apercebidos" (v. 44) é, de fato, um apelo evangelístico aos condenados.

Em segundo lugar, Ele está pedindo a fidelidade daqueles que já foram redimidos, e deixa isso bem claro na parábola seguinte.

Fidelidade

Essa parábola esclarece a declaração que se encontra no final do versículo 44 ("Porque o Filho do Homem há de vir à hora em que não penseis").

> *Quem é, pois, o servo fiel e prudente, que o Senhor constituiu sobre a sua casa, para dar o sustento a seu tempo? Bem-aventurado aquele servo*

que o Senhor, quando vier, achar servindo assim. Em verdade vos digo que o porá sobre todos os seus bens. Porém, se aquele mau servo disser consigo: O meu senhor tarde virá, e começar a espancar os seus conservos, e a comer, e a beber com os bêbados, virá o senhor daquele servo num dia em que o não espera e à hora em que ele não sabe, e separá-lo-á, e destinará a sua parte com os hipócritas; ali haverá pranto e ranger de dentes.

– Mateus 24.45-51

A imagem dessa parábola é óbvia. O Senhor representa Cristo, o servo bem-aventurado representa os crentes fiéis e o servo mau representa os infiéis. A vida humana é retratada como se fosse uma intendência, um ofício em que os servos recebem a supervisão e a responsabilidade pelas posses do Senhor. Os "bens" do mestre são metáforas relativas ao tempo, talentos, recursos e oportunidades que Deus nos confiou. Tudo que temos nos foi dado por Deus (I Co 4.7). Somos responsáveis pela maneira como administramos aquilo que Ele nos dá, e virá o tempo em que cada um de nós terá que responder pelo que recebeu (Rm 14.12). Nessa parábola, o retorno do Senhor significa que chegou o tempo de os servos prestarem contas do seu ofício, daquilo que esteve sob a sua responsabilidade.

O servo bem-aventurado é aquele que se encontra fazendo o que o seu Senhor havia ordenado (Mt 24.46). Sua recompensa será tomar conta de *todos* os bens do Senhor (v. 47). Na verdade, ele será colocado na posição mais elevada de autoridade e privilégios, exceto naquilo que é próprio do Senhor.

Isso representa os crentes que se mostraram fiéis ao Senhor. Eles irão governar e reinar com Cristo no seu Reino (2Tm 2.12; Ap 20.6). Eles se tornarão co-herdeiros com Cristo (Rm 8.17) e receberão todos os privilégios do Reino. A eles será concedido até mesmo o direito de se sentarem com Cristo no seu trono! (Ap 3.21)

O servo mau representa o incrédulo. Observe que no coração do mau servo não existe nenhuma expectativa do retorno do Senhor: Ele diz no seu coração: "O meu senhor tarde virá" (v. 48b). E essa falta de expectativa lhe dá um falso senso de segurança em seu comportamento iníquo.

A verdade retratada pelo servo mau estabelece um importante argumento: *todos* prestarão contas a Deus pelos atos da sua vida Ø até as pessoas que se recusam a reconhecer a existência dEle. Ele lhes deu a vida, todas as suas posses e todas as suas habilidades. Portanto, nada têm que não lhes tenha sido concedido por Deus. Eles também são seus servos, embora sejam servos infiéis. E Ele tem todo o direito de exigir uma prestação de contas.

Nessa parábola o Senhor surge de forma repentina e inesperada, encontrando o servo mau desprevenido. A natureza do castigo que o servo recebe é uma prova de que ele representa o incrédulo. Ele é punido (é morto) e enviado ao lugar dos hipócritas onde, de acordo com Jesus, "haverá pranto e ranger de dentes" (v. 51). Essa é uma inequívoca referência ao inferno (cf. Mt 13.42,50). Nesse ponto Jesus deixa de lado a linguagem da parábola, que trata das realidades temporais e terrenas, e passa a usar a linguagem da eternidade. Dessa forma, Ele deixa bem claro o significado da parábola e insiste na urgência do aviso que está dando.

A frase "haverá pranto e ranger de dentes" transmite uma imagem muito forte. Ela fala sobre a infindável tristeza e o tormento do inferno. O "pranto" representa a aflição – o remorso pessoal por causa das oportunidades desperdiçadas, as dores da consciência por saber que a condenação foi justa e a angústia por entender que o castigo é definitivo e que o dia da salvação já passou. O "ranger de dentes" representa o tormento eterno – o infindável sofrimento, o sentimento de perda e de pura aflição. Cristo insistiu muitas vezes na absoluta tristeza do inferno e implorou às pessoas que fugissem à ira e se reconciliassem novamente com Deus. Nas suas descrições do tormento eterno, não existe qualquer satisfação ou alegria perversa, mas somente a tristeza. E Ele não descreve tão graficamente o inferno movido apenas por razões acadêmicas. Existe um propósito de bondade no retrato que faz do castigo eterno: Ele está insistindo para seus ouvintes acreditarem enquanto a oportunidade ainda está presente. E, nessa parábola em particular, Ele está mostrando a insensatez de presumir que o Senhor irá adiar a sua vinda eliminando, portanto, a urgência do evangelho.

Mas a lição dessa parábola vai além de uma simples convocação à fé. Ela também insiste na *fidelidade*. O servo bem-aventurado (vv. 45-47) representa o modelo de atitude que os crentes devem adotar enquanto aguardam a volta do Senhor. O servo se manteve ocupado. Estava dedicado à tarefa que lhe foi confiada. Ele era leal. Era obediente. E quando o Senhor retornou inesperadamente, esse servo se encontrava pronto – porque havia se mantido pronto o tempo todo. Em todos os momentos esse servo havia se mantido fiel. O servo não entendeu a ausência do seu Senhor como uma oportunidade de declarar uma desautorizada licença para si mesmo. Muito pelo contrário. Ele assumiu seriamente a sua responsabilidade e permaneceu fiel à tarefa. E considerou a ausência do seu Senhor como uma razão a mais para se manter diligente.

Essa é a adequada atitude mental para um cristão que está aguardando. A demora do nosso Senhor não significa que não exista urgência na sua vinda. Não devemos nos tornar preguiçosos ou indolentes. Acima de tudo, não podemos perder o nosso senso de uma vigilante expectativa. Ele está vindo. Ele poderá demorar um pouco mais, ou poderá vir ainda hoje. De qualquer forma. Ele deverá nos encontrar alertas, preparados e fiéis.

Oito

O Perigo das Expectativas Tolas

A parábola do final de Mateus 24, assim como a parábola do início de Mateus 25, formam um contraste interessante. Essas duas parábolas ensinam lições opostas, mas complementares. A parábola a respeito dos servos (24.45-51) nos ensina a ficarmos preparados para Cristo, caso Ele venha mais cedo do que esperamos. A parábola das virgens (25.1-13) nos ensina a ficarmos preparados caso Ele *demore* mais do que esperamos. Essas duas atitudes são absolutamente essenciais a uma equilibrada esperança bíblica.

Como discutimos no capítulo anterior, as pessoas que não estão esperando o iminente retorno de Cristo ficam inclinadas a desenvolver hábitos espirituais negligentes. Elas se preocupam com coisas terrenas e se tornam apáticas no que se refere aos assuntos espirituais.

Mas o erro oposto leva a perigos semelhantes. Muitas pessoas estabelecem um período de tempo na sua mente, além do qual presumem que Cristo não poderia de forma alguma tardar. Tal atitude introduz um limite artificial em todos os seus planos, preparações e aspirações. Elas nunca olham para além desse seu prazo arbitrário. Adquirem, portanto, uma visão indiferente e imprudente do futuro. Na verdade, elas também impõem um falso limite de tempo à própria esperança – e muitos que caem nesse erro irão, no fim, ficar desanimados ao verificar que suas expectativas não se realizaram. A epidemia de notáveis fixadores de tempos e datas que ocorreu nas últimas décadas deixou milhares de pessoas desiludidas, cujas expectativas ficaram em ruínas.

Isso acontece, em primeiro lugar, porque tais expectativas são totalmente infundadas. Nada na Escritura nos promete que Cristo irá retornar dentro de algum prazo cronológico que seja do nosso conhecimento. Na verdade, somos repetidamente informados de que não sabemos o dia, nem a hora, da sua vinda. Essa verdade foi expressamente declarada pelo menos cinco vezes no Sermão profético (24.36, 42, 44, 50; 25.13). Portanto, será uma total presunção fixar qualquer data na nossa mente e viver de acordo com a premissa de que Cristo não poderá, de forma alguma, vir depois dessa data.

Os explícitos fixadores de tempos e datas não são os únicos que cometem esse erro. Conheço certas pessoas que estão, nesse momento, atingindo a data da sua aposentadoria sem ter reservado nenhuma economia, ou pensão, porque nos anos 1960 e 1970 leram alguns livros, então muito populares, onde estava implícito que o Arrebatamento ocorreria dentro de vinte anos, se não antes. Essas pessoas haviam testemunhado a formação de Israel como nação. Elas perceberam o aumento da hostilidade entre os superpoderes do mundo, muitos dos quais estavam voltados para o Oriente Médio. Elas continuaram a ouvir alguns arbitrários analistas das profecias da Bíblia falar sobre o "cumprimento" desse ou daquele sinal bíblico. E concluíram, tolamente, que de forma alguma iriam atingir a data da aposentadoria antes do Arrebatamento; portanto, não se prepararam para essa possibilidade. Nunca lhes ocorreu que Cristo poderia demorar mais do que haviam previsto.

De acordo com seu testemunho, muitas das pessoas que estão atualmente alardeando que as profecias da Apocalipse já se cumpriram – negando, portanto, qualquer retorno futuro de Cristo – são pessoas que certa vez devoraram todos os *best-sellers* sobre as profecias bíblicas e se convenceram de que Cristo retornaria antes do fim do milênio. Elas ficaram desapontadas ao verem que as suas expectativas se revelaram totalmente falsas.

Mas elas representam exatamente aquele tipo de expectativa tola contra a qual essa parábola está advertindo.

A expectativa da volta de Cristo não denota, certamente, uma expressão de insensatez. Como vimos, através do nosso estudo da Segunda Vinda, uma determinada atitude mental de constante esperança pelo seu iminente retorno é exatamente aquela que a Escritura nos instrui a abrigar. Mas presumir que já temos conhecimento de quando Ele vai voltar – ou mesmo formular nossos planos e preparações para o futuro de acordo com uma data aproximada na qual acreditamos que Ele certamente deverá retornar – será o mesmo que acalentar uma expectativa tola.

Apesar de Jesus ter insistido na iminência da sua vinda e na urgência de estarmos preparados, não deixou também de enfatizar uma verdade de igual importância: os cristãos que são realmente fiéis deverão se manter pacientes, ainda que Ele demore além do que possamos imaginar. Devemos nos manter dispostos, preparados para o futuro e continuarmos a viver a nossa vida enquanto esperamos. Não iremos mostrar que estamos preparados para sua volta indo para qualquer montanha onde, preguiçosamente, aguardaremos o seu aparecimento. Enquanto esperamos, devemos praticar seus mandamentos e divulgar o evangelho na Terra com sofrimento, paciência e uma determinada devoção, sem nos desesperar e sem perdermos um grama da nossa esperança caso Ele venha – segundo a nossa visão – a protelar a sua volta.

Jesus dá um exemplo das suas palavras com a parábola que fala sobre a cerimônia do casamento:

> *Então, o Reino dos céus será semelhante a dez virgens que, tomando as suas lâmpadas, saíram ao encontro do esposo. E cinco delas eram prudentes, e cinco, loucas. As loucas, tomando as suas lâmpadas, não levaram azeite consigo. Mas as prudentes levaram azeite em suas vasilhas, com as suas lâmpadas. E, tardando o esposo, tosquenejaram todas e adormeceram.*

Mas, à meia-noite, ouviu-se um clamor: Aí vem o esposo! Saí-lhe ao encontro! Então, todas aquelas virgens se levantaram e prepararam as suas lâmpadas. E as loucas disseram às prudentes: Dai-nos do vosso azeite, porque as nossas lâmpadas se apagam. Mas as prudentes responderam, dizendo: Não seja caso que nos falte a nós e a vós; ide, antes, aos que o vendem e comprai-o para vós. E, tendo elas ido comprá-lo, chegou o esposo, e as que estavam preparadas entraram com ele para as bodas, e fechou-se a porta. E, depois, chegaram também as outras virgens, dizendo: Senhor, senhor, abre-nos a porta! E ele, respondendo, disse: Em verdade vos digo que vos não conheço. Vigiai, pois, porque não sabeis o Dia nem a hora em que o Filho do Homem há de vir.

– Mateus 25.1-13

Aqui temos uma cerimônia noturna de casamento onde parece que tudo saiu errado. O esposo se atrasou. As damas de honra adormeceram. As lâmpadas se apagaram. Metade das participantes da festa do casamento perde o início da cerimônia e acaba sendo despedida pelo noivo. Você pode imaginar um casamento mais desastrado?

Mas cada fase desse aparente fiasco nupcial revela uma lição sobre a vinda do Noivo celestial.

O Noivo Demorou

A primeira coisa a ser observada é que o noivo chegou depois do horário em que o esperavam. A razão do seu atraso não foi explicada. Aparentemente, ele estava vindo de um lugar muito distante. Talvez tenha demorado por causa do clima, ou de outras circunstâncias. Qualquer que tenha sido a razão da sua demora, ele chegou muito depois do que alguém poderia imaginar. Na verdade, provavelmente estivesse começando a parecer que não viria. Até a comitiva da festa do casamento veio a adormecer. E ele só chegou à meia-noite – várias horas depois da hora aprazada para o início da cerimônia do casamento.

Essa não foi uma atitude de deliberada negligência. Ele "tardou" (v. 5). Houve algum tipo de atraso inevitável. Pela sua determinação de dar imediato prosseguimento ao casamento assim que chegou, podemos deduzir que a sua demora não foi obra de alguma indecisão ou dúvida da sua parte no que se refere aos planos do casamento. Essa prolongada demora não sugere qualquer falta de entusiasmo da sua parte quanto à festa do casamento. E também não sugere qualquer imperfeição no seu amor pela noiva. Não há duvida de que tinha boas razões para se atrasar, embora essas razões não tenham sido explicadas como parte da parábola.

Na nossa cultura, qualquer demora por parte do noivo sem dúvida faria com que os convidados voltassem para casa e o casamento fosse cancelado; e ponto final. Mas essa cerimônia de casamento era diferente da que estamos acostumados na nossa moderna cultura ocidental.

Você se lembra da nossa discussão no capítulo 1 a respeito dos casamentos nos tempos bíblicos? O típico casamento judeu era um evento constituído de três partes, e estendia-se por vários meses. O passo 1 era um contrato legal de noivado, geralmente arranjado pelos pais dos noivos e selado com o pagamento do dote da noiva. O passo 2 correspondia ao período de noivado, que se iniciava com uma cerimônia pública onde se trocavam votos e presentes. O prazo do noivado podia durar até um ano, e durante esse período o novo esposo tinha a responsabilidade de mostrar que era capaz de manter a família. Ele também aproveitava o período do noivado para construir a moradia onde o novo casal começaria uma nova vida em conjunto. Durante o noivado, era estabelecido um solene compromisso de casamento que só poderia ser dissolvido pelo divórcio, embora a união física do casal ainda não tivesse se consumado. O passo 3 correspondia ao banquete do casamento, realizado durante o período do noivado e que, geralmente, era realizado na casa da noiva. Somente depois do banquete de casamento a noiva ia para a casa do seu esposo e, então, a união finalmente de consumava.

A cerimônia descrita na parábola é o banquete do casamento, o estágio final das festividades. Os banquetes de casamento eram celebrações comunitárias que, muitas vezes, duravam até uma semana. No começo da festa, o noivo e seus padrinhos iam até a casa da noiva. Sua chegada era um evento cheio de cerimônias, precedido pelas damas de honra, que saíam para receber o noivo e escoltá-lo até a casa da noiva. No caminho, entretanto, os convidados caminhavam pelas ruas da comunidade proclamando a todos que a festa de casamento estava prestes a começar. Muitas vezes essas cerimônias eram realizadas à noite; portanto, os convidados carregavam lâmpadas que, além de iluminar o caminho, contribuíam para a pompa do acontecimento.

Muitas vezes também, especialmente se o noivo vinha de uma longa distância, a hora precisa da sua chegada não podia ser determinada com antecedência. Mas todos os membros da comunidade sabiam que uma festa de casamento era iminente. Também sabiam que a chegada do noivo marcaria oficialmente o início do casamento. Mas a espera pelo noivo podia se tornar um assunto muito cansativo. Portanto, as pessoas continuavam com suas tarefas costumeiras até a passagem da alegre procissão dos convidados do casamento. Esse era o aviso oficial à comunidade de que o noivo havia chegado finalmente e que o banquete ia começar.

Em qualquer cultura, a meia-noite é considerada uma hora muito avançada para o início de uma festa de casamento. Mesmo na época de Jesus, provavelmente as festividades do casamento seriam adiadas até o dia seguinte se o noivo não tivesse chegado até um horário razoável. Em vez de chegar tão tarde, é provável que o noivo passasse a noite fora da cidade, adiando por algumas horas a sua visita à casa da noiva, preferindo terminar a sua jornada pela manhã, quando as pessoas já teriam acordado e estariam prontas para participar do cortejo nupcial.

Mas o noivo dessa parábola já havia esperado um longo tempo pela noiva. Tendo se atrasado, inevitavelmente, na viagem para a festa de casamento, ele não queria, nem por um momento, adiar o banquete. É provável que tenha enviado mensageiros para informar aos convidados que havia sido detido, mas que logo iria chegar, informando também que embora estivesse atrasado, assim que chegasse o casamento prosseguiria independentemente da hora. Se isso significava que menos convidados iriam comparecer porque já teriam ido dormir, ele nada poderia fazer. Mas o noivo tinha o direito de esperar que os convidados fossem fiéis o suficiente para permanecerem acordados esperando por ele.

A mensagem central dessa parábola é óbvia: Cristo está vindo. Ele pode demorar mais do que esperamos; portanto, precisamos fazer os preparativos certos, levando em conta que isso poder acontecer. E devemos permanecer alertas, mesmo se a hora nos parecer tardia demais – porque quando Ele realmente chegar, não haverá uma segunda oportunidade.

Em outras palavras, a verdadeira prontidão para a volta de Cristo envolve não só a expectativa de Ele aparecer em breve, mas também paciência para aguardar fielmente, sem perder a esperança. Não importa quanto tempo demore; permaneceremos fiéis, alertas e esperançosos.

As Damas de Honra Ficaram Sonolentas

A fim de entender a essência dessa parábola, devemos novamente nos esforçar para colocá-la dentro do contexto da cultura judaica do século I. À primeira vista, para os modernos ouvidos ocidentais, pode parecer que o noivo tenha estragado o casamento, por causa do seu atraso. Entretanto, levando em conta o contexto cultural da época, fica bem claro que o noivo estava muito ansioso para que o casamento acontecesse. Tendo demorado contra a sua vontade, ele queria prosseguir com o casamento a despeito da hora já ser tão avançada. Foram as damas de honra que estragaram a cerimônia.

Elas eram chamadas de "virgens" porque, de acordo com o costume da época, as damas de honra eram sempre jovens virgens e castas que nunca tinham se casado. Havia dez dessas virgens, todas consideradas damas de honra. Na nossa cultura, isso teria sido uma grande festa de casamento, mas é provável que nos casamentos daquela época dez damas de honra fossem o mínimo possível para a cerimônia. Usando princípios semelhantes, também era necessário que houvesse um mínimo de dez homens para estabelecer uma sinagoga, e se exigia dez testemunhas para selar um importante contrato (cf. Rt 4.2), e dez pessoas deviam estar sempre presentes para testemunhar toda circuncisão.

Aqui as damas de honra representam os crentes fiéis. Observe que todas elas ficaram surpreendidas com a chegada do noivo – depois de tão longa demora - e que somente a metade delas havia se preparado para a sua chegada. As outras cinco não haviam se preparado de forma alguma para a sua chegada; portanto, ele as expulsou da festa de casamento.

As cinco damas de honra que haviam se preparado para o noivo representam os verdadeiros crentes. As cinco damas de honra descuidadas representam os cristãos praticantes cuja expectativa da vinda de Cristo, assim como a fé que praticam, é apenas superficial, temporária e artificial. Em outras palavras, essas cinco damas de honra representam as pessoas que não conhecem verdadeiramente o Senhor (cf. v. 12). Suas expectativas a respeito de Cristo não estão fundadas na Escritura; portanto, no final, essas expectativas não se transformarão em realidade. Quando isso acontecer, essas pessoas sofrerão um naufrágio espiritual e, como resultado, não estarão preparadas para se encontrar com Cristo quando Ele voltar.

Podemos dizer que a lâmpada que cada virgem trazia retratava a sua identidade exterior com Cristo, ou seu testemunho a respeito dEle. Nesta parábola, aquelas virgens cujas lâmpadas se apagaram, e não puderam ser acesas novamente por falta de combustível, significam as pessoas que deixam de perseverar na fé, demonstrando, em primeiro lugar, que nunca foram realmente redimidas (cf. I Jo 2.19).

Alguns chegam mesmo a sugerir que o azeite significa a presença do Espírito Santo, ou a graça salvadora de Deus. (Outros dizem que o azeite representa a Palavra de Deus e que a luz produzida por esse azeite é a luz do evangelho.) Mas explicar o significado de cada detalhe dessa parábola não é realmente necessário. Na verdade, nunca é prudente tentar extrair um significado excessivo a partir dos detalhes secundários de uma parábola. Parábolas não são alegorias onde cada detalhe tem algum significado simbólico ou místico; elas são simples ilustrações e, na maioria dos casos, transmitem uma única lição central. Esse ponto central está sempre contido no preceito ensinado pela parábola, e não nos detalhes secundários. Muitas pessoas se esforçam tanto para extrair significados dos detalhes que deixam de perceber a única e simples lição central.

Nessa parábola, a lição central é totalmente direta: Como você não conhece o momento, Cristo poderá vir mais tarde do que você pensa. Esteja pronto caso Ele demore.

As "lâmpadas" mencionadas na parábola são, na verdade, tochas. O termo grego é *lampas*, a mesma palavra da qual foi derivada a palavra lâmpada. Mas no Novo Testamento ela geralmente significa tocha (Cf. Jo 18.3 - ARA, onde a palavra *phanos* é usada para "lanterna" e *lampas* para "archote" ou "tocha". *Luchnos* era o termo do Novo Testamento usado para lâmpada). Na realidade, eram tochas cerimoniais, usadas com finalidades decorativas e também para iluminar. Consistiam de mastros longos e coloridos em que um pavio de tecido era amarrado fortemente no topo. O tecido era embebido em azeite, que queimava irradiando muita luz. Quando todo o azeite era consumido, o tecido simplesmente se consumia aos poucos e desaparecia; essa era a razão da importância de manter as tochas bem embebidas com azeite.

A metade das damas de honra dessa parábola era "prudente". Elas trouxeram frascos com mais azeite, caso as tochas precisassem de algum combustível adicional. Entretanto, cinco das damas de honra eram "loucas" e não se preocuparam com a possibilidade de precisarem, eventualmente, que as suas tochas queimassem por mais tempo que o esperado. Elas não trouxeram nenhuma quantidade extra de azeite.

Provavelmente, as tochas estavam embebidas com azeite o suficiente para a procissão nupcial pelas ruas. As virgens loucas não sentiriam necessidade de algum combustível adicional se a cerimônia tivesse começado mais cedo. Mas à medida que a noite se adiantava e a escuridão se tornava mais densa, as damas de honra tiveram, evidentemente, que usar as suas tochas para fornecer luz enquanto aguardavam. Não é difícil imaginar um lar repleto de meninas adolescentes queimando, descuidadamente, as suas tochas, enquanto conversam ao longo da noite.

Mas depois elas ficaram sonolentas e adormeceram. Como já era muito tarde, é compreensível que estivessem cansadas. Não podemos interpretar esse sono como uma simples manifestação de preguiça. Entretanto, sabendo que o noivo iria certamente chegar, mas em dúvida quanto à hora exata, alguém deveria ter ficado esperando por ele. O fato de todos os convidados do casamento ficarem tão distraídos era indesculpável. Mas "todas... adormeceram" (v. 5), mesmo as virgens prudentes.

As Lâmpadas se Apagaram

As damas de honra foram acordadas por um grito/clamor que ecoou à meia-noite: "Aí vem o esposo! Saí-lhe ao encontro!" Elas sabiam que esse aviso ia acontecer e haviam se reunido na casa da noiva exatamente para esse momento. Sua preocupação devia ter sido aguardar e esperar pelo noivo. No entanto, de modo inexplicável, quando o momento chegou, elas ficaram totalmente surpresas. É isso que vai acontecer na volta de Cristo.

De repente, havia chegado a hora da procissão do casamento. Elas sabiam que esse momento ia chegar e deveriam ter se aprontado, mas nenhuma das damas de honra se encontrava totalmente preparada. "(...) todas aquelas virgens se levantaram e prepararam as suas lâmpadas" (v. 7). As lâmpadas já deveriam estar abastecidas e prontas para a cerimônia, mas evidentemente haviam ficado acesas e queimaram todo o azeite enquanto as virgens dormiam. Prepará-las de novo significava remover pedaços enegrecidos e rasgados de tecido, e saturar as tochas com azeite fresco deixando-as, dessa forma, prontas para serem acesas outra vez.

Foi só nesse momento crucial que as damas de honra loucas perceberam a situação em que estavam. Não tinham nenhum azeite e não havia como reacender as tochas queimadas. Não haviam se preocupado com o que poderia acontecer se o noivo se atrasasse e suas tochas apagassem. Agora, repentinamente, ele tinha chegado e já era tarde demais para fazer alguma coisa a respeito.

As damas de honra loucas tentaram, desesperadamente, conseguir azeite com as damas de honra prudentes. Metade delas não tinha nenhuma quantidade de azeite. Se todas tentassem dividir o azeite disponível, simplesmente não haveria combustível suficiente para acender todas as lâmpadas (v. 9). Portanto, as damas de honra prudentes aconselharam as outras dizendo: "ide, antes, aos que o vendem e comprai-o para vós" (v. 9). As lojas que vendiam azeite eram, em geral, casas térreas, e as virgens teriam que encontrar um vendedor a quem pudessem acordar e convencer a vender-lhes azeite, apesar da hora já ser tão avançada.

Elas se encontravam em uma situação desesperada e irremediável. Sem azeite não poderiam participar da procissão, e se fossem buscá-lo, perderiam a chegada do noivo. Elas optaram pela última hipótese, pensando, talvez, que o noivo poderia ser persuadido a esperar pelo seu retorno, antes de continuar com a procissão.

A Metade dos Convidados para a Festa do Casamento Perdeu a Cerimônia

Quando o noivo chegou, aparentemente não estava disposto a protelar ainda mais o casamento apenas para satisfazer as cinco damas de honra loucas. "(...) e as que estavam preparadas entraram com ele para as bodas, e fechou-se a porta" (v. 10). Em outras palavras, quando as virgens loucas voltaram da sua procura de azeite para a meia-noite, elas descobriram que haviam perdido a procissão – que era a sua parte no casamento – e agora estavam também perdendo a festa. O banquete já estava sendo servido e a porta fechada impedia completamente a sua entrada. Então começaram a implorar ao noivo para deixá-las entrar.

Mas elas já haviam estragado a cerimônia da procissão, e ele não permitiria que estragassem também o banquete. "E ele, respondendo, disse: Em verdade vos digo que vos não conheço" (v. 12). Dessa forma, elas foram excluídas da celebração da qual fariam parte por causa da sua própria falta de preparo.

Elas tinham certeza de que o noivo iria chegar cedo, e não estavam preparadas para a sua demora. Haviam perdido a concentração e adormeceram quando deveriam ter aguardado por ele. E no instante que acordaram já era tarde demais.

Tudo isso retrata a insensatez de não estar preparado, mesmo que o Noivo celestial demore a retornar. As virgens loucas representam as pessoas que professam sua fé em Cristo, mas que, no entanto, não estão realmente preparadas para esperar e aguardar por Ele, se isso significa comprometer-se durante um longo tempo. Elas podem se sentir empolgadas e até mesmo atordoadas quanto à volta do Senhor, desde que acreditem que isso acontecerá em um prazo muito curto. Mas não estarão preparadas para esperar com paciência se Ele demorar além do que esperam. Elas rapidamente se cansarão pela demora do Noivo, e perderão a sua atenta expectativa. Elas se tornarão desanimadas ou espiritualmente preguiçosas. E, por fim, desistirão por completo de sua esperança.

Essa parábola representa uma advertência contra a fé superficial e passageira, a fé de curto prazo (cf. Mt 13.18-22), e um lembrete de que muitas pessoas que se julgam seguidores de Cristo e professam conhecê-lo serão, no fim, excluídas do céu. Cristo preveniu repetidamente contra isso durante o seu ministério terreno. As cinco virgens excluídas da festa de casamento representam as pessoas que, por ocasião do juízo, insistirão que pertencem ao céu, mas que serão decididamente barradas por Cristo com essas terríveis palavras: "Nunca vos conheci". Ele desenhou um quadro semelhante, e empregou a mesma linguagem impressionante em Lucas 13.24-28:

> *Porfiai por entrar pela porta estreita, porque eu vos digo que muitos procurarão entrar e não poderão. Quando o pai de família se levantar e cerrar a porta, e começardes a estar de fora e a bater à porta, dizendo: Senhor, Senhor, abre-nos; e, respondendo ele, vos disser: Não sei de onde vós sois, então, começareis a dizer: Temos comido e bebido na tua presença, e tu tens ensinado nas nossas ruas. E ele vos responderá: Digo-vos que não sei de onde vós sois; apartai-vos de mim, vós todos os que praticais a iniqüidade. Ali, haverá choro e ranger de dentes, quando virdes Abraão, e Isaque, e Jacó, e todos os profetas no Reino de Deus e vós, lançados fora.*

Imagine o completo terror que invadirá o coração e a mente das pessoas que pensavam estar eternamente seguras apenas porque *professavam* a sua fé em Cristo, praticavam certas obras em seu nome, ou se associaram ao seu povo como membros da igreja ou de qualquer outra ligação exterior. Sua situação será desesperadora, incurável e irreversível. Cristo retratou vividamente essa cena no final do seu Sermão do Monte:

> *Nem todo o que me diz: Senhor, Senhor! entrará no Reino dos céus, mas aquele que faz a vontade de meu Pai, que está nos céus. Muitos me dirão naquele Dia: Senhor, Senhor, não profetizamos nós em teu nome? E,*

em teu nome, não expulsamos demônios? E, em teu nome, não fizemos muitas maravilhas? E, então, lhes direi abertamente: Nunca vos conheci; apartai-vos de mim, vós que praticais a iniqüidade.

– Mateus 7.21-23

As cinco virgens loucas da parábola retratam as pessoas que serão surpreendidas pelo castigo que irá destruí-las. Incapazes de abrigar qualquer esperança, quando suas expectativas originais e tolas não se realizarem, elas irão desmoronar e se tornar espiritualmente letárgicas, ou serão consumidas pelas coisas imediatas em vez de poderem se dedicar àquilo que tem um valor eterno. A sua falta de paciência e preparo enquanto o Noivo demora terá, por fim, um custo elevadíssimo. Jesus advertiu contra essa tendência:

E olhai por vós, para que não aconteça que o vosso coração se carregue de glutonaria, de embriaguez, e dos cuidados da vida, e venha sobre vós de improviso aquele dia. Porque virá como um laço sobre todos os que habitam na face de toda a terra. Vigiai, pois, em todo o tempo, orando, para que sejais havidos por dignos de evitar todas essas coisas que hão de acontecer e de estar em pé diante do Filho do Homem.

– Lucas 21.34-36

A parábola das dez virgens pode ter dado aos discípulos a idéia de que Cristo não retornaria tão rápido como esperavam (cf. Lc 19.11). Entretanto, é pouco provável que qualquer um deles esperasse que essa demora fosse de 2.000 anos. Em um mesmo sentido, parece certo, atualmente, que o retorno de Cristo deva estar bem próximo, sim, à nossa porta. Mas em meio a esse hiper-sensacionalismo sobre o seu retorno, precisamos nos lembrar de que, na verdade, não sabemos o dia nem a hora. Cristo ainda poderá demorar mais do que podemos imaginar. E, se isso acontecer, precisamos nos manter atentos e esperançosos – e, ao mesmo tempo, ocupados e fiéis ao trabalho que Ele nos deu para fazer.

O nosso Senhor nos deixou mais uma parábola no Sermão do Monte – aquela que trata da questão de nos mantermos ocupados e fiéis até a sua volta.

Nove

A Tragédia da Oportunidade Perdida

Enquanto esperamos pela volta do Senhor, não podemos ficar na ponta dos pés, a cada momento, olhando para o céu. A vida precisa continuar. Este é o verdadeiro argumento da parábola das dez virgens: Cristo pode postergar o seu retorno e, se assim for, devemos manter a nossa esperança, continuar aguardando e, enquanto isso, continuar a servi-lo fielmente. Aqueles que não levam em conta que o Senhor pode demorar mais do que esperam, no fim, irão se encontrar despreparados quando estiverem diante de um futuro que não planejaram. Então, quando o Senhor voltar realmente, eles se sentirão envergonhados (cf. I Jo 2.28, ARA).

A única maneira de nos certificar se estamos prontos para a volta do Senhor é nos *mantermos* prontos todos os dias. O bom senso deverá nos ensinar que, de qualquer forma, essa é a única perspectiva adequada sobre o futuro. Afinal de contas, não sabemos quando vamos morrer. Isso pode acontecer a qualquer momento, mesmo que o Senhor atrase a sua volta por mais uma geração. Precisamos estar sempre preparados para a morte, assim como para a volta do Senhor, porque de qualquer maneira iremos enfrentar um julgamento. "(...) aos homens está ordenado morrerem uma vez, vindo, depois disso, o juízo" (Hb 9.27). Estar preparado para a volta do Senhor irá, portanto, preparar-nos também para enfrentar a morte.

Enquanto isso, devemos continuar a nossa vida e fazer o nosso trabalho, planejando para o futuro com sabedoria e santo entendimento. Aqueles que pensam que o iminente retorno do Senhor cancela toda necessidade de um planejamento prudente não entendem o que a Escritura está esperando de nós.

A necessidade de um planejamento prudente aparece como um tema constante na Escritura, "Pela manhã, semeia a tua semente e, à tarde, não retires a tua mão, porque tu não sabes qual prosperará; se esta, se aquela ou se ambas igualmente serão boas" (Ec 11.6).

Ouvimos, muitas vezes, alguns arrogantes membros da igreja denegrirem o planejamento para o futuro como se ele fosse contrário a "caminhar pela fé". Mas o que essas pessoas entendem como "fé" a Escritura considera uma tolice. Jesus disse: "Pois qual de vós, querendo edificar uma torre, não se assenta primeiro a fazer as contas dos gastos, para ver se tem com que a acabar?" (Lc 14.28-30) É correto planejar, preparar e fazer estratégias para o futuro. Salomão escreveu: "O que ajunta no verão é filho sábio, mas o que dorme na sega é filho que envergonha" (Pv 10.5).

É especialmente essencial permanecermos diligentes, trabalhando muito e sendo talentosos enquanto esperamos pela volta do Senhor. O fato de Cristo poder voltar a qualquer momento não deve servir como desculpa para abandonarmos aquilo que Deus nos pediu para ser e fazer. É verdade que esse dia pode estar muito perto, mas agora não é o momento de vestir o pijama e sentar no telhado! Não é hora de embrulhar nossas coisas e nos afastar de todo serviço cristão para esperar a volta do Senhor. Muito pelo contrário. Saber que Cristo pode voltar a qualquer momento deve servir como um grande estímulo para trabalharmos com mais afinco, aplicarmo-nos com mais diligência e permanecermos fiéis às nossas tarefas. O dia da oportunidade pode ser breve e é certo que esse momento está se aproximando. Não devemos ousar desperdiçar a oportunidade que nos resta. Devemos prestar atenção às palavras de Jesus: "A luz ainda está convosco por um pouco de tempo; andai enquanto tendes luz, para que as trevas vos não apanhem, pois quem anda nas trevas não sabe para onde vai. Enquanto tendes luz, crede na luz, para que sejais filhos da luz" (Jo 12.35b,36a).

O apóstolo Paulo nos convida a aguardar a volta do Senhor quando escreve:

> *Eis aqui vos digo um mistério: Na verdade, nem todos dormiremos, mas todos seremos transformados, num momento, num abrir e fechar de olhos, ante a última trombeta; porque a trombeta soará, e os mortos ressuscitarão incorruptíveis, e nós seremos transformados. Porque convém que isto que é corruptível se revista da incorruptibilidade e que isto que é mortal se revista da imortalidade. E, quando isto que é corruptível se revestir da incorruptibilidade, e isto que é mortal se revestir da imortalidade, então, cumprir-se-á a palavra que está escrita: Tragada foi a morte na vitória.*
> – I Coríntios 15.51-54

Mas ele acrescentou imediatamente: "Portanto, meus amados irmãos, sede firmes e constantes, sempre abundantes na obra do Senhor, sabendo que o vosso trabalho não é vão no Senhor" (v. 58).

As duas parábolas que acabamos de examinar (a dos dois servos em Mateus 24.45-51, e a das dez virgens em 25.1-13) tratam da tragédia da oportunidade perdida. Agora o nosso Senhor pesquisa mais profundamente esse assunto na terceira parte desse tríptico de parábolas do Sermão do Monte. Já nos tornamos familiarizados com a parábola dos talentos (25.14-30), na qual um homem rico faz uma viagem, dando a cada um dos seus servos certo número de talentos para serem administrados até a sua volta. Dois dos servos investem e dobram os recursos dos quais eram responsáveis. Um terceiro servo enterra o seu talento no solo e nada faz de produtivo com ele. Essa imagem é bastante semelhante à parábola dos dois servos, no final do capítulo 24, que já tivemos ocasião de examinar.[1]

Essa parábola, assim como as duas precedentes, gira em torno do quadro que retrata o que significa estar pronto para a volta de Cristo. A parábola dos dois servos nos ensina a mostrar nossa prontidão assumindo uma atitude de "atenta expectativa" por Ele. A parábola das virgens insiste para provarmos nossa prontidão com uma "espera paciente", enquanto essa parábola nos ensina a permanecermos prontos para Ele por meio de um "trabalho diligente".

Infelizmente, a maioria dos ensinamentos populares a respeito da volta do Senhor só serve para perturbar o equilíbrio que deve existir entre essas atitudes. Abordagens sensacionalistas a essa profecia bíblica costumam chegar ao exagero para conseguir motivar as pessoas a permanecerem atentas e, nesse processo, os aspectos da espera e do trabalho ficam muito prejudicados. Onde a espera é enfatizada, geralmente está faltando a paciência. Francamente, todos nós encontramos dificuldade em manter o necessário equilíbrio. É por isso que Cristo teve tanto cuidado ao ilustrar cada uma dessas perspectivas necessárias e equilibradas.

Na Igreja Primitiva, evidentemente, também era difícil manter um equilíbrio adequado. O apóstolo Paulo precisou corrigir uma disparidade na igreja de Tessalônica. Os crentes dessa igreja tinham ouvido dizer que o Senhor iria retornar logo e muitos deles passaram a esperá-lo imediatamente. Isso fez com que ficassem descuidados e indisciplinados na sua vida diária. Alguns, é claro, desistiram de executar qualquer tipo de trabalho. Tornaram-se pessoas soberbas e causaram uma séria ruptura na igreja. Em 2 Tessalonicenses 3.10-15, Paulo lhes faz severas censuras, e ordena aos demais membros da igreja que os castiguem se não mudarem o seu comportamento. Ele os lembrou:

> *Porque, quando ainda estávamos convosco, vos mandamos isto: que, se alguém não quiser trabalhar, não coma também. Porquanto ouvimos que alguns entre vós andam desordenadamente, não trabalhando, antes, fazendo coisas vãs. A esses tais, porém, mandamos e exortamos, por nosso Senhor Jesus Cristo, que, trabalhando com sossego, comam o seu próprio pão. E vós, irmãos, não vos canseis de fazer o bem. Mas, se alguém não obedecer à nossa palavra*

por esta carta, notai o tal e não vos mistureis com ele, para que se envergonhe. Todavia, não o tenhais como inimigo, mas admoestai-o como irmão.

Os escarnecedores dos últimos dias, descritos em 2 Pedro 3.3,4, sofrem do problema oposto. Eles acreditam que a longa demora do Senhor significa que Ele não vai voltar.

Para o verdadeiro crente, o desafio é manter um equilíbrio adequado entre todas estas três perspectivas - observar, esperar e trabalhar. A parábola dos talentos realça o aspecto do trabalho. Ela exemplifica quatro pontos essenciais sobre o nosso serviço como despenseiros enquanto esperamos o retorno de Cristo: a responsabilidade que recebemos, a nossa reação, a prestação de contas que iremos enfrentar e a recompensa que iremos receber.

A Responsabilidade que Recebemos

Essa parábola retrata um homem (evidentemente rico) que está fazendo preparativos para uma longa viagem. "Porque isto é também como um homem que, partindo para fora da terra, chamou os seus servos, e entregou-lhes os seus bens, e a um deu cinco talentos, e a outro, dois, e a outro, um, a cada um segundo a sua capacidade, e ausentou-se logo para longe" (Mt 25.14,15).

Essa imagem é bem clara. O homem que partiu em uma viagem representa Cristo. O tempo em que vai ficar ausente nessa viagem retrata o período compreendido desde a ascensão de Cristo ao céu até o seu retorno físico. Os servos são os crentes praticantes. Os talentos representam um grande escopo de oportunidades espirituais, privilégios e recursos, inclusive as habilidades naturais,[2] os dons espirituais, as coisas materiais, as responsabilidades ministeriais e outras bênçãos que Deus nos deu por sermos os seus administradores. E, no final, Ele nos chamará para prestarmos contas da nossa administração.

Nessa parábola, o fato de esse homem ter três servos que agiam como seus administradores sugere que ele era uma pessoa muito rica. Os servos que receberam essa responsabilidade não eram simples trabalhadores, mas pessoas educadas que haviam demonstrado possuir grandes habilidades comerciais. Na cultura moderna, eles corresponderiam aos empregados mais bem colocados das corporações. Seriam bem preparados e especialmente habilidosos nos assuntos do seu senhor. Na verdade, ele lhes deu uma procuração para agir em seu nome quanto às posses que lhes confiara. Seu dever era administrar a riqueza do seu senhor, e não simplesmente guardá-la até o seu retorno.

O talento é uma medida de peso, não é um níquel nem o nome de uma moeda corrente. Não ficamos sabendo se esses talentos eram de ouro ou de prata (porque seu valor verdadeiro não é importante para o argumento de Jesus). Entretanto, de qualquer maneira o talento tinha um grande peso. Portanto, uma grande responsabilidade e um grande valor monetário foram distribuídos a cada um dos três. Os talentos deviam ser pesados e colocados em bolsas. Uma bolsa pesava cinco talentos, outra pesava dois talentos e a terceira pesava um talento.

Veja que o senhor distribuiu responsabilidade aos servos conforme a competência de cada um. O homem que tinha maior potencial recebeu a maior responsabilidade. O senhor conhecia intimamente os seus servos e, com cuidado, deu a cada um apenas o nível de responsabilidade que sabia ser capaz de corresponder. Não existe, provavelmente, nenhum significado especial no fato de Jesus ter mencionado aqui apenas três níveis de responsabilidade. Na parábola quase idêntica das minas, em Lucas 19, o nobre chama dez servos e dá a cada um deles uma quantia igual de dinheiro. Nessa parábola, Cristo está afirmando expressamente que esse homem deu aos seus servos uma responsabilidade equivalente às suas habilidades. O fato de receberem quantias diferentes parece sugerir apenas que as pessoas têm diferentes dons ou habilidades. Numa igreja de 600 fiéis podem existir 600 níveis diferentes de habilidade espiritual. E Deus concede diferentes níveis de responsabilidade a cada pessoa, dependendo dos dons de cada uma. Deus conhece intimamente as nossas capacidades porque é Ele que nos preparou para o serviço de modo soberano (cf. I Co 4.7) e, na sua bondade, confere as nossas responsabilidades de maneira adequada.

A nossa Reação

A resposta dos três servos revela o verdadeiro caráter de cada um. "E tendo ele partido, o que recebera cinco talentos negociou com eles e granjeou outros cinco talentos. Da mesma sorte, o que recebera dois granjeou também outros dois. Mas o que recebera um foi, e cavou na terra, e escondeu o dinheiro do seu senhor" (25.16-18).

Dois servos foram fiéis, abraçaram a responsabilidade que tinham recebido e puseram-se a trabalhar. O terceiro servo era preguiçoso e também desprovido de princípios, e nada fez com o dinheiro do seu senhor. Enterrou o dinheiro, continuou indolente ou aproveitou a ausência do senhor para se preocupar com seus próprios interesses.

Os dois servos fiéis representam os crentes autênticos cujo desejo supremo é servir a Deus. O terceiro servo representa alguém que finge mostrar lealdade a Cristo, mas que, na realidade, está esbanjando a oportunidade espiritual de servir ao Senhor para, ao contrário, servir a si mesmo.

A negociação feita por esses servos envolveu o investimento dos recursos do senhor, o que se parece muito com a negociação realizada atualmente nas bolsas de valores. O tempo dos verbos sugere que ficaram negociando o tempo todo durante a ausência do senhor. Eles não fizeram apenas uma única negociação para depois ficarem desocupados o resto do tempo. Eles ficaram negociando, e renegociando, durante todo o tempo.

Sua negociação teve muito sucesso, e ambos conseguiram dobrar seu investimento na ausência do senhor. O servo que começou com cinco talentos granjeou outros cinco; e aquele que começou com dois talentos granjeou outros dois. Embora um dos servos tivesse recebido uma quantia consideravelmente menor e, portanto, aparentemente teria menor trabalho para administrá-la, ele foi, de maneira semelhante, diligente e o seu esforço trouxe um ótimo rendimento proporcional.

O terceiro servo, entretanto, apenas enterrou o dinheiro. Talvez tivesse planejado, originalmente, desenterrá-lo mais tarde e tentar compensar a sua indolência com algum investimento de última hora, mas nunca chegou a fazer isso. Ou talvez esperasse que os servos investidores fossem perder dinheiro e que, no final, ele ficaria muito bem comparado aos outros. Qualquer que fosse o seu critério, é óbvio que estava mais interessado em fazer a sua própria vontade do que cumprir com o dever para com seu senhor.

Mas esconder o talento do seu senhor na terra era uma garantia de que esse recurso nunca renderia qualquer lucro. Seu comportamento foi "mau e negligente" (v. 26). Ele mostrou uma grande desconsideração para com o seu senhor. Ele não tinha recebido o dinheiro para guardar ou esconder, mas para fazê-lo trabalhar para o bem do seu senhor. Mas, ao contrário, ele preferiu ignorar o seu dever e se comportar como se não fosse nem mesmo responsável. Mas ele iria enfrentar uma prestação de contas quando o seu senhor retornasse.

A Prestação de Contas que Iremos Enfrentar

O senhor esteve ausente "muito tempo" (v. 19) e talvez o servo que escondeu o dinheiro estivesse pensando que ele nunca voltaria. Quanto mais tempo o senhor estivesse ausente, mais confortável se sentia o servo infiel na sua desobediência. Mas, de fato, o senhor voltou e, evidentemente, fez isso de repente e sem ninguém esperar. Por ocasião da sua chegada, os servos foram convocados para prestar contas.

> *E, muito tempo depois, veio o senhor daqueles servos e ajustou contas com eles. Então, aproximou-se o que recebera cinco talentos e trouxe-lhe outros cinco talentos, dizendo: Senhor, entregaste-me cinco talentos; eis aqui outros cinco talentos que ganhei com eles. E o seu senhor lhe disse: Bem está, servo bom e fiel. Sobre o pouco foste fiel, sobre muito te colocarei; entra no gozo do teu senhor. E, chegando também o que tinha recebido dois talentos, disse: Senhor, entregaste-me dois talentos; eis que com eles ganhei outros dois talentos. Disse-lhe o seu senhor: Bem está, bom e fiel servo. Sobre o pouco foste fiel, sobre muito te colocarei; entra no gozo do teu senhor.*
>
> – Mateus 25.19-23

Veja que a prestação de contas não é uma competição para ver quem ganhou a maior quantia. Embora um homem ganhasse cinco talentos, e outro ganhasse apenas dois, ambos receberam a mesma taxa de retorno. Seus lucros correspondiam a somas muito diferentes, mas a porcentagem do lucro era a mesma. Incumbidos, primeiramente, de quantias diferentes, eles mostraram possuir uma fidelidade semelhante na maneira como administraram suas respectivas responsabilidades. E ambos receberam do senhor exatamente o mesmo louvor e a mesma recompensa – o servo com dois talentos não recebeu menos que o servo com cinco talentos.

Da mesma forma, na prestação de contas eterna, os crentes que podem ter ocupado posições inferiores e ter tido modestas habilidades na Terra serão louvados e recompensados por terem sido fiéis nas coisas que tiveram. Serão elevados às mesmas posições que os cristãos igualmente fiéis que mostraram possuir maiores habilidades e, portanto, que realizaram coisas muito mais espetaculares. Se o nível de fidelidade for o mesmo, a recompensa também será a mesma. O trabalhador diário, com poucas habilidades, mas que tem uma vida de fidelidade, e conquista sua família e seus vizinhos para Cristo, ouvirá o mesmo: "Bem está, servo bom e fiel"! Da mesma maneira que o pregador supremamente habilidoso que também foi fiel e usado por Deus para conquistar milhares de almas para Cristo. "(...) cada um receberá o seu galardão, segundo o seu trabalho" (I Co 3.8), e não de acordo com os resultados.

Veja que a resposta do senhor aos dois servos fiéis foi gentil, bondosa e generosa. Veja, também, que a recompensa dos servos foi uma expandida esfera de serviços. Como haviam aproveitado ao máximo a oportunidade de servi-lo, ele os recompensou com mais oportunidades de servir, e esta era uma oportunidade da maior espécie possível: "Entra no gozo do teu senhor" (Mt 25.21,23).

Este é um quadro do céu, que estará ainda mais repleto de oportunidades de servir do que poderíamos possivelmente imaginar aqui na Terra. Mas o serviço do céu estará totalmente livre do trabalho penoso e da fadiga que muitas vezes associamos aos nossos labores terrenos. Essa esfera de serviço estará repleta de um gozo inalterado — o gozo do Senhor.

A resposta do senhor, "Sobre muito te colocarei" (vv. 21,23), evoca a mesma idéia transmitida na promessa de Jesus à Igreja em

Laodicéia: "Ao que vencer, lhe concederei que se assente comigo no meu trono" (Ap 3.21). Isso sugere que iremos governar junto com Cristo, não só no Reino terrestre milenial, mas também, e em certo sentido, no Reino Eterno do Rei. Pouco antes de ser preso, Cristo disse aos seus discípulos: "E vós sois os que tendes permanecido comigo nas minhas tentações. E eu vos destino o Reino, como meu Pai mo destinou" (Lc 22.28,29). Portanto, a fidelidade terrena resulta em uma recompensa celestial, e a recompensa celestial envolve uma expandida esfera de serviço, uma conjunta autoridade com Cristo e um gozo integral no céu. Várias parábolas de Jesus insistem num argumento semelhante (cf. Mt 24.47; Lc 12.44; 19.17-19).

O céu não será enfadonho. O serviço que prestarmos a Cristo será cheio de inimagináveis delícias. Libertados, finalmente, da tirania do pecado, descobriremos que o serviço a Cristo será o nosso privilégio mais agradável, entusiasmado e alegre possível. O próprio Cristo sugeriu isso quando o senhor da parábola diz: "Entra no gozo do teu senhor". Esse gozo representa tanto uma parte da recompensa dos servos fiéis, como uma expandida esfera de serviço.

Mas para os servos infiéis a história é dramaticamente diferente. Na parábola de Jesus, o caráter do terceiro servo é revelado com clareza na sua resposta ao seu senhor: "Mas, chegando também o que recebera um talento disse: Senhor, eu conhecia-te, que és um homem duro, que ceifas onde não semeaste e ajuntas onde não espalhaste; e, atemorizado, escondi na terra o teu talento; aqui tens o que é teu" (vv. 24,25). Essa é uma resposta incrivelmente arrogante e impudente. Parece que ele está tentando se livrar do desagrado do senhor substituindo-o por uma deliberada crítica ao seu caráter. Ele retrata o senhor como um oportunista sem princípios, possuidor de uma tendência à crueldade — alguém que colhe e ajunta aquilo a que não tem direito. E depois justifica sua própria inatividade lançando a culpa no temor provocado pelo comportamento "severo" do senhor. Em outras palavras, de acordo com esse servo, o seu senhor é o verdadeiro culpado. Em vez de prestar contas, ele está fazendo uma acusação.

Mas era uma acusação má e falsa. É óbvio que aquele senhor era um homem gentil e bondoso. Ele exigia dos servos apenas aquilo que tinha direito de exigir — que fossem fiéis ao executar os deveres que lhes havia delegado. A acusação desse servo serve apenas para provar que ele não conhecia realmente o seu senhor.

Além disso, sua desculpa era uma completa mentira. Ele não tinha escondido o dinheiro na terra porque tinha medo do senhor, mas porque isso combinava com seu estilo de vida egoísta. Ele não tinha interesse em aumentar a riqueza do senhor. Não estava comprometido com a honra e a glória do senhor, e não trabalharia para o aumento do seu reino. Por outro lado, havia coisas que queria fazer e, uma vez que o senhor não estava por perto para responsabilizá-lo, ele estava perfeitamente feliz por atender aos seus próprios interesses e negligenciar totalmente os seus deveres. O verdadeiro problema é que esse servo era preguiçoso e egoísta, e não se preocupava com os deveres para com o senhor.

A mentira do servo infiel foi revelada por suas próprias palavras. Ele afirmou que tinha medo do senhor porque era muito perspicaz, duro e exigente. No entanto, esse servo enterrou o talento na terra, onde com certeza não iria lucrar nada. E havia, deliberada e conscientemente, desperdiçado todas as oportunidades para fazer alguma coisa com a sua posição. Se, realmente, sentisse tanto medo do senhor, o mínimo que poderia ter feito era colocar o dinheiro no banco, onde poderia render algum juro. Esse mesmo servo ainda seria culpado por não cumprir a sua obrigação, mas pelo menos o talento estaria rendendo uma quantia mínima de juros. Assim sendo, a perda dessa oportunidade foi bastante onerosa. Enterrar o talento era o mesmo que roubar do senhor. Embora o servo infiel não tivesse se apossado do dinheiro (da mesma forma que o servo infiel em Lucas 16.1-12), ou desperdiçado numa vida dissoluta (como o filho pródigo, em Lucas 15.13) sua falta de diligência custou, igualmente, dinheiro ao senhor. Ela foi moralmente igual a uma apropriação indébita ou uma temerária extravagância.

Embora tenha confessado ter medo do senhor, ele se comportou da forma mais impudente e atrevida — não só desperdiçando a oportunidade que havia recebido, como também tentando usar seu próprio dia de prestação de contas como ocasião para fazer uma deliberada difamação do senhor.

Esse tipo de coisa acontece, o tempo todo, na vida real. As pessoas sabem muito bem que agiram mal, mas em vez de admitirem humildemente os seus erros, elas planejam uma acusação contra a pessoa perante a qual são responsáveis, e a quem devem prestar contas. Como sugere o simbolismo dessa parábola, muitas tentam até colocar em prática essa mesma tática vã a fim de tentar justificar-se perante Deus. Elas o acusam de ser muito duro, ou muito exigente. Suponho até que muitas possam pensar que podem empregar esse estratagema perante o trono do juízo. Mas isso não vai funcionar. "(...) que toda boca esteja fechada e todo o mundo seja condenável diante de Deus" (Rm 3.19). Como esse servo mau, o pecador será condenado pelas suas próprias palavras (Mt 12.37).

As inconsistências da argumentação da autodefesa do servo não escaparam ao senhor: "Respondendo, porém, o seu senhor, disse-lhe: Mau e negligente servo; sabes que ceifo onde não semeei e ajunto onde não espalhei; devias, então, ter dado o meu dinheiro aos banqueiros, e, quando eu viesse, receberia o que é meu com os juros" (vv. 26,27). A antiga Roma possuía um sistema bancário muito parecido com o que possuímos atualmente. Os depósitos recebiam, do banco, a metade dos juros que o banco cobrava daqueles que usavam os seus recursos na forma de empréstimos. Não era muito, mas era muito melhor do que deixar o dinheiro escondido, enterrado.

Será importante observar que, de maneira nenhuma, o senhor estava conferindo qualquer verdade às acusações do servo. Ele estava, simplesmente, indicando que *se* houvesse qualquer expressão de verdade na queixa do servo, ela nem assim serviria como desculpa para o seu comportamento. Esse servo havia, de modo deliberado, desperdiçado todas as oportunidades que recebeu; se o caráter do senhor fosse como o servo descreveu, o medo que sentia seria mais uma razão para ele *não* enterrar o talento na terra. Dessa forma, ele se viu enredado na sua própria caluniosa e perversa mentira.

A verdade desse assunto é que o servo não sentia nem medo nem afeto pelo seu senhor. Ele era totalmente indiferente, não se preocupava com os interesses do seu senhor, e seu comportamento deixou isso bem claro. Contrastando esse mau servo com os outros dois, vemos que os primeiros agarraram a oportunidade de servir ao senhor na sua ausência, enquanto o terceiro se aproveitou dessa ausência para atender aos seus egoístas interesses. Os dois primeiros ficaram contentes quando o senhor retornou, estavam ansiosos por vê-lo novamente e prontos para prestar contas; o terceiro homem estava envergonhado porque se sentia culpado, e respondeu com uma falsa acusação. O caráter dos outros homens não podia ser mais diferente.

O pecado do terceiro servo não se limita meramente ao fato de ter perdido algum lucro. Ele poderia ter trabalhado bastante e investido, e ainda assim poderia não ter ido tão bem como os outros dois. De qualquer maneira, ele tinha menos trabalho a fazer. Mas o que fez com que o seu comportamento fosse realmente irritante foi o seu completo desprezo pelo dever. Ele desperdiçou a oportunidade e nunca levantou sequer um dedo em benefício do seu senhor. Se tivesse tentado sinceramente, mas perdido dinheiro, seu pecado teria sido muito menor do que a sua completa indiferença e inatividade.

Recompensa e Galardão

O terceiro servo não foi simplesmente infiel; ele era incrédulo. Não sentia amor ou respeito pelo seu senhor. Seu comportamento era de uma completa falta de cuidado pelos interesses do senhor. Seu ataque verbal revelou uma falta de qualquer conhecimento verdadeiro e íntimo do seu senhor. O servo infiel representa claramente o cristão praticante que é, na verdade, um descrente.

> *Tirai-lhe, pois, o talento e dai-o ao que tem os dez talentos. Porque a qualquer que tiver será dado, e terá em abundância; mas ao que não tiver, até o que tem ser-lhe-á tirado. Lançai, pois, o servo inútil nas trevas exteriores; ali, haverá pranto e ranger de dentes.*
>
> – Mateus 25.28-30

Existe um total e dramático contraste entre a recompensa dos servos fiéis e a recompensa concedida ao homem infiel. Eles ouviram as palavras "Bem está, bom e fiel servo". Ele ouviu uma severa censura

("Mau e negligente servo", v. 26). Aqueles receberam maior responsabilidade. Este foi despojado de tudo que tinha. Aqueles foram conduzidos ao gozo do Senhor. Este foi lançado nas "trevas exteriores", uma expressão que significa o inferno, onde existe "pranto e ranger de dentes" (cf. Mt 13.42,50; 22.13; 24.51). Novamente nosso Senhor abandona a imagem temporal da parábola e faz uma referência explícita ao inferno, a fim de deixar claro o argumento e o simbolismo da parábola: o servo mau e preguiçoso simboliza a pessoa lançada no inferno — simplesmente porque desperdiçou a oportunidade.

Cristo, o Senhor, está chegando em breve. A oportunidade passa rapidamente com cada minuto. Quando Ele retornar será tarde demais para recuperar a oportunidade perdida. Agora é a hora de nos prepararmos. O momento presente é a única oportunidade que nos é garantida. Todos os recursos que temos pertencem ao nosso Senhor. Nossas oportunidades para compartilhar o evangelho, nossas oportunidades espirituais e todas as bênçãos temporais vêm da sua bondosa mão. Se esses recursos fossem nossos poderíamos fazer com eles segundo a nossa vontade. Mas pertencem ao Senhor, e foram entregues a nós que somos os seus servos. Na sua chegada, prestaremos contas de como foram usados.

Dez

O Julgamento das Ovelhas e dos Bodes

Tudo no Sermão do Monte caminha em direção a um juízo final, e os temas desse juízo, envolvendo a separação dos crentes dos não-crentes, estão presentes em todo o sermão. Vimos anteriormente que todas as três parábolas desse sermão contêm símbolos gráficos do juízo que está próximo. E o grande tema dominante de todo o sermão — o repentino aparecimento de Jesus Cristo — é continuamente retratado como sendo o supremo acontecimento que irá precipitar e sinalizar a chegada de um juízo maciço e catastrófico. Agora Cristo nos dá uma poderosa descrição desse juízo:

> *E, quando o Filho do Homem vier em sua glória, e todos os santos anjos, com ele, então, se assentará no trono da sua glória; e todas as nações serão reunidas diante dele, e apartará uns dos outros, como o pastor aparta dos bodes as ovelhas. E porá as ovelhas à sua direita, mas os bodes à esquerda.*
>
> – Mateus 25.31-33

Não há ninguém na Escritura que possa dizer mais sobre isso do que o Senhor Jesus. Ele advertiu repetidamente a respeito do iminente julgamento dos que não se arrependem (Lc 13.3,5). Ele falou muito mais sobre o inferno do que sobre o céu, usando sempre os termos mais nítidos e perturbadores. A maior parte do que sabemos sobre o destino eterno dos pecadores veio dos lábios do Salvador. E nenhuma das descrições bíblicas do juízo é mais severa ou mais intensa do que aquelas feitas por Jesus.

No entanto, Ele sempre falou sobre essas coisas usando os tons mais ternos e compassivos. Ele sempre insiste para que os pecadores abandonem os seus pecados, reconciliem-se com Deus, e se refugiem nEle para que não entrem em julgamento. Melhor do que qualquer outro, Cristo conhecia o elevado preço do pecado e a severidade da cólera divina contra o pecador, pois iria suportar toda a força dessa cólera em benefício daqueles que redimiu. Portanto, ao falar sobre essas coisas, Ele sempre usou a maior empatia e a menor hostilidade. E até chorou quando olhou para Jerusalém sabendo que a cidade, e toda a nação de Israel, iria rejeitá-lo como seu Messias e, em breve, sofreria uma destruição total.

> *E, quando ia chegando, vendo a cidade, chorou sobre ela, dizendo: Ah! Se tu conhecesses também, ao menos neste teu dia, o que à tua paz pertence! Mas, agora, isso está encoberto aos teus olhos. Porque dias virão sobre ti, em que os teus inimigos te cercarão de trincheiras, e te sitiarão, e te estreitarão de todas as bandas, te derribarão, a ti e a teus filhos que dentro de ti estiverem, e não deixarão em ti pedra sobre pedra, pois que não conheceste o tempo da tua visitação.*
>
> — Lucas 19.41-44

Em um importante sentido, todo o Sermão do Monte representa uma simples expansão desse apelo compassivo. Começando no mesmo ponto de partida — um lamento sobre a iminente destruição de Jerusalém — Cristo simplesmente amplia a sua perspectiva e transmite aos discípulos um extenso apelo que inclui desde o futuro escatológico até o momento do seu retorno e do juízo que o acompanhará. Portanto, esse mesmo espírito que inspirou o pranto de Cristo sobre a cidade de Jerusalém, permeia e dá um colorido a todo o Sermão do Monte. E Mateus, que estava presente e ouviu em primeira mão, registrou tudo isso no seu Evangelho, que é como um farol para todos os pecadores, em todos os tempos. Trata-se do último e terno apelo do Senhor para o arrependimento, antes que seja tarde demais.

Examinando esse sermão também vemos que todos os vários apelos de Jesus para sermos fiéis e todas as suas advertências para estarmos preparados ficam reduzidos a isso: eles representam um compassivo convite para nos arrependermos e crermos. Ele está nos prevenindo de que devemos nos preparar para a sua vinda porque, quando retornar, Ele trará o Juízo Final. E, ao concluir o seu sermão, Ele descreve detalhadamente esse juízo.

Essa parte remanescente do Sermão do Monte transmite uma das mais severas e solenes advertências sobre o juízo em toda a Escritura. Cristo, o Grande Pastor, será o Juiz, e irá separar suas ovelhas dos bodes. Estas palavras de Cristo não foram registradas em nenhum dos outros Evangelhos. Mas Mateus, pretendendo retratar Cristo como Rei, mostra-o aqui sentado no seu trono terreno. Na verdade, esse juízo será o primeiro ato depois do seu glorioso retorno à Terra, sugerindo que esta será a sua primeira atividade como governante da *Terra* (cf. Sl 2.8-12). Esse evento inaugura, portanto, o Reino milenial, e é distinto do juízo do Grande Trono Branco descrito em Apocalipse 20, que ocorre *depois* que a era milenial chega ao fim. Nesse caso, Cristo está julgando aqueles que estarão vivos no seu retorno, e irá separar as ovelhas (os verdadeiros crentes) dos bodes (os descrentes). Os bodes representam a mesma classe de pessoas que são retratadas como servos maus, como virgens imprudentes, e como o escravo infiel nas parábolas imediatamente precedentes.

O Juiz

O próprio Cristo será o Juiz nos eventos descritos aqui. Isso está de acordo com o que Ele disse em outra ocasião: "E também o Pai a ninguém julga, mas deu ao Filho todo o juízo, para que todos honrem o Filho, como honram o Pai. Quem não honra o Filho não honra o Pai, que o enviou" (Jo 5.22,23). Assim, o mesmo Ser compassivo, que chorou e implorou que os pecadores se reconciliassem com Deus, um dia será o seu soberano Juiz.

E Ele irá julgar com "vara de ferro" (Ap 19.15), Ele irá despedaçá-los "como a um vaso de oleiro" (Sl 2.9; Ap 2.27). O juízo será aterrador e foi retratado em Apocalipse 19.15 com a imagem de Cristo pisando "o lagar do vinho do furor e da ira do Deus Todo-poderoso".

Ele retornará com uma grande companhia de anjos: "O Filho do Homem [virá] em sua glória, e todos os santos anjos, com ele" (Mt 25.31). Várias passagens da Escritura ensinam que os anjos irão exercer o papel de assistentes no juízo. De acordo com 2 Tessalonicenses 1.7,8, O Senhor Jesus irá se manifestar "desde o céu, *com os anjos do seu poder*, como labareda de fogo, tomando vingança dos que não conhecem a Deus e dos que não obedecem ao evangelho de nosso Senhor Jesus Cristo" (ênfase do autor). Mateus 24.31 diz que os anjos "ajuntarão os seus escolhidos desde os quatro ventos". Os crentes que morreram ou foram levados no Arrebatamento também farão parte do cortejo que vai retornar com Cristo: "Eis que é vindo o Senhor com milhares de seus santos, para fazer juízo contra todos" (Jd 14b,15a; cf. Zc 14.5). "Quando Cristo, que é a nossa vida, se manifestar, então, também vós vos manifestareis com ele em glória" (Cl 3.4).

Aqui existe um fato interessante: essa passagem em Mateus 25.31-46 assinala a primeira vez, em todas as afirmações de Cristo, que Ele se refere explicitamente a si mesmo como Rei. Em todo o seu ministério, Ele tinha muito a dizer a respeito do Reino de Deus, mas nunca havia se intitulado Rei até esse contexto, quando falou reservadamente com seus discípulos. (Mais tarde, perante Pilatos, Ele reconheceu publicamente que era Rei — João 18.37).

O título que Cristo aplicava com mais freqüência à sua Pessoa era "Filho do Homem". Mesmo aqui Ele emprega essa expressão, mas apenas para dizer que o Filho do Homem irá voltar em toda sua glória e se assentar, subseqüentemente, no seu trono (v. 31). O versículo 34 é o primeiro registro que temos de que Ele se intitulou "Rei". Além disso, Jesus declara que, quando tomar seu devido lugar como Rei, seu primeiro dever será executar um justo julgamento para, dessa forma, determinar quem terá o direito de entrar no seu Reino.

O Momento

A Escritura é bastante precisa quanto ao momento do juízo. Ele terá lugar "quando o Filho do Homem vier em sua glória" (v. 31). Tudo nesse relato sugere que o seu julgamento começará no exato momento em que Ele aparecer (cf. 24.30-41). Isso está de perfeito acordo com a profecia sobre o seu retorno em Apocalipse 19.11-21:

> *E vi o céu aberto, e eis um cavalo branco. O que estava assentado sobre ele chama-se Fiel e Verdadeiro e julga e peleja com justiça. E os seus olhos eram como chama de fogo; e sobre a sua cabeça havia muitos diademas; e tinha um nome escrito que ninguém sabia, senão ele mesmo. E estava vestido de uma veste salpicada de sangue, e o nome pelo qual se chama é a Palavra de Deus. E seguiam-no os exércitos que há no céu em cavalos brancos e vestidos de linho fino, branco e puro. E da sua boca saía uma aguda espada, para ferir com ela as nações; e ele as regerá com vara de ferro e ele mesmo é o que pisa o lagar do vinho do furor e da ira do Deus Todo-poderoso. E na veste e na sua coxa tem escrito este nome: REI DOS REIS E SENHOR DOS SENHORES. E vi um anjo que estava no sol, e clamou com grande voz, dizendo a todas as aves que voavam pelo meio do céu: Vinde e ajuntai-vos à ceia do grande Deus, para que comais a carne dos reis, e a carne dos tribunos, e a carne dos fortes, e a carne dos cavalos e dos que sobre eles se assentam, e a carne de todos os homens, livres e servos, pequenos e grandes. E vi a besta, e os reis da terra, e os seus exércitos reunidos, para fazerem guerra àquele que estava assentado sobre o cavalo e ao seu exército. E a besta foi presa e, com ela, o falso profeta, que, diante dela, fizera os sinais com que enganou os que receberam o sinal da besta e adoraram a sua imagem. Estes dois foram lançados vivos no ardente lago de fogo e de enxofre. E os demais foram mortos com a espada que saía da boca do que estava assentado sobre o cavalo, e todas as aves se fartaram das suas carnes.*

Então, quando Cristo aparecer, a oportunidade da salvação já terá terminado para sempre. Como o dia da misericórdia já passou, Cristo imediatamente eliminará os iníquos sem que haja algum remédio. Assim como o servo mau, eles serão surpreendidos pelo retorno do Senhor. Como as cinco virgens loucas, encontrarão a porta fechada e ficarão do lado de fora. Como o servo tolo e preguiçoso, não terão nenhum apelo legítimo a fazer e com o qual poderiam se desculpar. Para eles, o dia da salvação já terá terminado.

Cristo está voltando para estabelecer o seu Reino na Terra e ninguém, a não ser as ovelhas, terão permissão de entrar nele.

O Lugar

Como podemos saber que Cristo estará sentado em um trono *terreno*? Tudo no contexto aponta para isso. Primeiro, Ele virá à Terra em glória; "*então*, se assentará no trono da sua glória" (Mt 25.31, ênfase do autor). Isso vai registrar o estabelecimento do reino terreno, emanado de Jerusalém, mencionado com tanta freqüência nas profecias messiânicas do Antigo Testamento. Será o cumprimento da Aliança Davídica, mencionada em 2 Samuel 7.12-16, I Crônicas 7.11-15, Salmos 89.3,4 e Zacarias 14.9. Ele irá se assentar "sobre o trono de Davi e no seu reino, para o firmar e o fortificar em juízo e em justiça, desde agora e para sempre" (Is 9.7a). "(...) ele fará juízo e justiça na terra. Naqueles dias, Judá será salvo, e Jerusalém habitará seguramente" (Jr 33.15b,16a). Isso significa a plena realização da promessa que o anjo fez a Maria: "E eis que em teu ventre conceberás, e darás à luz um filho, e por-lhe-ás o nome de Jesus. Este será grande e será chamado Filho do Altíssimo; e *o Senhor Deus lhe dará o trono de Davi, seu pai,* e reinará eternamente na casa de Jacó, e o seu Reino não terá fim" (Lc 1.31-33, ênfase do autor).

O trono de Davi era um trono terreno, em Jerusalém, e a Escritura identifica Jerusalém como o lugar ao qual Cristo vai retornar, assim como a localização do seu trono:

> *E, naquele dia, estarão os seus pés sobre o monte das Oliveiras, que está defronte de Jerusalém para o oriente; e o monte das Oliveiras será fendido pelo meio, para o oriente e para o ocidente, e haverá um vale muito grande; e metade do monte se apartará para o norte, e a outra metade dele, para o sul. Naquele dia, também acontecerá que correrão de Jerusalém águas vivas, metade delas para o mar oriental, e metade delas até ao mar*

> *ocidental; no estio e no inverno, sucederá isso. E o SENHOR será rei sobre toda a terra; naquele dia, um será o SENHOR, e um será o seu nome. Toda a terra em redor se tornará em planície, desde Geba até Rimom, ao sul de Jerusalém; ela será exalçada e habitada no seu lugar, desde a Porta de Benjamim até ao lugar da primeira porta, até à Porta da Esquina, e desde a Torre de Hananel até aos lagares do rei. E habitarão nela, e não haverá mais anátema, porque Jerusalém habitará segura.*
>
> — Zacarias 14.4, 8-11

Não há nenhuma boa razão para interpretar essas promessas em qualquer sentido que não seja o literal. Assim como sua ascensão foi literal e física, da mesma forma Ele irá voltar literalmente e sob a forma glorificada. E como isso vai acontecer, não há nenhuma razão válida para entender o seu trono como outra coisa que não seja o restabelecimento do reino terreno de Davi. Seu trono será situado em Jerusalém e Cristo reinará sobre toda terra, cumprindo finalmente todas as profecias milenares do Antigo Testamento, assim como as profecias que Deus fez a Abraão sobre a terra de Israel e todas as profecias que Ele fez a Davi a respeito do trono.

Mas antes do reino ser estabelecido, terá lugar um terrível julgamento. Joel escreveu sobre isso séculos antes de Cristo:

> *movam-se as nações e subam ao vale de Josafá; porque ali me assentarei, para julgar todas as nações em redor. Lançai a foice, porque já está madura a seara; vinde, descei, porque o lagar está cheio, os vasos dos lagares transbordam; porquanto a sua malícia é grande. Multidões, multidões no vale da Decisão! Porque o dia do Senhor está perto, no vale da Decisão. O sol e a lua se enegrecerão, e as estrelas retirarão o seu resplendor. E o Senhor bramará de Sião e dará a sua voz de Jerusalém, e os céus e a terra tremerão; mas o Senhor será o refúgio do seu povo e a fortaleza dos filhos de Israel. E vós sabereis que eu sou o Senhor, vosso Deus, que habito em Sião, o monte da minha santidade; e Jerusalém será santidade; estranhos não passarão mais por ela.*
>
> — Joel 3.12-17

Dessa forma Deus garante que as ovelhas serão separadas dos bodes. E a ninguém, a não ser àqueles que amam a Cristo, será permitido entrar ou fazer parte do seu reino.

Os Sujeitos

Alguns sugerem que os sujeitos desse juízo serão as entidades políticas — literalmente as nações. Afinal de contas, Mateus 25.32 diz: "(...) todas as nações serão reunidas diante dele, e apartará uns dos outros" (a passagem de Joel, citada acima, também fala das "nações").

Mas o termo grego traduzido como "nações" em Mateus 25.32 é *ethna* (do qual derivou a nossa palavra *étnica*) também fala de povos, e não de entidades políticas ou nacionais. Além disso, o contexto deixa bem claro que neste juízo os indivíduos é que serão julgados:

> *Então, dirá o Rei aos que estiverem à sua direita: Vinde, benditos de meu Pai, possuí por herança o Reino que vos está preparado desde a fundação do mundo; porque tive fome, e destes-me de comer; tive sede, e destes-me de beber; era estrangeiro, e hospedastes-me; estava nu, e vestistes-me; adoeci, e visitastes-me; estive na prisão, e fostes ver-me. Então, os justos lhe responderão, dizendo: Senhor, quando te vimos com fome e te demos de comer? Ou com sede e te demos de beber? E, quando te vimos estrangeiro e te hospedamos? Ou nu e te vestimos? E, quando te vimos enfermo ou na prisão e fomos ver-te? E, respondendo o Rei, lhes dirá: Em verdade vos digo que, quando o fizestes a um destes meus pequeninos irmãos, a mim o fizestes. Então, dirá também aos que estiverem à sua esquerda: Apartai-vos de mim, malditos, para o fogo eterno, preparado para o diabo e seus anjos; porque tive fome, e não me destes de comer; tive sede, e não me destes de beber; sendo estrangeiro, não me recolhestes; estando nu, não me vestistes; e estando enfermo e na prisão, não me visitastes. Então, eles também lhe responderão, dizendo: Senhor, quando te vimos com fome, ou com sede, ou estrangeiro, ou nu, ou enfermo, ou na prisão e não te servimos? Então, lhes responderá, dizendo: Em verdade vos digo que, quando a um destes pequeninos o não fizestes, não o fizestes a mim. E irão estes para o tormento eterno, mas os justos, para a vida eterna.*
>
> — Mateus 25.34-46

Essa é uma descrição do juízo baseada em atos pelos quais as pessoas são individualmente responsáveis. O castigo também se aplica a indivíduos, e não a grupos de pessoas. A noção de que entidades políticas poderiam ser objeto desse juízo é completamente estranha a esse texto.

O Processo

O foco e o objetivo desse juízo é a separação dos justos e dos pecadores. Nesse juízo irá se concretizar tudo aquilo que Cristo profetizou anteriormente no sermão ao dizer: "Então, estando dois no campo, será levado um, e deixado o outro; Estando duas moendo no moinho, será levada uma, e deixada outra" (24.40,41). Esse juízo realiza também aquilo que foi representado pelo fechamento da porta do banquete às virgens loucas.

Veja que Cristo não projetou o juízo para *descobrir* quem são as ovelhas e quem são os bodes; Ele já está sabendo disso desde o início do juízo, ao sentar as ovelhas à sua mão direita (o lugar do favor) e os bodes à sua esquerda (o lugar do desfavor) (25.33). "O Senhor (já) conhece aqueles que são seus" (2 Tm 2.19). Ele "chama pelo nome às suas ovelhas e as traz para fora" (Jo 10.3). A finalidade desse juízo, portanto, é apenas expressar um veredicto formal às ovelhas e aos bodes.

O significado dessa imagem de ovelhas e bodes teria sido muito óbvio para os discípulos. Eles estavam familiarizados com a visão de ovelhas e bodes sendo pastoreados em conjunto (a mesma prática pode ser observada atualmente no Oriente Médio). Um simples pastor pode facilmente supervisionar esses dois tipos de criaturas juntas, mas o caráter dos dois animais é notoriamente diferente. As ovelhas são criaturas dóceis e gentis; mas os bodes são, geralmente, hiperativos e rebeldes. Portanto, os dois não podem ser guardados facilmente no mesmo curral à noite. Um pastor iria, então, separar os animais antes de fechá-los para dormir.

O Grande Pastor utilizará o mesmo processo antes de inaugurar o seu Reino Milenial. As ovelhas crentes serão bem-vindas para entrar nos seus domínios — um reino cheio de bênçãos que nunca terminarão. E os bodes, que não são crentes, serão enviados a um lugar de punição que será eterna.

A Evidência

Jesus, como Juiz, citará a evidência que prova quem está em condições de entrar no Reino e quem não está. É o testemunho daquilo que as pessoas pensavam a respeito de Jesus, e que é evidenciado pela maneira como trataram os seus irmãos. Seus atos serão uma clara *evidência* dessa escolha, pois são frutos da fé. Portanto, as obras formam uma evidência adequada que será citada a favor ou contra as pessoas em julgamento (cf. Rm 2.5-10). Na verdade, Cristo está dizendo: "Vos sois os filhos do meu Pai e vossa fé ficou clara pelo serviço que prestastes a mim. Bem-vindos ao meu reino" (v. 40).

As palavras citadas por Ele mostram compaixão pelo seu povo porque esse povo cuidou dEle quando estava com fome, sede, alienado, nu, doente ou preso. Tais boas obras são "a religião pura e imaculada" é a mais verdadeira evidência de uma fé viva e vibrante (Tg 1.27). Aquele que não pratica tais atos mostra uma fé "morta", que não está viva (cf. Tg 2.15-17). O apóstolo João disse algo semelhante: "Quem, pois, tiver bens do mundo e, vendo o seu irmão necessitado, lhe cerrar o seu coração, como estará nele a caridade de Deus? Meus filhinhos, não amemos de palavra, nem de língua, mas por obra e em verdade" (1 Jo 3.17,18).

Observe que aqueles que receberam o elogio do Rei ficaram surpresos (Mt 25.37-39). Parecem até admirados de que os seus atos ou obras constituíssem um serviço prestado a Cristo. Jamais pensaram em conquistar o seu favor por meio dessas obras. As boas obras são, meramente, o resultado natural de um coração que tem fé.

A Condenação

Os bodes foram condenados ao castigo eterno com base nos mesmos argumentos. Pelas suas obras eles haviam provado que eram "malditos" (v. 41). Cristo não condena essas pessoas apenas por terem deixado de praticar boas obras, enquanto Ele salva outras porque as praticaram. Os bodes são malditos por serem incrédulos e pecadores.

Sua inaptidão para o Reino se origina de uma propensão constitucional ao pecado, e não simplesmente por causa de uma deficiência de boas obras filantrópicas. Eles desprezaram o Rei, e esse desprezo por Ele é claramente mostrado no tratamento que dispensam ao seu povo. Eles são os incrédulos que rejeitaram a Cristo, e não pessoas que simplesmente deixaram de ser altruístas o suficiente.

Eles ficaram tão surpresos como os justos quanto ao veredito de Cristo. Protestaram que não tinham consciente ou deliberadamente menosprezado a Cristo, mas Ele expôs sua culpa lembrando que deviam pensar no tratamento que dispensaram ao seu povo — ou mesmo a sua total indiferença (vv. 44,45). Suas palavras de condenação são um exato, mas invertido, eco do elogio que fez anteriormente aos justos.

Os bodes são separados eternamente de tudo que é bom e justo, e eternamente consignados ao "fogo eterno, preparado para o diabo e seus anjos" (v. 41). Cristo descreve o inferno como um lugar de "tormento eterno" (v. 46), no qual não existe alívio ou repouso. A tradução em português desse versículo fala sobre um "tormento eterno" e sobre uma "vida eterna"; no texto grego a mesma palavra é usada para "eterno" e "eterna". Ela corresponde ao vocábulo *aiÙnios* que denota alguma coisa perpétua, e que nunca termina. O uso duplo dessa palavra estabelece um paralelo deliberado. Portanto, as palavras de Cristo significam que o castigo para os pecadores é eterno, no mesmo sentido da recompensa aos justos. Dessa forma, esse versículo contraria a opinião daqueles que acreditam que os pecadores simplesmente serão erradicados da existência. Aqui, e em toda a Escritura, ficamos sabendo que o tormento do inferno é tão interminável e incessante como as bem-aventuranças do céu (cf. v. 41; Dn 12.2; Mc 9.43-48; Lc 16.22-26; 2 Ts 1.9; Ap 14.11; 20.10).

O Reino Milenial abrangerá a Terra inteira, de modo que aqueles que foram excluídos não terão permissão nem para permanecer vivos na Terra. Eles "*irão* (...) para o tormento eterno" (ênfase do autor).

Os justos, entretanto, serão admitidos à "vida eterna". Há estudiosos que entendem que eles entrarão no Reino ainda em um estado não glorificado e, então, serão glorificados ao final de mil anos.[1] Para eles, a admissão ao Reino Milenial será o limiar da vida eterna. De acordo com a opinião desses estudiosos, embora eles tenham entrado no Reino em um estado ainda não glorificado, não há razões para supor que morrerão subseqüentemente. Com a Terra sob o domínio da justiça, o período da vida humana será restaurado segundo a norma antidiluviana, e provavelmente será ainda mais longo (cf. Is 65.20). Todos aqueles que entrarem no Reino poderão, portanto, sobreviver durante mil anos, depois dos quais serão glorificados e entrarão plenamente no estado eterno. Ao entrar no Reino serão considerados como tendo entrado na "vida eterna".

O futuro dos pecadores e o dos justos será completamente diferente. As implicações desse fato são claras: o momento de pensar sobre o destino de cada um é agora. O momento de se preparar para o juízo é agora. O dia da salvação é hoje. E aqueles que esperarem até o retorno de Cristo descobrirão que será tarde demais. Não sabemos o dia nem a hora do seu retorno. Mas esse momento está se aproximando rapidamente.

Está na hora de nos prepararmos.

> *Vigiai, pois, porque não sabeis quando virá o senhor da casa; se à tarde, se à meia-noite, se ao cantar do galo, se pela manhã, para que, vindo de improviso, não vos ache dormindo. E as coisas que vos digo digo-as a todos: Vigiai.*
>
> — Marcos 13.35-37

Epílogo

Como se Preparar para a Volta de Cristo

Prezado leitor, se você não tem certeza de como deve preparar seu coração e sua vida para a volta de Cristo, esse breve epílogo foi destinado a você. Como já observamos neste livro, a única preparação adequada para a volta de Cristo é *espiritual.* Nem as cerimônias religiosas, nem uma simples modificação do comportamento irão, possivelmente, prepará-lo para se encontrar com Ele. Mesmo que fosse capaz de viver uma vida perfeita a partir de agora, você ainda assim teria que enfrentar o julgamento por causa dos seus erros do passado. Portanto, a verdadeira prontidão para o retorno de Cristo deve incluir a certeza de que suas culpas passadas foram perdoadas e que não tem dúvidas sobre suas condições atuais perante Deus. Felizmente, a Escritura revela de forma clara como podemos alcançar essa certeza.

Como Podemos saber se os nossos Pecados Foram Perdoados

A Escritura ensina que mesmo um único erro, cometido no cumprimento do perfeito padrão das leis de Deus, será suficiente para nos condenar eternamente. "Porque qualquer que guardar toda a lei e tropeçar em um só ponto tornou-se culpado de todos" (Tg 2.10). Mas a verdade é que todos nós somos culpados de cometer múltiplos erros. "Não há um justo, nem um sequer" (Rm 3.10b). "Todos pecaram e destituídos estão da glória de Deus" (v. 23).

Será necessário receber o perdão de todos os nossos pecados. Mas expiá-los não é uma coisa que podemos fazer, pois seu preço é muito alto. "Porque o salário do pecado é a morte" (Rm 6.23). As obras boas jamais poderão fazer qualquer tipo de expiação pelas obras más. "A alma que pecar, essa morrerá" (Ez 18.20a). Nada que possamos fazer seria capaz, de alguma forma, de trazer justiça aos nossos atos pecaminosos; teríamos que sofrer o castigo eterno. O preço do pecado é imensamente alto e muito mais do que poderíamos pagar ou suportar. "Sem derramamento de sangue não há remissão" (Hb 9.22).

Mas Cristo perdoou os nossos pecados derramando o seu sangue e morrendo por nós. Ele carregou a culpa daqueles que confiaram nEle, e pagou, em seu nome, o preço dos pecados que cometeram. Aquilo que não podiam suportar, Ele suportou em seu nome, sofrendo a morte mais humilhante e dolorosa que se poderia imaginar.

> *Verdadeiramente, ele tomou sobre si as nossas enfermidades e as nossas dores levou sobre si; e nós o reputamos por aflito, ferido de Deus e oprimido. Mas ele foi ferido pelas nossas transgressões e moído pelas nossas iniqüidades; o castigo que nos traz a paz estava sobre ele, e, pelas suas pisaduras, fomos sarados. Todos nós andamos desgarrados como ovelhas; cada um se desviava pelo seu caminho, mas o SENHOR fez cair sobre ele a iniqüidade de nós todos.*
>
> – Isaías 53.4-6

> *Àquele que não conheceu pecado, o fez pecado por nós; para que, nele, fôssemos feitos justiça de Deus.*
>
> – 2 Coríntios 5.21

Ele derramou o seu próprio sangue inocente como uma expiação pelos pecados dos outros. Nenhum outro sacrifício teria atendido a justiça necessária para a expiação dos nossos pecados: "(...) porquanto é o sangue que fará expiação pela alma" (Lv 17.11). E a Deus agradou o sacrifício do seu Filho (Is 53.10). Cristo ressuscitou dos mortos e isso significou o seu triunfo (Rm 1.4).

Agora, Ele oferece gratuitamente o perdão a todos aqueles que crerem nEle. Nenhum mérito nosso será necessário para alcançarmos o perdão. Cristo comprou o perdão completo para aqueles que estiverem dispostos a se apegar à salvação, através da fé. Ele já executou todo o trabalho do perdão e da redenção para o seu povo (Ef 1.7; Cl 1.14). "Concluímos, pois, que o homem é justificado pela fé, sem as obras da lei" (Rm 3.28).

É por isso que o evangelho nos traz as "boas novas". A nossa salvação é uma obra que o bondoso Deus realiza em nosso favor. Nós simplesmente nos apropriamos da redenção através da fé.

Como Podemos Assegurar uma Correta Posição perante Deus

No entanto, existe mais no trabalho redentor de Cristo do que apenas o perdão dos nossos pecados cometidos no passado. Ele também nos oferece uma correta posição perante Deus. Se todos os nossos pecados fossem perdoados, e a lista tivesse sido apagada (e nada mais), tudo que teríamos seria uma consciência limpa. Todavia, os crentes em Cristo recebem mais que uma consciência limpa. Ser-lhes-á imputada uma justiça; e essa justiça, que não conseguiram alcançar por si mesmos, será creditada exclusivamente pela fé que professarem.

> *Mas, àquele que não pratica, porém crê naquele que justifica o ímpio, a sua fé lhe é imputada como justiça. Assim também Davi declara bem-aventurado o homem a quem Deus imputa a justiça sem as obras, dizendo: Bem-aventurados aqueles cujas maldades são perdoadas, e cujos pecados são cobertos. Bem-aventurado o homem a quem o Senhor não imputa o pecado.*
>
> – Romanos 4.5-8

Saulo de Tarso esperava que seus atos religiosos fossem lhe alcançar uma justiça suficiente para que se tornasse um homem aceitável a Deus. Mas Cristo foi encontrá-lo na estrada para Damasco, e transformou o orgulhoso fariseu em Paulo, o apóstolo. Paulo, então, renunciou às suas próprias obras dizendo que eram "esterco" (Fp 3.4-8) e, em vez delas, colocou toda a sua esperança numa justiça que não era sua. Em vez de procurar alcançar o direito de ter uma posição correta perante Deus, a sua única esperança era, em suas palavras, "ganhar a Cristo e [ser] achado nele, não tendo a minha justiça que vem da lei, mas a que vem pela fé em Cristo, a saber, a justiça que vem de Deus, pela fé" (vv. 8,9).

Ele estava falando da justiça que é imputada a todos aqueles que crêem e confiam somente em Cristo para a sua salvação. Trata-se da perfeita justiça do próprio Cristo, imputada a todos os que crêem (cf. Gn 15.6). Essa justiça representa o único terreno sobre o qual podemos nos colocar confiantemente perante Deus. Se você não abraçou Cristo como sua única esperança de salvação, insisto para que comece a fazer isso agora mesmo.

> *Rogamos-vos, pois, da parte de Cristo que vos reconcilieis com Deus.*
> – 2 Coríntios 5.20b

O que Devemos Fazer enquanto Esperamos por Cristo

Se você tem certeza da sua reconciliação com Deus, isso é uma coisa maravilhosa. Porém existem mais coisas a serem feitas enquanto esperamos pela sua volta. Podemos acrescentar isto: permaneça ocupado *servindo* a Ele, até a sua chegada. Esta é a lição da parábola dos talentos e também um importante estímulo encontrado em todos os ensinamentos de Jesus sobre a prontidão da espera. Com quais atividades devemos nos ocupar enquanto esperamos? A Escritura sugere várias.

Adoração. "Mas a hora vem, e agora é, em que os verdadeiros adoradores adorarão o Pai em espírito e em verdade, porque o Pai procura a tais que assim o adorem" (Jo 4.23). A adoração deve permear toda a nossa vida, de modo que iremos procurar fazer tudo, inclusive comer e beber, para a glória de Deus (I Co 10.31). Mas a adoração em conjunto também exerce um papel necessário e distinto na vida do cristão. Reunir-se com o povo de Deus para adorá-lo é uma coisa que não devemos deixar de fazer enquanto esperamos pela vinda de Cristo.

Comunhão e encorajamento. "E consideremo-nos uns aos outros, para nos estimularmos à caridade e às boas obras, não deixando a nossa congregação, como é costume de alguns; antes, admoestando-nos uns aos outros; e tanto mais quanto vedes que se vai aproximando aquele Dia" (Hb 10.24,25). A comunhão cristã também é vital para fortalecer a nossa influência, à medida que nos exortamos e encorajamos uns aos outros. Por todas essas razões, todo cristão deve contrair o hábito de se comprometer regular e fielmente com a freqüência à igreja local. Se você veio a Cristo pela primeira vez enquanto leu este livro, insisto que procure a companhia de outros cristãos de mente semelhante no contexto de uma igreja onde se crê e se ensina a Escritura.

Evangelização e discipulado. "Ide, portanto, fazei discípulos de todas as nações, batizando-os em nome do Pai, e do Filho, e do Espírito Santo; ensinando-os a guardar todas as coisas que vos tenho ordenado. E eis que estou convosco todos os dias até à consumação do século" (Mt 28.19,20, ARA). Esta é a grande incumbência que recebemos do Senhor. Foram suas instruções finais aos discípulos antes de ascender ao céu. Estas também são as ordens que recebemos, e a primeira preocupação que devemos ter enquanto esperamos pelo seu retorno.

Oração. "Orando em todo tempo com toda oração e súplica no Espírito e vigiando nisso com toda perseverança e súplica por todos os santos" (Ef 6.18). Para o cristão, a oração é o mesmo que a respiração. Ela é absolutamente necessária à nossa vitalidade espiritual e representa a ligação espiritual que temos com Cristo enquanto esperamos pela sua volta. Portanto, uma vigorosa vida de oração é uma das melhores maneiras de impedir que nos tornemos indiferentes e desanimados enquanto Ele não vem.

Estudo da Bíblia. "Procura apresentar-te a Deus aprovado, como obreiro que não tem de que se envergonhar, que maneja bem a palavra da verdade" (2 Tm 2.15). Se orar é igual a respirar espiritualmente, a

Escritura representa o nosso alimento espiritual. "Desejai afetuosamente, como meninos novamente nascidos, o leite racional, não falsificado, para que, por ele, vades crescendo" (I Pe 2.2). Se não quisermos sentir vergonha quando Ele chegar, precisamos estudar para sermos obreiros aprovados que aprenderam e entenderam corretamente a sua Palavra.

Ministrar aos outros. "Quem, pois, tiver bens do mundo e, vendo o seu irmão necessitado, lhe cerrar o seu coração, como estará nele a caridade de Deus? Meus filhinhos, não amemos de palavra, nem de língua, mas por obra e em verdade" (I Jo 3.17,18). Considerando uma pista a partir das palavras do nosso Senhor sobre o julgamento das ovelhas e dos bodes, percebemos que existe muito trabalho prático a ser feito enquanto esperamos por Cristo. Muitos estão necessitados e desconsolados. Nós temos meios de atender às suas necessidades físicas e espirituais, e fomos convocados para suprir — o máximo possível — essas necessidades.

Somente se nos mantivermos ocupados de todas essas maneiras, enquanto esperamos por Ele, poderemos ouvir suas palavras: "Bem está, servo bom e fiel".

Somente se nos mantivermos ocupados de todas estas maneiras, enquanto esperamos por Ele, poderemos ouvir suas palavras: "Bem está, servo bom e fiel".

Apêndice

O Retorno Iminente do Redentor

De Arthur W. Pink [I]

Em nenhum lugar da Bíblia somos informados sobre o momento exato do Segundo Advento. Pelo contrário, ele é apresentado como um acontecimento que pode ocorrer a *qualquer* hora. Ou, em outras palavras, o fato do aparecimento do Salvador é, invariavelmente, estabelecido por meio da *linguagem da iminência*. Quando dizemos que o retorno do Redentor é um evento iminente não estamos dizendo que ocorrerá *imediatamente*, mas que Ele *poderá* voltar durante o nosso período de vida, que Ele *poderá* voltar ainda este ano. No entanto, não podemos dizer quando exatamente Ele fará *exatamente*.

O *fato* do Segundo Advento é certo porque foi expressamente revelado pelo Espírito Santo, mas a sua data é incerta porque Deus não a tornou conhecida.

Temos aqui, então, uma verdade que é fácil de entender, e que é também de fundamental importância e de grande valor prático. A maioria dos erros e heresias que se acumularam em torno desse assunto pode ser devida, diretamente, à ignorância dessa consideração elementar.

Por exemplo, se o povo de Deus tivesse prestado a devida atenção ao fato de a Escritura apresentar o Segundo Advento de Cristo como algo que pode acontecer a *qualquer hora*, os ensinamentos do pós-milênio, de que o nosso Senhor não voltará novamente antes de mil anos, nunca teriam recebido a audiência e a aceitação que receberam. Além disso, se a extraordinária verdade de que o nosso Redentor poderá retornar *hoje* tomasse conta do nosso coração, ela iria revolucionar a nossa vida e nos equipar com um dinamismo espiritual incalculável no seu alcance e incomparável no seu valor. Sem discorrer pormenorizadamente sobre as conseqüências gerais desse aspecto do nosso tema, vamos em seguida mostrar que:

O nosso Senhor Falou sobre a sua Volta com uma Linguagem que Mostra Iminência

No Sermão do Monte, onde o Senhor respondeu às perguntas dos seus discípulos a respeito dos sinais da sua volta no final dos tempos, Ele disse:

> *Vigiai, pois, porque não sabeis a que hora há de vir o vosso Senhor. Mas considerai isto: se o pai de família soubesse a que vigília da noite havia de vir o ladrão, vigiaria e não deixaria que fosse arrombada a sua casa. Por isso, estai vós apercebidos também, porque o Filho do Homem há de vir à hora em que não penseis. Quem é, pois, o servo fiel e prudente, que o Senhor constituiu sobre a sua casa, para dar o sustento a seu tempo? Bem-aventurado aquele servo que o Senhor, quando vier, achar servindo assim. Em verdade vos digo que o porá sobre todos os seus bens. Porém, se aquele mau servo disser consigo: O meu senhor tarde virá, e começar a espancar os seus conservos, e a comer, e a beber com os bêbados, virá o senhor daquele servo num dia em que o não espera e à hora em que ele não sabe, e separá-lo-á, e destinará a sua parte com os hipócritas; ali haverá pranto e ranger de dentes.*
>
> — Mateus 24.42-51(ênfase do autor)[2]

Uma análise da passagem acima revela importantes verdades. Primeiro, o povo de Deus *não conhece* a "hora" do retorno do Senhor. Segundo, porque não sabemos a hora exata do seu aparecimento devemos adotar uma atitude de *constante* expectativa e atenção. Terceiro, o Senhor *retornará inesperadamente*, numa hora em que o seu povo não esteja pensando nesse evento. Quarto, o servo fiel e prudente estará alimentando — na ocasião adequada — aqueles que fizerem parte da casa do Senhor, durante a ausência de Cristo, e também aquele que se encontrará ocupado no momento do seu retorno; esse servo será ricamente recompensado. Quinto, aquele que diz no seu coração "O meu senhor *tarde* virá" é um servo *mau* e por isso receberá, por ocasião do retorno do Senhor, a vergonha e a degradação a que fez jus.

A parábola das dez virgens anuncia que o Senhor Jesus desejava que o seu povo mantivesse uma atitude de constante prontidão para receber o Noivo quando viesse. No início da parábola, Ele retrata todas as "virgens" pegando suas lâmpadas e caminhando para "encontrá-lo". A interpretação dessa parte da parábola é muito simples. No primeiro dia, depois que o nosso Senhor partiu da Terra, seus seguidores se afastaram de todas as preocupações terrenas, dirigiram seu afeto a Cristo, e o seu retorno transformou-se em esperança e no grande desejo deles. Mas, tendo o Noivo se atrasado, a expectativa do seu aparecimento desapareceu e a inevitável conseqüência foi o sono e a preguiça espiritual. E essa conseqüência prevaleceu até o clamor da meia-noite — "Aí vem o esposo! Saí-lhe ao encontro!" O resultado desse clamor foi que tanto as virgens prudentes como as virgens loucas se levantaram. E se fez evidente a necessidade da preparação e da atenção no sentimento que se apossou daquelas que não tinham azeite em suas lâmpadas. A aplicação prática de toda essa parábola foi determinada pelo próprio Senhor — "Vigiai, pois, *porque não sabeis o Dia nem a hora em que o Filho do Homem há de vir*" (Mt 25.13).

No final do relato feito por Marcos sobre o Sermão do Monte, ele faz um registro, mais detalhado do que Mateus, sobre a ordem dada pelo nosso Senhor aos seus discípulos para *vigiar* quanto ao seu retorno — "Olhai, vigiai e orai, porque não sabeis quando chegará o tempo. É como se um homem, partindo para fora da terra, deixasse a sua casa, e desse autoridade aos seus servos, e a cada um, a sua obra, e mandasse ao porteiro que vigiasse. Vigiai, pois, *porque não sabeis quando virá o senhor da casa*; se à tarde, se à meia-noite, se ao cantar do galo, se pela manhã, para que, vindo de improviso, não vos ache dormindo. E as coisas que vos digo digo-as a todos: Vigiai" (Mc 13.33-37; ênfase do autor). Uma leitura cuidadosa desses versículos deixa claro que o intuito do Senhor era fixar duas coisas na mente dos seus discípulos. Primeiro, que embora fosse certo que *iria* voltar, ainda não havia certeza sobre *quando* isso ia acontecer. Segundo, que em vista da incerteza quanto à hora exata da sua Segunda Vinda, os seguidores do Senhor deviam manter uma atitude de constante vigilância, esperando que Ele chegue a *qualquer momento.*

Em uma outra ocasião, o Senhor disse aos seus discípulos:

> *Estejam cingidos os vossos lombos, e acesas, as vossas candeias. E sede vós semelhantes aos homens que esperam o seu senhor, quando houver de voltar das bodas, para que, quando vier e bater, logo possam abrir-lhe. Bem-aventurados aqueles servos, os quais, quando o Senhor vier, achar vigiando! Em verdade vos digo que se cingirá, e os fará assentar à mesa, e, chegando-se, os servirá. E, se vier na segunda vigília, e se vier na terceira vigília, e os achar assim, bem-aventurados são os tais servos.*
>
> – Lucas 12.35-38

Essa comparação é bastante impressionante. O crente é exortado a ser um servo fiel que se mantém à soleira da porta com os lombos cingidos e as candeias acesas, perscrutando na escuridão pelo sinal do retorno do Senhor, e ouvindo atentamente pelos primeiros sons dos seus passos que se aproximam.

> *Assim será no dia em que o Filho do Homem se há de manifestar. Naquele dia, quem estiver no telhado, tendo os seus utensílios em casa, não desça a tomá-los; e, da mesma sorte, o que estiver no campo não volte para trás. Digo-vos que, naquela noite, estarão dois numa cama; um será tomado, e outro será deixado. Duas estarão juntas, moendo; uma será tomada, e outra será deixada.*
>
> – Lucas 17.30,31,34,35

A força dessa passagem está em total harmonia com as outras passagens já consideradas. O aparecimento do Senhor não deverá ser anunciado, e será inesperado. Ele ocorrerá quando os homens estiverem ocupados com as suas tarefas diárias; portanto, Ele nos exorta a nos mantermos constantemente atentos (*qui vive*).[3] De passagem, podemos observar como a frase da Escritura, mencionada por último, revela a maravilhosa *precisão científica* da Bíblia. No versículo 31 ficamos sabendo que este será um "dia" (numa parte da Terra) no momento em que Cristo for "revelado" (v. 30), enquanto o versículo 34 nos diz que será "noite" (numa outra parte da Terra), antecipando, desse modo, a descoberta praticamente recente feita pela ciência, e que o Senhor Jesus conhecia perfeitamente: a Terra é *redonda* e tem movimentos de *rotação*!

> *E olhai por vós, para que não aconteça que o vosso coração se carregue de glutonaria, de embriaguez, e dos cuidados da vida, e venha sobre vós de improviso aquele dia. Porque virá como um laço sobre todos os que habitam na face de toda a terra. Vigiai, pois, em todo o tempo, orando, para que sejais havidos por dignos de evitar todas essas coisas que hão de acontecer e de estar em pé diante do Filho do Homem.*
>
> – Lucas 21.34-36

Na passagem de Marcos, acima, as palavras "não aconteça que o vosso coração se carregue de glutonaria [auto-indulgência]... e dos cuidados da vida, e venha sobre vós de improviso aquele dia" querem dizer, particularmente, que é exigida de nós uma prontidão diária, ou melhor, horária. Essa linguagem não podia ser mais explícita. Que aqueles que falam tão ofensivamente sobre a "teoria do qualquer momento" pesem as palavras "de improviso" e lembrem que elas foram proferidas pelo próprio Senhor. A data precisa do Segundo Advento foi propositadamente escondida de nós a fim de mantermos uma atitude de vigilância, permanecendo no limite da expectativa.

Antes de passarmos para nosso próximo ponto, um versículo da Escritura deve ser especialmente observado nesse contexto. Ele já foi contestado muitas vezes pelos pós-milenistas com a afirmação de que em vista da declaração do nosso Senhor, "E este evangelho do Reino será pregado em todo o mundo, em testemunho a todas as gentes, e então virá o fim" (Mt 24.14) era impossível que os apóstolos ficassem esperando *a volta de Cristo durante a sua própria vida.* Mas essa objeção foi repelida por várias passagens registradas no próprio Novo Testamento. Em Atos 19.10 lemos: "E durou isso por espaço de dois anos, de tal maneira que *todos os que habitavam na Ásia* ouviram a palavra do Senhor Jesus, tanto judeus como gregos" (ênfase do autor). E, novamente, em Colossenses 1.5,6, está escrito: "por causa da esperança que vos está reservada nos céus, da qual já, antes, ouvistes pela palavra da verdade do evangelho, que já chegou a vós, como também *está em todo o mundo*" (ênfase do autor), e no versículo 23 do mesmo capítulo: "se (...) não vos moverdes da esperança do evangelho que tendes ouvido, o qual foi pregado *a toda criatura que há debaixo do céu,* e do qual eu, Paulo, estou feito ministro" (ênfase do autor). A partir dessa passagem, portanto, fica bastante claro que nenhum obstáculo intransponível, tal como foi imaginado pelos pós-milenistas, se interpunha entre os apóstolos e a esperança do retorno iminente do Redentor. Dessa forma, a Escritura nos oferece uma evidência positiva de que o Evangelho havia sido difundido tão amplamente pelos próprios apóstolos que nada mais iria intervir, *necessária* e *inevitavelmente,* entre eles e o cumprimento da sua esperança.

Tendo, como acreditamos, afastado de modo satisfatório a mais plausível e enérgica objeção que pode ser apresentada contra o pré-milênio e o iminente retorno do nosso Senhor, passaremos a considerar que:

Os Apóstolos se Referiam à Volta do Redentor usando a linguagem da Iminência

"E isto digo, conhecendo o tempo, que é já hora de despertarmos do sono; porque a nossa salvação está, agora, mais perto de nós do que quando aceitamos a fé. A noite é passada, e *o dia é chegado.* Rejeitemos, pois, as obras das trevas e vistamo-nos das armas da luz" (Rm 13.11,12; ênfase do autor). A "salvação" a que o apóstolo se refere aqui é a conclusão e a consumação da nossa salvação, quando seremos, em espírito, corpo e alma, semelhantes ao Filho de Deus. O instante em que isso irá se realizar será o momento da volta do Redentor, pois "seremos semelhantes a ele" (I Jo 3.2). Esse momento será o "dia" do crente, aquele "dia perfeito", no qual a vereda dos justos brilhará "mais e mais" (Pv 4.18). A "noite" mencionada acima se refere ao período presente, durante o qual a Luz do mundo esteve ausente. Observe que o apóstolo, sob a inspiração do Espírito Santo, considerava a noite como "passada" (ou "vai alta", ARA) e o dia como "chegado" (ou "vem chegando", ARA). "E o Deus de paz esmagará em breve Satanás debaixo dos vossos pés" (Rm 16.20a). A referência feita nessas palavras corresponde a Gênesis 3.15, onde está registrada a promessa de Jeová aos nossos primeiros pais de que a Semente da mulher esmagaria a cabeça da Serpente. Como os crentes irão, no dia futuro, dominar e reinar com Cristo (Ap 3.21, 19.14; 20.4) está dito aqui: "E o Deus de paz esmagará em breve Satanás debaixo dos vossos pés". Em relação ao uso da expressão "em breve" o apóstolo não considerou a realização dessa promessa como alguma coisa posicionada no futuro distante, mas como algo que estava, então, iminente.

"Sempre dou graças ao meu Deus por vós pela graça de Deus que vos foi dada em Jesus Cristo. Porque em tudo fostes enriquecidos nele, em toda a palavra e em todo o conhecimento (como foi mesmo o testemunho de Cristo confirmado entre vós). De maneira que nenhum dom vos falta, *esperando a manifestação de nosso Senhor Jesus Cristo*" (I Co 1.4-7; ênfase do autor). Nessa passagem aprendemos, primeiro, que esses santos de Corinto estavam "esperando" pela vinda do Senhor Jesus, e confirmaram que estavam esperando que Ele voltasse *na sua geração*; segundo, que o apostolo *elogiou* a sua atitude, "Sempre dou graças ao meu Deus por vós", e, terceiro, que essa expectativa da parte dos crentes de Corinto representava o próprio *summum bonum* da experiência cristã, porquanto, como está escrito, nenhum dom lhes faltava. Depois ele acrescentou um clímax, "esperando a manifestação de nosso Senhor Jesus Cristo".

"E consideremo-nos uns aos outros, para nos estimularmos à caridade e às boas obras, não deixando a nossa congregação, como é costume de alguns; antes, admoestando-nos uns aos outros; e tanto mais quanto vedes que *se vai aproximando aquele Dia*"

(Hb 10.24,25; ênfase do autor). O "dia" que chegaria, com as suas glórias e bem-aventuranças, era o que inundava os olhos dos apóstolos. O "dia" prometido, o Dia de Cristo, que deverá suceder essa escura noite de sofrimento, enquanto o Noivo está ausente, era a esperança que se estabeleceu no seu coração. O escritor podia *"ver"*, pela fé, aquele Dia se *aproximando* e, baseado na sua *iminência*, ele passa a exortar aqueles que participam da convocação celestial a se conduzirem, no presente, de acordo com uma forma que seja conveniente àqueles que são os filhos da luz. Novamente, nesse mesmo capítulo, o escritor diz, "*Porque ainda um poucochinho de tempo*, e o que há de vir virá e não tardará" (v. 37). Está bem claro, a partir dessas palavras, que o Espírito Santo desejava que os crentes do século I estivessem "*aguardando* a bem-aventurada esperança e o aparecimento da glória do grande Deus e nosso Senhor Jesus Cristo!" (Tg 2.13)

A esperança da volta do Redentor era tão real no coração do apóstolo Paulo, e esse evento lhe parecia tão iminente, que chegamos a acreditar que ele se *incluiu* entre aqueles que estariam vivos quando o brado de reunião fosse ouvido. Ele disse: "Eis aqui vos digo um mistério: Na verdade, nem todos [nós] dormiremos, mas todos [nós] seremos transformados" (I Co 15.51,52). Novamente, "Mas *a nossa* cidade está nos céus, donde também [nós] esperamos o Salvador, o Senhor Jesus Cristo, que transformará o nosso corpo abatido, para ser conforme o seu corpo glorioso" (Fp 3.20,21). E mais uma vez, "Porque o mesmo Senhor descerá do céu com alarido, e com voz de arcanjo, e com a trombeta de Deus; e os que morreram em Cristo ressuscitarão primeiro; depois, nós, os que ficarmos vivos, seremos arrebatados juntamente com eles nas nuvens, a encontrar o Senhor nos ares, e assim estaremos sempre com o Senhor" (I Ts 4.16,17). Os inimigos da fé se apoderaram dessas mesmas declarações na tentativa de mostrar que o apóstolo Paulo estava errado, que no ato de escrever a sua sabedoria ele não recebeu nenhuma ajuda, que nas suas epístolas ele registrou meramente *as suas próprias convicções* e que, em algumas delas, estava claramente enganado. Mas tal objeção é destituída de fundamento para os santos que acreditam que "Toda a Escritura é inspirada por Deus" (ARA). Esperamos mostrar posteriormente neste capítulo *por que* o Espírito Santo levou os apóstolos a escrever sobre o Segundo Advento de Cristo como um evento que ainda poderia ocorrer durante a sua época.

O apóstolo Paulo não estava sozinho a esse respeito. Sabemos que os outros apóstolos também consideravam a volta do nosso Senhor como uma coisa que podia ocorrer a qualquer momento. O apóstolo Tiago escreveu: "Sede vós também pacientes, fortalecei o vosso coração, porque já a vinda do Senhor está próxima" (Tg 5.8). Não existe nenhuma ambigüidade nesta linguagem; essa afirmação não só discutia a vinda pré-milenial de Cristo (porquanto, a sua vinda não podia ser considerada como estando muito próxima se ainda estivesse reservada para um período posterior a todo um milênio), mas também anunciava a iminência desse retorno — um fato que podia ser esperado a qualquer momento. O apóstolo Pedro declarou: "E *já está próximo* o fim de todas as coisas [ou seja, das coisas relacionadas com o regime presente], portanto, sede sóbrios e vigiai em oração" (I Pe 4.7; ênfase do autor). O apóstolo estava aguardando o rápido desenrolar da presente economia e a introdução de uma nova ordem de coisas quando o seu Senhor retornasse para assumir o controle, tendo o governo sobre os seus ombros. O apóstolo João disse: "Filhinhos, é já a última hora; e, como ouvistes que vem o anticristo, também agora muitos se têm feito anticristos; por onde conhecemos que é já a última hora" (I Jo 2.18). A força do argumento do apóstolo resultou em que, embora o Anticristo não tivesse aparecido pessoalmente na época em que João escreveu essa epístola, ainda assim os santos não devem concluir, a partir dela, que o Segundo Advento de Cristo estivesse, necessariamente, muito distante. Não, pois mesmo naqueles tempos existiam muitos anticristos, pelos quais era possível chegar à conclusão de que "a última hora" já havia chegado. Dessa forma, vemos que o testemunho dos apóstolos era uniforme e explícito. Eles estavam aguardando o retorno do seu Senhor a qualquer momento. E esta deve ser, também, a nossa atitude.

Que meus olhos lacrimosos não se ofusquem,
Que a alegria ilumine o olhar de todos, conduzindo-o para o alto;
Olhe para cima, e observe, e espere por Ele
Logo, logo, o Senhor virá.

Logo virá a Via-Láctea pavimentada com estrelas
Logo virá aquele domo de um belo azul celeste,
Glórias, numa exibição nunca dantes concebida,
Logo, logo, o Senhor virá.

Transformado num piscar de olhos,
Investido de florescência imortal
Eu o verei entronizado no alto
E cantarei, "O Senhor chegou!"

Um raio da sua face gloriosa
Consumirá essas vestes mortais,
Cada mancha do pecado irá se apagar —
Senhor Jesus, venha depressa!

Como será bom contigo morar,
Tu mesmo serás o meu Lar eterno!
Oh, que felicidade! — Oh, que alegria inefável!
Senhor Jesus, venha depressa!

Por que o Fato da Volta do nosso Senhor Foi Apresentado numa Linguagem de Iminência, porém a sua Data Exata não Foi Revelada?

À primeira vista pode parecer estranho que o nosso Senhor não tenha informado a data precisa do seu retorno. Ele fez com que fossem registrados na Palavra muitos detalhes relativos à bem-aventurada esperança. Ele deu a conhecer muitas coisas que deverão se realizar no Segundo Advento e, em vista do fato de que tanto já foi revelado, podemos entender como bastante peculiar que o próprio fato — sobre o qual a curiosidade humana mais deseja esclarecimentos — tenha permanecido indefinido. Não precisamos dizer que não foi a *ignorância* da parte do nosso Senhor que o levou a deixar indeterminada a hora da sua Segunda Vinda, embora alguns dos seus inimigos tivessem ousado acusá-lo disso, baseando sua iníqua acusação em Marcos 13.32 — "Mas, daquele Dia e hora, ninguém sabe, nem os anjos que estão no céu, nem o Filho, senão o Pai". Essas palavras não dão ocasião a nenhuma dificuldade se prestarmos a devida atenção a esse Evangelho, em particular, no qual elas foram encontradas, isto é, no Evangelho de Marcos — O Evangelho do Servo de Jeová. O propósito desse Evangelho é apresentar o Senhor Jesus como o Servo perfeito, o Servo obediente, o Servo cujo alimento era fazer a vontade daquEle que o havia enviado; e "o servo não sabe o que faz o seu senhor" (Jo 15.15). Marcos 13.32 não coloca em dúvida a onisciência do Senhor Jesus, mas afirma que, como Servo, Ele veio fazer a vontade de Deus Pai. Uma pequena reflexão mostrará a perfeita sabedoria do nosso Senhor ao ocultar a data exata da sua volta. Uma das razões era o seu desejo de manter o seu povo no limite da expectativa, esperando continuamente por Ele.

Essa questão deve ser ponderada, também, à luz da *unidade da Igreja de Cristo*. Temos a tendência de considerar os crentes como indivíduos separados, em vez de aceitá-los como "um corpo" (I Co 12.13), "membros uns dos outros" (Rm 12.5). A Igreja não é uma organização, é um organismo vivo, um "corpo" do qual Cristo é a "cabeça". Portanto, a iminência do retorno do Redentor representa a qualquer um dos seus membros precisamente o que deve representar a todos os outros membros. Assim sendo, os crentes do século I estavam tão verdadeiramente interessados no aparecimento do Salvador como os crentes que vivem agora no século XXI. O objeto da esperança daquela época continua a ser o mesmo objeto da esperança de hoje, porque o Corpo é o mesmo. Em outras palavras, o objeto da esperança de hoje deve ter sido, necessariamente, o objeto da esperança daquela época. Conseqüentemente, os primeiros cristãos, em virtude da unidade dos santos, foram exortados a caminhar à luz da bem-aventurança de uma esperança que *é comum à Igreja toda.*

A volta do nosso Senhor poderia não ter sido totalmente revelada e, nesse caso, teria sido negada à Igreja uma poderosa dinâmica de viver em santidade. A iminência do Segundo Advento do Redentor foi revelada como um incentivo à vigilância e à prontidão. Se, na verdade, o fato do retorno do nosso Senhor não tivesse sido apresentado no Novo Testamento como algo que poderia ocorrer a qualquer momento, mas, ao contrário, tivesse sido expressamente adiado e fixado para ocorrer em algum século distante e particular, então todos os crentes que vivessem nos séculos precedentes a este último teriam sido roubados do conforto que podemos encontrar na garantia de que Cristo pode retornar a qualquer hora. Também teria sido perdido o efeito purificador que esta expectativa foi projetada para produzir. Como já foi bem observado, "Aqui não se deseja que cada geração sucessiva creia que Ele, seguramente, retornaria no seu tempo. Pois Ele não deseja que a nossa fé e a nossa prática sejam fundamentadas em um erro como, se fosse esse o caso, seriam a fé e a prática de todas as gerações, com exceção da última. Trata-se, porém, de um elemento necessário da doutrina [do Segundo Advento de Cristo]; nenhuma geração pode, em qualquer tempo, considerar que a volta do Senhor seja impossível em sua época" (bispo Trench).

Existe aqui, então, uma resposta simples, mas suficiente à nossa pergunta. A Segunda Vinda de Cristo é apresentada numa linguagem de iminência por causa dos efeitos secundários que ela foi projetada para exercer naqueles que se prendem à promessa "Eis que presto venho". O iminente retorno do Redentor é uma esperança prática. Ele é o motivo primordial do Novo Testamento. O Espírito Santo relacionou-o com todo preceito e prática do caráter e da conduta dos cristãos. Como foi tão bem expresso por alguém, "Ele arma as advertências, dirige os apelos, fortalece os argumentos, reforça os mandamentos, intensifica os tratados, levanta a coragem, censura o medo, apressa os afetos, aviva a esperança, inflama o zelo, separa do mundo, consagra a Deus, seca as lágrimas e vence a morte" (Brookes). Para ampliar detalhadamente essa declaração, podemos dizer que a esperança da Segunda Vinda do nosso Senhor produz *lealdade e fidelidade a Cristo.*

> *Qual é, pois, o mordomo fiel e prudente, a quem o senhor pôs sobre os seus servos, para lhes dar a tempo a ração? Bem-aventurado aquele servo a quem o senhor, quando vier, achar fazendo assim. Em verdade vos digo que sobre todos os seus bens o porá. Mas, se aquele servo disser em seu coração: O meu senhor tarda em vir, e começar a espancar os criados e criadas, e a comer, e a beber, e a embriagar-se, virá o Senhor daquele servo no dia em que o não espera e numa hora que ele não sabe, e separá-lo-á, e lhe dará a sua parte com os infiéis.*
>
> — Lucas 12.42-46

O propósito moral dessa parábola (veja o contexto da citação acima) é bastante claro. Enquanto o servo mantinha uma atitude de vigilância, ele era fiel e sóbrio; mas quando disse no seu coração: 'O meu senhor tarda em vir', ele começou a espancar os seus criados e criadas, a comer, a beber e a se embriagar. Esperar pelo Senhor, então, representa um incentivo à lealdade e à fidelidade, enquanto a falta de vigilância resulta no mundanismo do coração, no descuido ao caminhar, e nas atitudes de uma vida carnal.

A volta de Cristo é apresentada como motivo para o amor fraterno: "E o Senhor vos aumente e faça crescer em caridade [ou amor] uns para com os outros e para com todos, como também nós para convosco; para confortar o vosso coração, para que sejais irrepreensíveis em santidade diante de nosso Deus e Pai, na vinda de nosso Senhor Jesus Cristo, com todos os seus santos" (I Ts 3.12,13). Em vista do fato de nosso Senhor poder retornar a qualquer hora, como são terríveis as divisões entre o seu próprio povo. Muito em breve todos os salvos comparecerão diante do *Bema* de Cristo, onde cada erro será corrigido, e cada mal entendido será esclarecido. O Senhor está a postos; portanto, devemos deixar de lado as nossas diferenças insignificantes, perdoando-nos uns aos outros (da mesma forma como Deus, por amor a Cristo, tem nos perdoado), aumentando e sendo abundantes em nosso amor fraterno.

A perene esperança do Segundo Advento de Cristo também é usada como um incentivo para que *andemos com santidade*, "Porque a graça de Deus se há manifestado, trazendo salvação a todos os homens, ensinando-nos que, renunciando à impiedade e às concupiscências mundanas, vivamos neste presente século sóbria, justa e piamente, aguardando a bem-aventurada esperança e o aparecimento da glória do grande Deus e nosso Senhor Jesus Cristo" (Tt 2.11-13). A partir dessas palavras, fica bem claro que a bem-aventurada esperança tem a finalidade de reprimir no crente um espírito de auto-satisfação e de egoísmo, e de promover a santidade na vida diária. Como disse o apóstolo João, "E qualquer que nele tem esta esperança *purifica-se a si mesmo*, como também ele é puro" (I Jo 3.3; ênfase do autor).

A volta do nosso Senhor também tem o propósito de consolar os corações desolados:

> *Não quero, porém, irmãos, que sejais ignorantes acerca dos que já dormem, para que não vos entristeçais, como os demais, que não têm esperança. Porque, se cremos que Jesus morreu e ressuscitou, assim também aos que em Jesus dormem Deus os tornará a trazer com ele. Dizemo-vos, pois, isto pela palavra do Senhor: que nós, os que ficarmos vivos para a vinda do Senhor, não precederemos os que dormem. Porque o mesmo Senhor descerá do céu com alarido, e com voz de arcanjo, e com a trombeta de Deus; e os que morreram em Cristo ressuscitarão primeiro; depois, nós, os que ficarmos vivos, seremos arrebatados juntamente com eles nas nuvens, a encontrar o Senhor nos ares, e assim estaremos sempre com o Senhor. Portanto, consolai-vos uns aos outros com estas palavras.*
>
> – I Tessalonicenses 4.13-18

Aqueles a quem o apóstolo estava escrevendo se encontravam desolados com a perda de entes queridos. Mas observe que ele não procura consolá-los dizendo que em breve iriam morrer e se juntar, no céu, aos que haviam partido. Não, ele lhes apresentou a expectativa do Salvador que retornará, trazendo de volta consigo os santos que dormiram.

A promessa do retorno do Redentor também traz um outro benefício: desenvolve a graça da *paciência*: "Sede, pois, irmãos, pacientes até a vinda do Senhor. Eis que o lavrador espera o precioso fruto da terra, aguardando-o com paciência, até que receba a chuva temporã e serôdia.

Sede vós também pacientes, fortalecei o vosso coração, porque já a vinda do Senhor está próxima" (Tg 5.7,8; ênfase do autor). Essas palavras foram dirigidas aos santos que eram pobres em relação aos bens deste mundo e estavam gemendo sob a opressão de empregadores cruéis. Como essas palavras de exortação são oportunas a muitos dos santos do século XXI! Quantos servos pobres de Deus estão suplicando agora ao Senhor para libertá-los das dificuldades financeiras, da tirania e da injustiça! Essas súplicas chegaram aos ouvidos do Senhor dos exércitos e, assim como Ele interveio a favor da nação de Israel que estava escravizada no Egito, Ele também virá rapidamente para tirar o seu povo das mãos dos seus atuais capatazes, que são cruéis. Enquanto isso, a palavra é: "Sede, pois, irmãos, pacientes até a vinda do Senhor".

A esperança do retorno do nosso Senhor é o *antídoto contra a preocupação:* "Seja a vossa eqüidade notória a todos os homens. Perto está o Senhor. *Não estejais inquietos por coisa alguma*" (Fp 4.5,6a). Assim, meus amados irmãos em Cristo, por que estais temerosos por terdes que enfrentar as responsabilidades do próximo ano? Por que fazer planos repletos de ansiedade e preocupação com o futuro? Por que devemos nos preocupar tanto com o amanhã? Amanhã poderemos estar no céu. O brado que aguardamos para a nossa partida para o céu poderá soar antes que o dia de amanhã chegue ao fim. O nosso Salvador pode voltar a qualquer hora. O Senhor está às portas, e a sua volta significará o final de todas as nossas lutas e problemas. Que o nosso olhar esteja, então, em nosso Redentor, e não em nossas dificuldades e riscos. "Não estejais inquietos por coisa alguma".

A expectativa de um rápido retorno do Salvador foi empregada para estimular a sobriedade e a vigilância: "E isto digo, conhecendo o tempo, que é já hora de despertarmos do sono; porque a nossa salvação está, agora, mais perto de nós do que quando aceitamos a fé. A noite é passada, e o dia é chegado. Rejeitemos, pois, as obras das trevas e vistamo-nos das armas da luz" (Rm 13.11,12). A "salvação" mencionada aqui é a mesma que foi mencionada em Hebreus 9.28 ("Cristo (...) aparecerá segunda vez, sem pecado, aos que o esperam para a salvação"), e nos será trazida por ocasião do Segundo Advento de Cristo. Observe, particularmente, que essa salvação não é apresentada como se fosse uma esperança longínqua, a ser realizada em algum período remoto, mas estabelecida como se estivesse à nossa mão.

Antes de encerrar este capítulo, existe uma outra questão que requer a nossa atenção:

Por que o nosso Senhor não Veio até Agora?

Por que o Redentor não retornou muito antes? À primeira vista essa pergunta seria quase irreverente, e alguns podem se sentir inclinados a nos lembrar que "as coisas encobertas são para o Senhor" (Dt 29.29). Como resposta, poderíamos excetuar qualquer espírito de curiosidade ociosa, e não seria nossa intenção nos perder numa especulação inquisitiva ao levantarmos esta questão. Poderíamos simplesmente dizer que cremos que uma humilde análise se mostrará proveitosa para a nossa alma, tanto assim que a resposta à nossa indagação demonstra a sabedoria e a graça daquEle "com quem temos de tratar".

Há muito tempo a mãe de Sísera já se lamentava a respeito do seu filho: "Por que tarda em vir o seu carro? Por que se demoram os passos dos seus carros?" (Jz 5.28b). Podemos muito bem nos apropriar das suas palavras na nossa pesquisa atual. Na véspera da sua morte, o Senhor Jesus disse: "(...) vou preparar-vos lugar. E, se eu for e vos preparar lugar, virei outra vez e vos levarei para mim mesmo, para que, onde eu estiver, estejais vós também" (Jo 14.2,3). Mas vinte séculos já percorreram seu exaustivo curso desde então *e Ele não retornou!* Isso não é mesmo profundamente misterioso? Um mundo onde há cada vez mais iniqüidades, uma nação de Israel sem lar e sem rei, uma Igreja dilacerada pelas divisões e, como Sansão, privada do seu poder; uma criação que geme, e uma terra afligida pela guerra — todos unidos gritando com as almas sob o altar, "Até quando, ó Soberano Senhor (...) ?" (Ap 6.10, ARA).

Por que, então, essa demora? Por que a era milenial de bem-aventuranças foi assim protelada? Por que o Redentor não retornou há muito tempo para assumir a herança que resgatou com seu próprio sangue? Estas são, certamente, questões espantosas. Questões que, vez por outra, preocupam o coração de todos os santos de Deus. Seria possível descobrir uma resposta satisfatória? Uma resposta *completa*, não, pois agora "conhecemos em *parte*" Mas uma resposta sim — uma resposta que irá, pelo menos, nos permitir *ver*, embora "como em espelho, obscuramente" alguma coisa sobre o *significado* da demora do nosso Senhor. Por que esse prolongado intervalo desde o momento da sua partida? Por que Ele não retornou muito antes? Nós respondemos...

Primeiro, porque Deus desejava dar ao homem plena oportunidade para desenvolver os seus planos, demonstrando com isso a necessidade que o mundo tem de um Governante competente. O homem não pode se queixar de que Deus não lhe permitiu plena oportunidade de experimentar e testar seus próprios planos. O homem recebeu permissão para se dedicar ao máximo ao governo e à regeneração do mundo. Deus, por assim dizer, colocou as rédeas do governo nas mãos dos homens e se retirou por algum tempo. Por quê? Para mostrar se o homem era ou não suficientemente capaz de fazer aquilo que é necessário. Para mostrar se o homem era ou não capaz de governar a si mesmo. Para mostrar se o homem era competente para lutar vitoriosamente contra os poderes do mal que fazem guerra contra sua alma.

Através dos séculos os esforços do homem foram dirigidos ao governo e à regeneração do mundo. Ao homem foi dado um escopo completo. Com que resultados? Com o resultado de que o incurável ódio a Deus que existe no coração do homem e a absoluta depravação da natureza humana ficaram totalmente à mostra. Como o homem fez uso da liberdade, das oportunidades, dos privilégios e dos talentos com os quais o Senhor o agraciou? Com que proveito fez uso deles? Será que foram usados com o propósito de glorificar a Deus, ou de endeusar a si mesmos? Será importante fazer essas perguntas, pois a jactância do homem tem sido sonora. Os seus clamores têm sido arrogantes, e a sua fanfarronice, pretensiosa. Termos como *aperfeiçoamento*, *progresso*, *esclarecimento*, *evolução* e *civilização* tornaram-se os seus slogans preferidos. Mas toda ciência deste mundo representa apenas tolices perante Deus e a insensatez da sabedoria do mundo e a vaidade das alegações do homem ficaram agora expostas perante os nossos olhos. O que a "civilização" realizou? O que alcançamos com todo o nosso assim chamado esclarecimento e progresso? Deixemos que os registros dos nossos tribunais nos contem. Deixemos que as colunas dos diários respondam. Deixemos que as condições políticas e morais dos nossos dias nos informem. Deixemos que as Guerras Mundiais, com todas as suas desumanidades, suas barbaridades e suas cruéis atrocidades nos respondam. E, veja bem, não se pode dizer que essas coisas se devem à ignorância e à inexperiência do homem. O homem não começou agora a fazer a história. Vivemos atualmente no *vigésimo primeiro* século da era cristã. Portanto, o homem não pode reclamar que Deus não lhe deu tempo suficiente para amadurecer os seus planos. Não: Deus lhe deu um longo tempo, tempo suficiente para mostrar que o homem é um completo fracasso, tempo suficiente para demonstrar que ele é totalmente incapaz de governar a si próprio, tempo suficiente para provar que se vier alguma ajuda, esta deverá vir de algum lugar *fora* do homem.

Aqui está, então, a primeira parte da nossa reposta: A volta de Cristo foi protelada a fim de oferecer ao homem a oportunidade de desenvolver plenamente os seus planos. *Deus espera até a hora da colheita.* Ele tem esperado pelo momento da colheita dos resultados dos planos e dos esforços do homem. Ele tem esperado pacientemente com a foice na mão, e, tão logo as safras da indústria humana tiverem amadurecido totalmente, a palavra será dada: "Lança a tua foice e sega! É já vinda a hora de segar, *porque já a seara da terra está madura!*" (Ap 14.15b; ênfase do autor).

Por que o nosso Senhor não retornou muito antes? Nós respondemos...

Em segundo lugar, a fim de que Deus possa exibir plenamente a Sua longanimidade: "Mas, amados, não ignoreis uma coisa: que um dia para o Senhor é como mil anos, e mil anos, como um dia. O Senhor não retarda a sua promessa, ainda que alguns a têm por tardia; mas é longânimo para convosco, *não querendo que alguns se percam,* senão que todos venham a arrepender-se" (2 Pe 3.8,9; ênfase do autor). Através de todos esses vinte séculos o Senhor está a dizer: "Vinde a mim, todos os que estais cansados e oprimidos, e eu vos aliviarei". Desde que o Salvador deixou a terra, Deus tem cuidado do mundo com misericórdia, em vez de castigá-lo com seu julgamento. A paciência de Deus, em relação à iniqüidade da nossa raça, tem sido verdadeiramente maravilhosa. É admirável que cálices cheios da sua ira não tenham sido derramados sobre as nações há muito tempo. Quanta longanimidade Jeová tem mostrado ao suportar tais rebeldes durante esses vinte séculos! Por que o Dia da Salvação, que durou até agora, excede em permanência todo desígnio que o precedeu? Por que a porta da misericórdia ainda se mantém aberta, e Deus está solicitando que os pecadores se reconciliem com Ele? Por que será que Cristo há tanto, tanto tempo, ainda não retornou envolto em fogo chamejante para se vingar daqueles que não querem conhecer a Deus e obedecer ao seu evangelho? Por que será que nem agora Ele está sentado sobre o Trono da sua glória, e dizendo aos seus inimigos, "Apartai-vos de mim, malditos, para o fogo eterno, preparado para o diabo e seus anjos"? Por quê? Porque o Senhor Deus "é longânimo para convosco, não querendo que alguns se percam". Suponha que Cristo *tivesse* retornado cinco, dez, vinte cinqüenta anos atrás; nesse caso, então, quantos dos que lêem estas linhas, e se regozijam por terem sido aceitos pelo Amado, teriam perecido por causa dos seus pecados! Então, junte-se a eles e a este autor, oferecendo a sua gratidão pela maravilhosa longanimidade do nosso Deus bondoso.

Por que o nosso Senhor não retornou muito antes? Nós respondemos...

Terceiro, a fim de Deus poder testar plenamente a fé do seu próprio povo. Essa sempre foi a sua maneira de agir. Por que aqueles anos de espera antes de Abraão receber Isaque? Por que aquela prolongada escravidão no Egito enquanto o povo escolhido gemia debaixo das obrigações impostas a ele pelos seus cruéis capatazes? Por que aqueles quatro anos de silêncio entre os ministérios de Malaquias e de João Batista? Por que um intervalo de 4.000 anos desde o anúncio da promessa da Semente da mulher e o seu cumprimento? Por quê? Para testar a fé do seu povo, para demonstrar a realidade da sua confiança nEle. O mesmo também acontece nesta dispensação. Por que o nosso amado Senhor está demorando tanto tempo na casa do Pai? Por que a sua Igreja está caminhando há tantos séculos pelo deserto deste mundo? Por que já passaram a primeira, a segunda e a terceira "vigília" e, no entanto, o nosso Senhor não veio? Por que Deus permitiu que o conhecimento da bem-aventurada esperança fosse recuperado há tanto tempo, e o Noivo ainda se demora? Por que essa ansiosa expectativa, da parte dos seus, durante as últimas três gerações e até agora os céus se mantêm em silêncio? Por que atrasar as rodas do seu carro? Por quê? Porque Deus deseja testar plenamente a fé do seu povo. Por que isso o agrada? Para que a glória da sua graça receba louvores. Talvez para demonstrar aos anjos, diante de quem fomos feitos um "espetáculo" (I Co 4.9), que Deus tem um povo que, pela sua graça, é capaz de confiar nEle até mesmo em meio à escuridão de um profundo mistério!

Admiráveis são os caminhos do nosso Deus. Os zombadores poderão exclamar: "Onde está a promessa da sua vinda?" Os servos maus poderão bradar: "O meu senhor tarde virá", e o nosso iníquo coração poderá às vezes ser tentado a murmurar contra essa longa demora. Entretanto, ainda veremos que Ele "tudo faz bem".

Glossário

Arrebatamento, o: Do latim *rapio*, "apanhar rapidamente, arrebatar". Esta é a vinda de Cristo nos ares *para* os seus santos (1 Ts 4.14-17) — em oposição à sua vinda à Terra *com* os seus santos (Zc 14.5; Jd 14,15).

Amilenismo: Opinião de que o reinado de mil anos de Cristo descrito em Apocalipse 20 é uma realidade invisível e espiritual, e não um reino terreno literal. Os amilenistas acreditam que o reino existe neste momento, e que os mil anos não devem ser entendidos literalmente; assim, o próximo evento no calendário profético será a volta de Cristo, seguida imediatamente pelo Juízo Final.

Anticristo, o (Veja também *Besta, a*): O apóstolo João é o único escritor bíblico que usa esse termo, e ele o usa apenas em suas Epístolas. Ele fala do "Anticristo" como um indivíduo específico que ainda estava por vir, mas também reconheceu que "muitos anticristos" — pessoas cuja oposição a Cristo é manifestada — já haviam entrado no mundo.

Besta, a: Criatura que surge em Apocalipse 13.1-10. Ele se torna um governante mundial e um implacável perseguidor do povo de Deus (v. 7), bem como um objeto de adoração para o resto do mundo (vv. 15-18). É o último inimigo terreno de Cristo (19.19), e é geralmente identificado como "o anticristo" de 1 João 2.18; 4.3, "o homem do pecado" e "o filho da perdição" de 2 Tessalonicenses 2.3,4, e "príncipe que há de vir" em Daniel 9.26 (versão ARA).

Bibliologia: Ramo da teologia que diz respeito à inspiração e à autoridade da Escritura.

Cristologia: Ramo da teologia que diz respeito à Pessoa e à obra de Cristo.

Dia do Senhor, o: O derramamento final do juízo apocalíptico sobre a Terra (Is 13.9-11; Ez 30.2-19; Jl 1.15; 2.30-32; 3.14; Am 5.18-20; Sf 1.14-18; Zc 14.1-4; Ml 4.1, 5). O Novo Testamento emprega a expressão "dia do Senhor" pelo menos três vezes, discutivelmente quatro (At 2.20; 1 Ts 5.2; 2 Pe 3.10; e 2 Ts 2.2 nos manuscritos mais antigos). O Dia do Senhor também é, às vezes, referido como "o dia da destruição" (Jó 21.30; Jr 17.17) ou "o dia da vingança" (Is 61.2; 63.4; Jr 46.10). Outros sinônimos do Novo Testamento incluem "dia da ira" (Rm 2.5), "Dia da visitação" (1 Pe 2.12), e o "grande Dia do Deus Todo-poderoso" (Ap 16.14). Em todos esses contextos, a ênfase está no juízo e na "assolação do Todo-poderoso" (Jl 1.15). O Dia do Senhor tanto está associado com o Armagedom (Zc 14.1-4) quanto com o Juízo Final e a destruição da Terra (2 Pe 3.10), embora o livro de Apocalipse separe esses eventos colocando o Reino Milenial entre eles (Ap 19.17—21.1).

Escatologia: Ramo da teologia que trata das coisas futuras.

Exegético: Que está relacionado com a *exegese*, a análise e explicação cuidadosa de um texto bíblico, especialmente no idioma original.

Falso Profeta, o: Apocalipse 13 descreve duas bestas que se levantam — a primeira do mar (v. 1), e a segunda da terra (v. 11). A segunda besta age na condição de um falso profeta. Ele opera grandes sinais e maravilhas (vv. 13,14), e faz com que as pessoas adorem a primeira besta (vv. 12,14-18). Depois do capítulo 13, o apóstolo João se refere à segunda besta como "o falso profeta" (16.13; 19.20; 20.10), e a primeira besta é mencionada simplesmente como a Besta (veja *Anticristo, o; Besta, a*).

Glorificação: A conclusão instantânea do processo santificador. Este é o aspecto final da obra salvadora de Deus na vida dos remidos (Rm 8.30). Ela envolve até mesmo "a redenção do nosso corpo" (v. 23). "Porque convém que isto que é corruptível se revista da incorruptibilidade e que isto que é mortal se revista da imortalidade. E, quando isto que é corruptível se revestir da incorruptibilidade, e isto que é mortal se revestir da imortalidade, então, cumprir-se-á a palavra que está escrita: Tragada foi a morte na vitória" (1 Co 15.53,54). Isso ocorrerá quando Cristo voltar, e os mortos em Cristo ressuscitarem, e aqueles que estiverem vivos e permanecerem forem arrebatados para encontrá-lo nos ares (1 Ts 4.16,17). Glorificação significa semelhança instantânea com Cristo para todos os santos: "(...) quando ele se manifestar, seremos semelhantes a ele" (1 Jo 3.2).

Hamartiologia: Ramo da teologia que trata do pecado.

Hermenêutica: Está relacionada com os princípios pelos quais interpretamos a Escritura.

Hiperpreterismo: A opinião de que *todos* os eventos proféticos mencionados na Escritura foram cumpridos no ano 70 d.C. O hiperpreterismo ecoa o erro de Himeneu e Fileto, que ensinavam que a Segunda Vinda já era passada, pervertendo, assim, a fé de alguns (2 Tm 2.17,18). Os hiperpreteristas geralmente espiritualizam o significado da volta de Cristo, negando que Cristo voltará em forma física. Eles tipicamente tentam conciliar a reivindicação com Atos 1.11 ("Esse Jesus, que dentre vós foi recebido em cima no céu, há de vir assim como para o céu o vistes ir") negando que Cristo ascendeu fisicamente ao céu. Alguns chegam a ponto de negar que Ele tenha ressuscitado fisicamente dos mortos, para evitar ter que explicar como a ascensão poderia ter ocorrido de uma outra forma, que não física. Assim, o hiperpreterismo acarreta, necessariamente, a negação de várias doutrinas fundamentais do cristianismo. Esse ponto de vista não é o mesmo que *preterismo* (veja abaixo), embora ambas as opiniões sejam baseadas em uma má interpretação similar de Mateus 24.34 ("Não passará esta geração sem que todas essas coisas aconteçam").

Justificação: O ato de Deus em que declara justo um pecador que se arrepende, e se entrega a Ele. Isso é possível sem comprometer a justiça de Deus, porque a justiça de Cristo é imputada à pessoa justificada. Em um sentido semelhante, a culpa do pecador foi imputada a Cristo na cruz, e Cristo a expiou totalmente. Desse modo, na justificação, a culpa do pecado é expiada por meio da morte de Cristo, e todo o mérito da vida perfeita de Cristo é transferido para o pecador.

Milênio, o: O reinado terreno de Cristo por mil anos descrito em Apocalipse 20.1-7.

Pneumatologia: Ramo da teologia que estuda a doutrina do Espírito Santo.

Preterismo parcial: Veja Preterismo.

Preterismo total: Rótulo eufemístico para o hiperpreterismo (veja acima). Também chamado de "preterismo consistente" e "escatologia realizada".

Pós-milenismo: A opinião de que a Igreja estabelecerá o reino terreno de Cristo por meio da pregação (e, de acordo com alguns, através de meios políticos). Os pós-milenistas acreditam que Cristo reinará sobre um reino literalmente terreno, mas a maioria acredita que Ele fará isso a partir de um trono celestial. Na seqüência, Ele voltará para a Terra e instituirá o Juízo Final.

Pré-milenismo: A opinião de que Cristo voltará à Terra para estabelecer um reino terreno e milenial, sobre o qual Ele reinará a partir de um trono terreno.

Preterismo: A opinião de que as profecias da Tribulação, registradas em Mateus 24, foram completamente cumpridas na destruição de Jerusalém no ano 70 d.C. Os preteristas defendem que Mateus 24.34 ("Não passará esta geração sem que todas essas coisas aconteçam") prova que todas as profecias sobre desastres no Sermão Profético foram cumpridas na queda de Jerusalém no ano 70 d.C. Esse ponto de vista deve ser diferenciado da opinião mais extrema conhecida como hiperpreterismo (veja acima). Diferente do hiperpreterismo, o preterismo central não nega o retorno futuro corpóreo de Cristo à Terra, ou a ressurreição literal dos mortos. Por isso, a variedade central de preterismo é freqüentemente rotulada como "preterismo parcial" pelos defensores do hiperpreterismo.

Sermão do Monte, ou Sermão Profético: O sermão profético de Cristo registrado em Mateus 24—25 (e relatos abreviados paralelos em Marcos 13 e Lucas 21). É uma resposta estendida às perguntas dos discípulos (Mt 24.3) sobre a destruição do Templo, o fim do mundo e a sua volta.

Soteriologia: Ramo da teologia que trata da doutrina da salvação.

Tipo: Prefiguração simbólica de alguma verdade sobre Cristo (geralmente empregando pessoas ou eventos do Antigo Testamento para prefigurar características ou incidentes pertencentes ao Messias). Por exemplo, o cativeiro de Israel no Egito foi uma vívida predição da fuga do menino Jesus de Herodes (cf. Os 11.1; Mt 2.13-15), e a serpente de bronze levantada sobre uma haste em Números 21.9 também foi um tipo, representando a crucificação de Cristo (Jo 3.14).

Tribulação, a: Um período de sete anos (posterior ao Arrebatamento) de transtornos terrenos que imediatamente precederá a vinda de Cristo em glória. Esse período está associado com a septuagésima semana da profecia de Daniel, durante a qual o "príncipe que há de vir" profana Jerusalém e o Templo de Deus (Dn 9.26,27). Os pré-milenistas geralmente entendem os juízos descritos em Apocalipse 6—18 como eventos que ocorrerão durante a Tribulação. O "príncipe" de Daniel se encaixa na mesma descrição, como a besta de Apocalipse 13. Há vários outros paralelos claros entre os eventos descritos em Apocalipse e a profecia de Daniel (cf. Dn 7.25; 12.7; Ap 12.14).

Notas

Introdução

[1] Por todo este livro, termos escatológicos e teológicos que são escritos em itálico (quando aparecem pela primeira vez), são definidos no glossário no final. O *hiperpreterismo* deve ser diferençado de *preterismo*, embora compartilhem uma abordagem hermenêutica semelhante e interpretem muitas profecias bíblicas da mesma forma. O preterismo simples sugere que as profecias da "Tribulação" de Mateus 24 e Apocalipse foram cumpridas na história da Igreja Primitiva. (Muitos dizem que esses eventos ocorreram em conexão com a destruição de Jerusalém pelo exército romano no ano 70 d.C.) O hiperpreterismo pressiona a mesma hermenêutica a um extremo artificial e forçado (justificando assim o rótulo de "hiper"). Os hiperpreteristas argumentam que não só as profecias da Tribulação, mas *toda* promessa profética da Escritura já foi cumprida. (Veja o texto principal para mais detalhes.)

Discordo firmemente da abordagem preterista da profecia, e fica claro que a abordagem hermenêutica feita pelos preteristas é o que coloca o alicerce do erro hiperpreterista. Entretanto, a acusação de que o hiperpreterismo é uma heresia sub-cristã não se aplica necessariamente ao preterismo simples. A negação das doutrinas fundamentais por parte do hiperpreterismo, tais como a ressurreição literal dos mortos e o retorno físico de Cristo, é que torna esse ponto de vista uma heresia tão séria, e não o método hermenêutico em si.

[2] Ward Fenley, "The Ressurrection of the Dead Already Happened!" (http://www.preterist.net/articles/index.htm).

[3] Autor de *best-seller* e reconstrucionista cristão, David Chilton começou a defender os dogmas hiperpreteristas poucos anos antes de sua morte em 1997. Talvez em parte por causa da influência de Chilton no movimento reconstrucionista e em parte porque o movimento sempre se mostrou simpático à abordagem preterista da profecia bíblica, o movimento reconstrucionista cristão mostrou uma suscetibilidade particular ao hiperpreterismo.

Walt Hibbard, fundador do serviço de venda de livros cristãos pedidos pelo correio, Great Christian Books (GCB), também abraçou o hiperpreterismo e estava propagando agressivamente a literatura hiperpreterista nas primeiras páginas de seus catálogos de livros antes de a GCB sair do mercado no início de 1999. Uma das obras que Hibbard promovia de forma mais vigorosa era o manifesto principal do hiperpreterismo, *The Second Coming of Jesus Christ Already Happened* (Sacramento: Kingdom of Sovereign Grace, 1997). Diversos web sites grandes e hiper-preteristas estão promovendo, agora, o ponto de vista pela Internet.

[4] Ward Fenley, "Christ's Post-Resurrection Mode" (http://www.preterist.net/articles/index.htm).

[5] Ward Fenley, "Psalm 69: The Sins of Christ" (http://www.preterist.net/articles/index.htm). A ortodoxia histórica protestante há muito tempo tem defendido que a nossa *culpa* foi imputada a Cristo, e que Ele pagou a penalidade por ela, sofrendo toda a ira de Deus contra o pecado. Mas negamos que Cristo foi *feito* um pecador no sentido que as observações de Fenley sugerem. Lembre-se de que a justiça de Cristo é imputada aos crentes exatamente da mesma forma que a nossa culpa foi imputada a Cristo. Mas não somos assim automaticamente *feitos* justos. Somos justificados enquanto ainda somos pecadores (Rm 4.5). Semelhantemente, Cristo suportou a nossa culpa sem ser *feito* injusto. As observações de Fenley constituem uma afronta a Cristo, que jamais poderia ser pessoalmente contaminado pelo pecado, nem mesmo enquanto suportava a culpa das multidões a quem salvou (Hb 7.26).

[6] Hal Lindsey, *The Late Great Planet Earth* (Grand Rapids, Mich.: Zondervan, 1970), 53,54.

[7] Hal Lindsey, *The 1980s: Countdown to Armageddon* (Nova York, 1980), 12.

[8] Ibid., 43.

[9] Edgar Wisenant, *88 Reasons Why Rapture Will Be in 1988* (Nashville: World Bible Society, 1988).

[10] Harold Camping, *1994* (Nova York: Vantage, 1992).

[11] Recebi uma carta de um fanático no mesmo dia em que comecei a trabalhar neste livro. Ele disse que sempre havia considerado os meus livros e fitas uma bênção, mas que recentemente alguém o havia informado que eu defendia uma perspectiva *pré-milenial* da escatologia bíblica, e, como conseqüência disso, ele tinha perdido por completo a confiança em mim como um professor. Ele disse que havia notado que eu freqüentemente citava homens como C. H. Spurgeon, Iain Murray e alguns dos principais puritanos, aprovando as suas idéias. E ele sugeriu que se eu realmente tivesse lido as suas obras e concordado com esses homens, saberia que o *amilenismo* é a única abordagem biblicamente defensável do ponto de vista escatológico. Ele supunha que a minha citação desses homens, aprovando-os sem abraçar os seus pontos de vista escatológicos, não era inteiramente honesta, e sugeriu que no futuro, quando os citasse, eu deveria considerar a possibilidade de acrescentar uma nota de repúdio, mostrando que discordo da posição escatológica deles.

Mas, na verdade, esses homens *não* eram amilenistas. Spurgeon era um pré-milenista, e Iain Murray é um pós-milenista. O livro *The Puritan Hope* (A Esperança Puritana), de Murray, sugere que o pós-milenismo também era a opinião predominante dos puritanos. Tenho me beneficiado grandemente dos escritos de todos esses homens, mas isso não me obriga a aceitar cada nuança de sua teologia, nem é necessário um repúdio quando os cito com concordância. Todas as nossas diferenças envolvem questões secundárias, e não coisas essenciais para a fé e comunhão cristãs.

[12] Há diversas variedades de pré-milenismo. O "pré-milenismo histórico" e o "pós-tribulacionismo" virtualmente eliminam qualquer distinção entre o Arrebatamento e a volta de Cristo, colocando ambos os eventos imediatamente após o período de sete anos de Tribulação. O ponto de vista "pré-ira" e o tribulacionismo intermediário sugerem que o Arrebatamento ocorrerá durante a Tribulação. Defendo o pré-tribulacionismo, a opinião de que o Arrebatamento ocorrerá antes de a Tribulação começar. O pré-tribulacionismo é a única variedade de pré-milenismo que preserva a expectativa do aparecimento iminente de Cristo discutido no capítulo 2. Um exame completo de cada variedade de pré-milenismo está muito além do escopo deste livro. Porém muitas das minhas razões exegéticas por defender o ponto de vista pré-tribulacional ficará claro ao trabalharmos no Sermão Profético do nosso Senhor nos capítulos 3—10.

Capítulo 1: Por que Cristo Precisa Voltar?

[1] Anthony L. Little, *Faith, Reason, and Reality of God: A Search for Honesty* (Greenwich, Conn.: Empowerment, 1999), n.p.

[2] A primeira referência principal de Oséias 11.1 é à nação de Israel do Antigo Testamento, saindo do Egito. Mas a própria Israel era um *tipo* profético (uma prefiguração simbólica) de Cristo — e, portanto, tipologicamente, a estada de Israel no Egito prefigurou de forma profética a fuga do menino Jesus para o Egito. Oséias 11.1 é, portanto, citado como uma profecia a respeito do menino Jesus em Mateus 2.15.

[3] Nos tempos modernos a palavra *dote* geralmente transmite a idéia de dinheiro ou bens trazidos pela noiva ao seu marido em um casamento, mas nos tempos bíblicos o dote era um presente concedido pelo noivo e sua família à noiva (cf. Gn 34.12).

Capítulo 2: A Volta de Cristo é Iminente?

[1] Dennis McKinsey, ed., "Imminence", na obra *Biblical Errancy*, maio de 1990.

Capítulo 3: O Maior Sermão Profético de Cristo

[1] A expectativa que os discípulos tinham, de um reino terreno imediato e literal, estava tão profundamente arraigada em seu pensamento que, mesmo depois de Cristo ressuscitar dos mortos, eles ainda esperavam que Ele estabelecesse o seu reinado terreno imediatamente. A última pergunta que lhes fizeram antes de Ele ascender aos céus foi: "Senhor, restaurarás tu neste tempo o reino a Israel?" (At 1.6) Sua morte e ressurreição não tinham feito com que a expectativa que eles tinham do reino terreno diminuísse, mas sim que aumentasse. Certos agora de que Ele tinha vencido até a morte, achavam que revelaria a sua glória ao mundo e estabeleceria o reino eterno.

E note que a resposta de Jesus em Atos 1 não é uma repreensão por pensarem que o Reino seria literal e terreno. Na verdade, Ele afirmou de modo implícito que o seu Reino seria certamente estabelecido na terra, mas não de acordo com o *tempo* deles: "Não vos pertence saber os tempos ou as estações que o Pai estabeleceu pelo seu próprio poder" (v. 7b). Assim, sem acabar com a esperança que eles tinham de um Reino terreno, Jesus os convocou a estarem preparados enquanto esperassem o tempo de Deus se manifestar.

[2] O Muro Ocidental, que permanece em pé até hoje, fazia parte do muro de arrimo construído quando o monte do Templo foi expandido para abrir espaço para a imensa estrutura que Herodes quis construir. Como tal, ele sustentava o pátio externo do Templo, mas não fazia parte do edifício do Templo em si. Por esta razão, esse muro não é uma exceção à profecia de Cristo de que não ficaria pedra sobre pedra no Templo, já que não fazia parte do próprio Templo.

Capítulo 4: Dores de Parto

[1] Os pós-milenistas freqüentemente argumentam contra o pré-milenismo com base em que ele é "pessimista" demais. (Alguns chegam até a apelidá-lo sarcasticamente de "pessimilenismo".) Mas eu nego que o pré-milenismo seja pessimista em qualquer sentido não-bíblico. É certamente verdadeiro que os pré-milenistas são pessimistas com relação a esse sistema mundial maligno, mas essa é uma perspectiva bastante bíblica, porque não há nada neste mundo sobre o que ser otimista (1 Jo 2.16,17).

"Meus irmãos, não vos maravilheis, se o mundo vos aborrece" (I Jo 3.13). O mundo despreza a Cristo (Jo 7.7), e é precisamente por isso que fomos escolhidos e chamados do mundo (Jo 15.18,19). A Escritura indica com clareza que o ódio deste mundo a Cristo não só continuará sendo um sentimento constante, mas piorará ainda mais — até que Ele pessoalmente volte para destruir toda a iniqüidade e todo o mal, e julgar os injustos. Este, na verdade, é o próprio ponto essencial do Sermão Profético.

Assim, com relação ao triunfo final de Cristo sobre os seus inimigos, os pré-milenistas são mais do que otimistas. Cremos que o triunfo final será ganho facilmente e instantaneamente por Cristo em sua vinda. Mas não esperamos que um mundo hostil se renda gradualmente ao seu senhorio antes dEle voltar em glória, nem a Escritura em alguma passagem ensina que algo assim irá acontecer. Se parece "pessimista" colocar a nossa confiança somente em Cristo, em vez de nutrir a vã esperança de que o mundo se tornará progressivamente mais simpático a Ele, assim seja. Em minha análise, a crença em que este mundo ficará melhor antes de Cristo voltar não é "otimismo"; é uma fé equivocada.

[2] Duas cronologias foram propostas para mostrar como a profecia de Daniel corresponde ao primeiro advento de Cristo. A obra mais antiga é de Sir Robert Anderson, *The Coming Prince* ([A Vinda do Príncipe] Grand Rapids, Mich.: Kregel, 1954, reimpressão). Um tratamento mais novo do assunto pode ser encontrado na obra *Chronological Aspects of the Life of Christ* (Aspectos Cronológicos da Vida de Cristo), de Harold Hoener (Grand Rapids, Mich.: Zondervan, 1977).

Capítulo 6: Sinais no Céu

[1] Apocalipse 6.12-17 e 8.6-12 descreve o mesmo fenômeno cósmico.

[2] Gary Demar, "The Passing Away of Heaven and Earth" (http://www.preteristarchive.com./PartialPreterism/pp-mt2425.html).

[3] Vários líderes preteristas têm condenado aberta e vigorosamente o hiperpreterismo como uma séria heresia.

[4] Em uma conferência de Ligonier em fevereiro de 1999 sobre escatologia, em Orlando, a visão preterista foi fortemente promovida por uma série de palestrantes. Durante a conferência, Kenneth Gentry declarou que Mateus 24.29-31 — incluindo os sinais cósmicos e a volta de Jesus em glória nas nuvens — já foi cumprido no ano 70 d.C. Gentry, um preterista cuja oposição ao hiperpreterismo é bem conhecida, apressou-se em acrescentar que não pretende negar que não haverá *qualquer* futuro retorno físico literal de Cristo à Terra. Mas ele também claramente acredita que Mateus 24 não é a passagem onde a Segunda Vinda literal é ensinada. Um crítico hiperpreterista presente notou que Gentry não ofereceu qualquer *outra* referência da Escritura para mostrar onde uma futura Segunda Vinda *é* ensinada. Todd D. Dennis, "The Impact of Preterism: Victory in Orlando" (http://www.preteristarchive.com./MinistryUpdate/vr-02-99.html).

Decerto, a própria interpretação de Gentry de Mateus 24.29-31 efetivamente elimina todas as grandes objeções bíblicas ao hiperpreterismo. Se a promessa da volta de Cristo nas nuvens no Sermão Profético diz respeito a um evento espiritual já passado, por que não interpretar *todas* as referências do Novo Testamento ao seu retorno da mesma maneira? Se Mateus 24.30 é meramente uma metáfora descrevendo algo que aconteceu durante a destruição de Jerusalém, será que faria um sentido perfeito interpretar *toda* menção bíblica da volta de Cristo como uma referência a esse mesmo evento já passado? O dilema óbvio da posição de Gentry não foi perdido na crítica hiperpreterista, que salientou "que essa passagem mais veemente da Segunda Vinda no Novo Testamento é aplicada [por Gentry] a 70 d.C., não havendo nenhuma passagem semelhante que possa asseverar uma vinda após 70 d.C." (ibid.). Claramente, os preteristas que permitem uma interpretação alegórica e simbólica da mais significativa profecia da Segunda Vinda de Cristo não têm uma resposta crível para os hiperpreteristas que afirmam que *todas* as profecias da Segunda Vinda no Novo Testamento são alegóricas.

O escritor do artigo citado acima zombou da convicção de Gentry de que Cristo voltará visivelmente algum dia: "Infelizmente, [Gentry] não forneceu nenhuma passagem que falasse de uma terceira vinda" (ibid.). Assim, o hiperpreterismo ecoa precisamente o escárnio dos zombadores: "*Onde está a promessa da sua vinda?*" (2 Pe 3.4) — e o método hermenêutico do preterismo simplesmente alimenta o ceticismo que provoca tal escárnio.

[5] Eusébio, *Church History* (História da Igreja), 3.25. Publicado pela CPAD com o título *História Eclesiástica.*

[6] Ironicamente, Kenneth Gentry argumenta contra o hiperpreterismo citando a crença de Clemente de Roma em uma futura ressurreição: "Clemente de Roma viveu durante o ano 70 d.C., e não tinha idéia de que havia ressuscitado! Ele continuou procurando uma ressurreição física (Clemente 50.3 [sic; veja de preferência 24.1,2; 26.1])". Se o fato de Clemente buscar uma ressurreição futura é tão significativo para Gentry, por que ele nem sempre considera significativo que, desde a Igreja do século I, durante o período dos Patriarcas da Igreja, durante a Reforma Protestante e durante todo o percurso até o dia de hoje, a maioria esmagadora de crentes esteja à espera de um futuro cumprimento da profecia contida no Sermão Profético?

[7] Essa profecia parece ter tido uma aplicação imediata ao juízo e destruição da Babilônia (vv. 1, 17; cf. Dn 5.30,31). No entanto, o significado total da profecia claramente olha além da Babilônia para um cumprimento escatológico ainda futuro, como evidenciado por duas coisas: 1) as catástrofes cósmicas e mundiais mencionadas na profecia em si (vv. 10-13), e 2) a referência de Isaías ao Dia do Senhor (v. 6), que ainda é mencionada como uma realidade futura, muito tempo depois do juízo da Babilônia (cf. 2 Pe 3.10). A única conclusão razoável é que Isaías 13 é como muitas passagens da Escritura, que trata de eventos próximos e distantes. E nesse caso, o evento próximo — o juízo da Babilônia — foi um tipo de microcosmo dos juízos finais do Dia do Senhor.

[8] É óbvio que estou ciente de que Pedro citou essa mesma passagem no seu sermão de Pentecostes e sugeriu este versículo 28 ("Derramarei o meu Espírito sobre toda a carne, e vossos filhos e vossas filhas profetizarão, os vossos velhos terão sonhos, os vossos jovens terão visões"), que foi cumprido em certo sentido pelos eventos ocorridos no Pentecostes. Olhando para o contexto maior de Joel, está claro que Joel está profetizando sobre as catástrofes associadas com o Dia do Senhor (2.1). É igualmente claro que o apóstolo Pedro considerava o Dia do Senhor como algo ainda futuro (2 Pe 3.10). Assim Pedro não poderia estar declarando que todo aspecto da profecia

de Joel fora cumprido. Ao citar essa passagem no Pentecostes, ele estava, naturalmente, fazendo referência ao derramamento do Espírito em particular, e é muito provável quis dizer apenas que o Pentecostes era uma prévia do derramamento do Dia do Senhor.

[9] Isso incluirá os crentes gentios bem como os crentes judeus. Zacarias 8.23b diz: "Naquele dia, sucederá que pegarão dez homens, de todas as línguas das nações, pegarão, sim, na orla da veste de um judeu, dizendo: Iremos convosco, porque temos ouvido que Deus está convosco".

Capítulo 7: Será que Alguém Sabe realmente em que Momento Estamos?

[1] A onisciência de Cristo era um daqueles aspectos da divindade (como a sua glória eterna e sua onipresença) que foi temporariamente velada pela humanidade que Ele mesmo assumiu. Como notamos na introdução deste livro, o nosso Senhor não perdeu nenhum dos seus atributos divinos, mas assumiu uma natureza totalmente humana. Em outras palavras, a sua encarnação envolveu a adição da natureza humana, e não da subtração de qualquer aspecto da divindade. Mas Ele era *totalmente* humano em todos os sentidos. Hebreus 2.17 diz: "Pelo que convinha que, em tudo, fosse semelhante aos irmãos", e isso significava que o conhecimento consciente na mente humana de Cristo era tal que Ele poderia genuína e verdadeiramente dizer, em sua humanidade, que Ele não sabia o tempo do seu próprio retorno. Em um sentido diferente, e em sua mente divina onisciente, certamente sabia, porque Ele sabe tudo (Jo 16.30).

[2] Matthew Henry, *Matthew Henry's Commentary on the Bible* (Old Tappan, N.J.: Revell, n.d.), n.p. Publicado pela CPAD, com o título *Comentário Bíblico de Matthew Henry*.

Capítulo 9: A Tragédia da Oportunidade Perdida

[1] Esta é ainda mais similar à parábola das minas em Lucas 19.11-27. As lições e muitos dos principais detalhes são idênticos, mas a parábola das minas e a parábola dos talentos diferem em alguns de seus detalhes secundários, e está claro que foram proferidas em ocasiões diferentes.

[2] A nossa palavra *talento*, usada para falar de habilidades naturais, é derivada da ilustração dessa parábola.

Capítulo 10: O Julgamento das Ovelhas e dos Bodes

[1] Isso explicaria como a Terra será povoada no Reino. Os filhos nascidos a essas pessoas durante os mil anos precisariam, portanto, de redenção. Talvez seja por isso que no fim do Reino Milenial, quando Satanás for solto por algum tempo, ainda haverá pessoas suscetíveis ao seu engano (Ap 20.3). Depois de ser solto, ele será até capaz de reunir seguidores para uma última rebelião inútil (vv. 7-9).

Apêndice: O Retorno Iminente do Redentor

[1] Este apêndice foi extraído da obra *The Redeemer's Return*, de Arthur W. Pink (Swengel, Penn.: Bible Truth Depot, 1918), 157-181.

[2] Mateus 24.42-51 refere-se primeiramente à volta do nosso Senhor à Terra, como fica evidente a partir do fato de que aqui Ele se refere a si mesmo como o "Filho do Homem". No entanto, como toda profecia, ela tem no mínimo um *duplo* propósito, e, por esta razão, pode ser propriamente aplicada à sua vinda secreta nos ares. (Todas as referências das Escrituras neste apêndice são da edição Revista e Corrigida da Bíblia Sagrada, salvo nota em contrário.)

[3] O desafio de um sentinela ("Quem vai lá?") — isto é, devemos estar alertas.